Heilige Quellen, heilende Brunnen

Wolfgang Bauer, Clemens Zerling

Heilige Quellen, heilende Brunnen

Überarbeitete und erweiterte zweite Auflage mit Beiträgen von Sergius Golowin, Marion Reissner und herman de vries

Redaktionelle Mitarbeiterinnen:
Barbara Aigmüller, Heidi Ramseier und Katja Redemann,
herausgegeben von Wolfgang Bauer und Clemens Zerling

Synergia

Vollständig überarbeitete Neuauflage 2021
Erschienen im Synergia Verlag, Basel, Zürich, Roßdorf
eine Marke der Sentovision GmbH
www.synergia-verlag.ch

Umschlaggestaltung, Gestaltung und Satz: FontFront.com, Roßdorf

Vertrieb durch Synergia Auslieferung
www.synergia-auslieferung.de

Printed in EU
ISBN-13: 978-3-907246-46-7

Bibliografische Information der Deutschen Nationalbibliothek
Die Deutsche Nationalbibliothek verzeichnet diese Publikation in der deutschen Nationalbibliografie; detaillierte bibliografische Daten sind im Internet unter http://dnb.ddb.de abrufbar.

Inhalt:

Wasser des Lebens

Im ewigen Fließen von „stirb und werde“

Als droben die Himmel nicht genannt waren,
Als unten die Erde keinen Namen hatte,
Als selbst Apsû, der uranfängliche Erzeuger der Götter,
Mummu Tiâmat, die sie alle gebar,
Ihre Wasser in eins vermischten,
Als das abgestorbene Schilf sich noch nicht angehäuft hatte,
Rohrdickicht nicht zu sehen war,
Als noch kein Gott erschienen,
Mit Namen nicht benannt, Geschick ihm nicht bestimmt war,
Da wurden die Götter aus dem Schoß von Apsû und Tiâmat geboren. ...

Eunuma Elisch, der sumerische Schöpfungsmythos

Am Anfang der Welt existierte also weder Himmel noch Erde, nur eine formlose Masse von Ewigkeit her, ohne Anfang und ohne Ende, erschreckend in ihrer Fassungslosigkeit, Finsternis und Unergründlichkeit: das Urgewässer. Aus seiner Masse lösten sich zwei anfängliche Ursachen: Apsû und Tiâmat, als männlicher Süßwasserozean und weiblicher Salzwasserabgrund gedeutet. Tiâmat, das Wesen der tiefen Wasser, glich einem Fötus von geradezu kosmischem Ausmaß, der die schrecklichsten Ungeheuer gebären konnte. So überliefert jedenfalls Eunuma Elisch, der sumerische Schöpfungsmythos, benannt nach den Worten seines Beginnes “Als droben …” und in seiner ursprünglichen Fassung datiert in die Zeit der ersten babylonischen Dynastie (19. – 17. Jahrhundert v. Chr.).

Wasser, ein großes Sammelbecken aller Samen und Keime, passt sich jeglichen Gegebenheiten an und bietet damit die Möglichkeit zu allen denkbaren Formen. In der undifferenzierten Ureinheit vor jeder Schöpfung enthält dieses gestaltlose und im Dunkel liegende mütterliche Ursein alles Zukünftige schon als Idee, aber noch unmanifestiert. Symbolisch stellt sich dieses urweibliche Wasserchaos dem gestaltenden und ordnenden Geist entgegen, dem zeugenden Vater und Schöpfergott. Marduk, Gott der Frühlingssonne, ließ aber die Kräfte seines Geistes in die Tiefe eindringen, und diese zerrissen Tiâmat. Aus ihrem Körper wölbte sich der Himmel, dehnte sich die Erde, falteten sich Berge und Täler.

Platonische Philosophie in Griechenland sprach vom Urgrund, Uranfang aller Mythen, dem „vor jedem Anfang"; einem gedachten Zustand der Einheit und Ganzheit vor der Aufspaltung in Gegensätze; damit auch „vor" gut und böse. Da jede Undifferenziertheit dem menschlichen Bewusstsein, das auf Einordnung fixiert ist, ungeheuerlich bleibt, wird der Urgrund im Mythos als tiefschwarzes Chaos beschrieben, undurchdringliche Urnacht oder grundloses Urmeer. Alles zukünftige Sein liegt in diesem Urgewässer im Zustand der Latenz, aber noch inaktiv. Als seelischer Aspekt verbindet sich der feuchte Urgrund mit dem vorgeburtlichem Dunkel, dem Bereich des Todes und der unauslotbaren Tiefe des Unbewussten.

Ein wachsender Fels, vom Wasser aufgebaut

Wasser gräbt sich durch Felsgestein, wäscht mitunter enge Schluchten und Klamme von Schwindel erregender Tiefe aus. Dabei werden an beiden Seiten Berge geformt und abgeschliffen. Kann aber Wasser auch Gestein zu einer Höhe auftürmen?

Wachsender Fels von Usterling.
Foto: Karl-Heinz Fuchsberger

Wachsender Felsen oder Johannisfelsen heißt ein viel bestauntes Naturdenkmal in Usterling an der Isar, Ortsteil von Landau im Landkreis Dingolfing, Niederbayern. Es verdankt seinen Ursprung einem fünfzehn Meter über der eigentlichen Felsmauer entspringenden Quellrinnsal. Dabei schuf dieses Bächlein eine lange, bis zu fünf Meter hohe, aber nur 4 bis 40 cm breite Wand aus Sinter-Kalkstein. In leichten Krümmungen hin- und herpendelnd, zieht sich diese „Tuff-Rinne“ etwa 36 Meter entlang, bevor sie im Schluchtbach endet. Bis heute fließt das Quellwasser über den Felsrücken und versickert dann in ein natürliches Becken.

Tritt wie hier kalkreiches Grundwasser gleichmäßig an die Oberfläche, entweicht dem Wasser durch Druckentlastung und Erwärmung gasförmiges Kohlendioxyd (CO2), ein Prozess, den Moose und Algen verstärken. Aus diesem Kohlendioxyd entsteht Kalziumkarbonat (CaCO3), der als Quellkalk mit poröser, bröckliger Struktur (Tuff) abgeschieden wird. Pflanzen benötigen Licht und wachsen deswegen über die sich bildenden Kalkkrusten hinaus. So gräbt sich hier also Wasser nicht, wie sonst üblich, in den Untergrund ein, sondern baut

Altarbild in der Kirche St. Johannes von Usterling aus der Mitte des 18. Jahrhunderts oberhalb des Felsens. Der Täufer Johannes am Wachsenden Fels.
Foto: Karl-Heinz Fuchsberger

durch die Synthese von Pflanzenwachstum und Kalkablagerung einen Damm auf. Im Jahr wächst dieses Kalktuffgebilde zwischen zwei und zehn Millimeter. So könnte dieser Johannisfelsen gut über 3500 Jahre alt sein.

Heilig und heilend sei das Quellwasser von Usterling. Am 24. Juni, dem Fest Johannes der Täufer, pilgern Besucher aus der Umgebung hierher und waschen sich mit dem Quellwasser die Augen aus. Lokalhistoriker glauben, dass der Ort bereits seit dem 11. Jahrhundert als Wallfahrtsort dient. Volksglaube assoziierte mit dem klaren Wasser aus einem Quellgrund immer auch ganzheitliche Heilung und Schutz bei Augenkrankheiten. Augen gelten aber zugleich als „Fenster unserer Seele“. Lange hielt sich im Bewusstsein der Menschen, jedem Quellaustritt mit höchster Achtung zu begegnen und jeden Quellgrund rein zu halten. Wer sich einer Quelle oder einem Brunnen nähert, sollte dies bedenken und notfalls handeln, muss sie oder er feststellen, dass es anderen an nötiger Wertschätzung mangelte!

Faszinierende Kreisläufe

Nach einer Faustregel verdunsten etwa 40% des Regens in der Atmosphäre, etwa 30% fließen oberirdisch ab. Die restlichen 30% fallen auf den Boden, wovon nur ein kleiner Anteil versickert. Dieses verläuft als Grundwasser und tritt gelegentlich in Gestalt einer Quelle wieder an die Erdoberfläche oder sprudelt am Boden von Oberflächengewässern. Von dort rinnen Bäche, vereinigen sich mit anderen Wasserläufen und strömen gemeinsam dem Meere zu. Durch Verdunstung über dem Wasser entsteht wieder Regen, der den Kreislauf erhält. Nur eher geringe Mengen im Verhältnis zu allem auf die Erde herabgeregneten Wassers haben seit Jahrtausenden oder länger nicht an diesem Kreislauf teilgenommen. Als sog. fossiles Wasser lagert es in isolierten unterirdischen Speichern, in Gletschern oder im Polareis (Hänni 2004: 23 f.). Quellen und Brunnen sind also nicht der Ursprung des Wassers, sondern bilden in ihrem ewigen und lebendigen Kreislauf den Ort des Überganges von der Unter- an die Oberwelt nur den sichtbaren Beginn eines zyklischen Verlaufs.

In prähistorischer Zeit blieben solche Zusammenhänge natürlich unentdeckt. Elementares Aufbrechen lebendigen Wassers aus dem Erdinneren, wie bei einer natürlichen Quelle, assoziierte einen ursächlichen Geburtsvorgang in der Natur und im „fließenden" Leben. So verband sich Wasser bereits früh mit dem weiblichen Elementarcharakter, wenn nicht, wie in Ägypten, zu Beginn eine androgyne Einheit von Nun und Naunet das zeugende wie gebärende Urwasser vertrat, oder wie Apsû und Tiâmat im sumerischen Kulturkreis. Noch im keltischen Gallien repräsentierte die Gott-Göttin Borvo-Borva, die kochende und schäumende Quelle, den Ursprung des Seins. Meist aber wurden in der Antike das wild wogende Meer und tosende Ströme mit all ihren Gefahren als männlich befruchtend erlebt und dementsprechend von Göttern regiert (Poseidon, Neptun, der irisch-keltische

Manannán, Rhenus und Danuvius, usw.). Ruhiges Wasser wie in Seen oder Teichen blieb weiblich besetzt, vor allem aber der sichtbare (lebens-)lustige Quell.

Das griechische Wort *Nymphe* bezeichnet eine Quelle, darüber hinaus ein reifes Mädchen, Braut, ursprünglich konkret die Schwellende, Schwangere; das lateinische *fons* kann neben Quelle noch Ursprung und Ursache bedeuten. Nymphen traten anonym und in der Mehrzahl auf, aber ebenso als Individuum mit eigenem Mythos. Über römischen Einfluss eroberten sie auch das wässrige Element nördlich der Alpen und erfüllten alle Funktionen von Heil-, Fruchtbarkeits-, Geburts- und Hochzeitsgöttinnen. Wie jede Quelle ständig neu gebiert, gaben sich Nymphen oft gern einer Zeugung hin und lieferten schlüpfrigen Stoff für zahlreiche Liebesgeschichten samt ihren Eskapaden.

Zurück zum Ursprung und Ausgangspunkt

In der Tiefe der Natur oder des Alls ruht also der nie versiegende, „nimmermüde“ dahinsprudelnde Born des Seins, der zumeist weiblich gedachte Drang nach Leben. Wasser lässt aber keinen Zweifel aufkommen, dass es sich auch wieder zu diesem Urgrund zurückorientiert. In vielen Windungen und Mündungen fließt es von der Quelle seiner jeweiligen Existenz zunächst als Rinnsal und zuletzt als Strom bis zum unüberschaubaren Ozean, um dort also von einer umfassenderen Einheit wieder verschluckt zu werden. Deshalb bietet sich dieser Vorgang auch als Vergleich für das menschliche Leben an. Nachdem es sich vorübergehend in der irdischen Sphäre aufhält, flutet es zurück zum Ursprung, wo es durch Zerfall und Auflösung wieder in einen formlosen Zustand verfällt. Aber in diesem Ursprung verharren alle Ressourcen für Regeneration und Neugeburt. Spätestens mit Beginn der Landwirtschaft und genauer Beobachtungen des Pflanzendaseins hoffte der Mensch, dass auch ihm die Möglichkeit einer Wiedergeburt in der Sphäre des Todes offen stehe. Möglicherweise wurden im Altertum, wie z. B. bei den Eskimos, aufgrund solcher Vorstellungen Tote im Wasser bestattet.

Woran aber glauben Menschen, die, des Lebens und seiner Probleme überdrüssig, eine lockende Erlösung durch Suizid im Wasser suchen? Soll das Element alles Ungeliebte und vermeintlich aus der Ordnung Geratene auflösen? Oder wieder einer höheren Ordnung zuführen? Auffallend oft suchen Täter in Sagen und Legenden der Geliebten oder dem Gehassten an heim(e)lichen Waldquellen und Wiesenbrunnen ein böses Ende zu bereiten. In Heiligenlegenden finden Märtyrer ihren Opfertod am Wasser. Viele Gerichtsstätten lagen in der Antike und noch im Mittelalter nahe an Quellen, Brunnen, Bächen oder Flüssen. Daher verwies Jakob Grimm in seinen RECHTSALTERTÜMERN auf einen möglichen Zusammenhang zwischen Wasserurteil, Schöffe [mhd: *iudex*; bedeutet im Lateinischen Richter] und schöpfen (1992: II, 389 f.).

Quell-Nymphen, Meer-Neiriden und ihre nahverwandten Nixen, Undinen und Wasserfeen charakterisieren trotz ihrer viel besungenen körperlichen Makellosigkeit, ihrer flutenden Goldlocken, grün glitzernd neckenden Augen und verlockendem Liebreiz den niederen unbewussten Aspekt in der Natur. Listig drohend, verführerisch oder wehmütig hilfeflehend ziehen sie uns in den tiefsten Wasseraspekt unserer Triebstruktur hinab. In anderer Verhüllung, als holde Lichtfeen, hieven sie Versunkene wieder an die Oberfläche.
Arthur Reckham: Undine (ca. 1909)

Siegfriedbrunnen nahe der Gemeinde Grasellenbach (Odenwald), zur Zeit wohl wenig ergiebig; eine der vielen mutmaßlichen Waldquellen, wo Hagen von Tronje den Nibelungenheld Siegfried heimtückisch von hinten erstochen habe.

So personifiziert das Große Weibliche als unversiegbare Quelle der Schöpfung zugleich diesen letzten Grund der Wirklichkeit; als gleichsam mythischer Ausdruck jener uranfänglichen Ahnung, dass Ursprung, Gesetz und Bestimmung des Lebens sich in *einem* Zentrum befinden. Dieses Geheimnis des Lebens und seine zyklische Basis manifestieren sich im ewig gültigen Gesetz von „stirb und werde".

Der Menschen Seele / Gleicht dem Wasser
Vom Himmel kommt es / Zum Himmel steigt es
Und wieder nieder / Zur Erde muss es.
Ewig wechselnd

… beginnt Johann Wolfgang von Goethe seinen „Gesang der Geister über dem Wasser".

In der hellenistischen Welt dachte man sich Quellen und Flüsse als Einfahrtsschächte zum Tartaros, der Schreckensabteilung des Hades; so die Totenflüsse Styx, Acheron und Lethe, die beiden letzten auch „Fluss des Vergessens" genannt. An den Gestaden dieser Unterweltflüsse würden die abgeschiedenen Seelen ruhelos umherirren. Und nur solche Seelen dürften den Nachen des Fährmanns Charon besteigen, die ihr Leben auf Erden gemeistert hatten. Nach dem Überfahren der Wasser des Vergessens und des Todes eröffneten sich für sie die prächtigen Auen der Elyseischen Felder, der „wahre innere Friede“ auf der Insel der Seligen. Göttliche Boten und Kuriere geleiteten sie dort hin. Gern nahmen und nehmen diese wohl noch Engel- oder Schwanengestalt an, um mit weißen oder durchsichtigen Schwingen das Transzendente ihrer Heimat anzudeuten.

„Lebendiges“ Wasser im steten Prozess von binden und lösen

Alles, was zum Prozess des Werdens gehört, besitzt selbst Leben, gewinnt durch Leben Erfahrung, damit Reifung und Bewusstsein. Deswegen sprechen religiöse Schriften oft vom „lebendigen Wasser“, meist als ursächliche Antriebsenergie der unsichtbaren Lebenskraft verstanden. Im Menschen tritt es als unser Unbewusstes auf, Träger der Projektion unserer seelischen Inhalte. Diesen beschützenden, mütterlichen, fruchtbaren und nährenden Aspekt unseres Bewusstseins beschreiben Märchen und Mythen auch als „Wasser des Lebens“. Es liefert uns immer wieder alle Möglichkeiten eines Neubeginns. Seine bewusste Wahrnehmung und Nutzung könnte uns von vielen Problemen befreien, uns heilen und letztendlich erlösen. Für den Psychoanalytiker Carl Gustav Jung charakterisierte das Wasser, welches die Mutter, das Unbewusste, in das Becken unserer Anima (führender Aspekt der Seele) gießt, besonders treffend „das Lebendige des seelischen Wesens“. Im Gegensatz zum abstrakten Geist weicht es jeder Begrenzung spielerisch aus und überwindet traumhaft Zeit wie Raum. Zugleich bilde es „ein mächtiges Scheidewasser, das einerseits gnadenlos alle gewordenen Dinge löst und dadurch andererseits zum dauerhaftesten aller Gebilde führt“: zum Fortschritt durch Wandel und damit verbunden, zur Selbsterkenntnis des Menschen (1984: 94 ff.).

Bach Blütentherapie ordnet übrigens Wasser aus natürlichen heilkräftigen Quellen die Seelenqualitäten von Anpassungsfähigkeit und innerer Freiheit zu. Im negativen Quell-Zustand ist man in starren theoretischen Maximen und realitätsfernen Vorstellungen gefangen.

Im Christentum verbindet sich das Motiv des „lebendigen Wassers" mit der Taufe, der Rückkehr zum ursprünglichen Zustand der Unschuld. Jetzt stirbt das alte Leben und macht Platz für Auferstehung oder Neugeburt. Christus selbst sei das Sein des Lebens, das uns diese Möglichkeiten eröffnet (Joh. 4, 10 ff.); aber auch Maria in ihrem Ausdruck der höchsten Form des Weiblichen, eines reines Gefäßes, das alle subtilen Impulse aus höheren und höchsten Bereichen in erkenntnisvoller Klarheit aufzunehmen weiß und damit schwanger wird: mit einer neuen Idee, einer jungen Eigenschaft, einem nützlichen Wandel: einem „göttlichen Kind".

In der Paradiessymbolik liegt die Quelle vom „Wasser des Lebens" am Fuße des Lebensbaumes. Fontänen in der Mitte von quadratischen Plätzen, Höfen, Kreuzgängen und umzäunten Gärten vertreten diesen Born als Ausgangspunkt allen fruchtbaren Werdens in jeglicher Natur, der äußeren wie der inneren. Völuspa oder der „Seherin Gedicht" in der germanischen Spruchdichtung Edda spricht vom Urdbrunnen. Er sickert ebenfalls an der Wurzel des Lebensbaumes, der Weltesche Yggdrasil, und ist benannt nach der ersten der Nornen. Diese „bindenden und lösenden" Schicksalsgöttinnen, drei an der Zahl, heißen Urd, Werdandi und Skuld: Schicksal oder Gewordene, Werdende und Werdensollende. Sie spinnen am „sausenden Webstuhl" der Zeit. Urd, manchmal mit Frau Holle und später mit Maria gleichgesetzt, spinnt den Lebensfaden (= Atem), Werdandi bemisst ihn, Skuld – meist schwarz oder schwarz-weiß dargestellt – schneidet ihn ab und teilt ihn zu.

Zum Jungfernborn bei Hirzenhain in der hessischen Wetterau kommen laut Sage immer noch mittags zwischen elf und zwölf Uhr drei Jungfrauen, um darin zu baden. Auch an anderen Brunnen, Quellen und Bächlein erscheinen sie wohl noch an heißen Tagen, kühlen sich ab, singen und kämmen ihre langen blonden Haare – für Bauern ein gutes Zeichen, jetzt die Heuernte einzubringen (Weinhold 1999: 18 f.).

Johann William Waterhouse: Undine (1872), Ölgemälde. Privatsammlung, wikimedia gemeinfrei

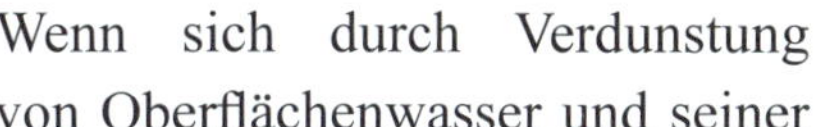

Wenn sich durch Verdunstung von Oberflächenwasser und seiner Kondensation in den Wolken Regen bildet, entsteht eine enorme, wenn auch transparente Oberflächenstruktur. Sie vermag jede Art von Information aus Licht und Luft aufzunehmen und zu speichern. Positive Lichtenergie samt Verschmutzung unserer Atmosphäre dringen dann mit jedem niederprasselndem Regen an die Erde, zu den Pflanzen und Gewächsen. Mit dem Versickern – oft durch längst belasteten Boden – gelangt es ins Erdinnere. Es durchdringt verschiedene Gesteinsschichten, nimmt Minerale und Salze auf, legt Schmutzpartikel ab und gewinnt so seinen individuellen Charakter. Victor Schauberger (1885 – 1958), der große Wasserexperte, definierte „reifes Wasser“ als solches, das „freiwillig“ wieder an die Erdoberfläche dringt und dabei zweimal einen Reinigungsprozess durchläuft. Im Märchen steigt Frau Holle mit goldenen Kannen aus der Tiefe die Stufen vom Brunnen herauf zum Licht.

So nährt die Große Mutter Natur als „göttliches Wassergefäß" unseren Planeten durch unteres, aus der Erde quellendes fruchtbares Wasser und mit „angereichertem" Regen, der von oben herab gießt. Mythen früher Bauern- und Viehzüchterkulturen verglichen diese unverzichtbare flüssige Nahrung mit Milch, die aus dem prallen Euter der göttlichen Himmelskuh fließt oder aus den üppigen Brüsten der Mutter Erde spritzt. Deswegen war die „Jungfrau" Maria noch ein *verschlossener Brunnen* und eine *versiegelte Quelle*. Erst als Mutter wurde sie zum „reinen Springquell".

Die strömenden Brüste Unserer Lieben Frau auf der Gmain, Mutter des Wandels

Maria-Diana in Großgmain, Land Salzburg. Foto: C. Zerling

Großgmain, eine kleine Grenzgemeinde am Rande der Stadt Salzburg, machte im Jahre 1967 europaweit von sich reden. Pfarrer und Bürgermeister lagen miteinander im unversöhnlichen Streit. Journalisten verglichen die Kontrahenten – nicht all zu weit hergeholt – mit Don Camillo und Peppone. Es ging um Macht, „gefährliche Ketzerei", Verletzung von Schamgefühlen und darum, wer das „gesunde Volksempfinden" vertrete.

Jedem fällt der Stein des Anstoßes direkt ins Auge, steht er doch dicht neben der Hauptstraße vor der berühmten Wallfahrtskirche. 1693 hatte der Künstler Johann Schwaiger eine doppelgesichtige Maria als Brunnenfigur geschaffen: auf der einen Seite die dem Menschen zugewandte *Maria lactans* (die

Milchgebende), auf der anderen Seite die himmelwärts blickende, über die Welt falscher Ansichten und Vorstellungen triumphierende *Maria immaculata* (die Unbefleckte), mit Mondsichel und Sternenkranz. Dabei hatte der Künstler eine Anleihe bei der heidnischen Mondgöttin Diana genommen. Aus den nackten Brüsten beider Marien fließen üppige Wasserstrahlen und weisen auf den nährenden Aspekt des höchsten Mutterprinzips. So dauerte es auch nicht lange, bis entsetzte kirchliche Vertreter die Seelenverfassung der Einwohner von Großgmain und aller Pilger in akuter Gefahr sahen. Dank ihrem unnachgiebigen Einschreiten verbarg bereits zu Anfang des 18. Jahrhunderts ein schwarzer Blechkranz die umstrittenen Blößen (Lang / Schneider 1995: 434).

Zweieinhalb Jahrhunderte blieben so die himmlischen Reize der Maria als Große Mutter verdeckt. Da fiel es 1967 dem örtlichen Bürgermeister ein, die Statue wieder in den ursprünglichen Zustand versetzen zu wollen. Schließlich polierte das Dorf gerade an seinem Erscheinungsbild für den einsetzenden Boom des Fremdenverkehrs. Der damalige Pfarrer schäumte und zog alle rhetorischen Register. Witterte er doch ein Aufleben tot geglaubter Häresien. Bald mischte sich die gesamte kirchliche Hierarchie ein und sah das gesunde Volksempfinden mit Füßen getreten. Gestärkt durch ein schmunzelndes internationales Medienecho setzte sich aber der Bürgermeister unerschrocken durch. Herbert Josef Schmatzberger, der heutige Pfarrer, empfindet keinerlei Ressentiments gegen den Brunnen und schreibt in einem Prospekt für Touristen: „Aus der Sicht von Renaissance und Barock hat die Antike als Höhepunkt der Kultur gegolten und Diana als deren Muttergöttin. Die Verbindung von antiken Kulturformen mit dem christlichen Glauben sollte zu einer vollkommenen Harmonie führen.“ Ein Ausdruck dafür sei der Großgmainer Marienbrunnen. Er führe den Betrachter zu Diana, Maria, Sophia. „In Sophia, der personifizierten Weisheit

Artemis Ephesia als nie versiegende göttliche Wasserquelle, Villa d'Este, Tivoli bei Rom. Foto: Karelj, wikimedia gemeinfrei

Gottes, sehen wir die Welt-Seele, die in Maria Mensch geworden und als Schutzengel Botin eines neuen Zeitalters ist."

Wo Unbewusstes und Seele mit Bewusstsein kämpft, Dunkles gegen Licht, kämpft immer noch Tiâmat gegen Marduk. Dabei lässt das Unbewusste selbst das Bewusste aus sich hervorgehen. Aus diesem (Milch-)Brunnen fließen immer individuellere Zeugungen von Leben und Bewusstsein. Tiâmat, die „Fabulosität tierischer Urwesen" (C. G. Jung) und Grundstoff der Schöpfung, zeugt dabei aus sich selbst heraus und zerstört seine Zeugung auch selbst wieder – im ewigen Wandel allen Seins. Für die meisten Menschen hat dieses unaufhaltsame Fließen nie etwas von seiner Beunruhigung verloren. Lässt es doch unsere gewaltigen Anstrengungen, äußere und innere Natur in den Griff zu bekommen, oft genug lächerlich aussehen.

Durch einen in München geweihten und an tiefster Stelle in den Walchensee hineingeworfenen goldenen Ring beschwichtigte nach alter Tradition der bayerische Herzog den Geist vom Walchensee, Bayern nicht zu überschwemmen, und dies vielleicht noch bis ins 19. Jahrhundert hinein (Weinhold 1999: 34). Mit diesem Brauch beschwichtigte er den „Ring ewigen Wandels", wobei sich der Herzog – gleich dem Dogen von Venedig, der einen Ring ins Meer warf – vorsichtshalber mit dem Prinzip des „lebendigen Wassers" vermählte.

Clemens Zerling

Quellverehrung von der Antike bis in die Gegenwart

Der nie versiegende Born

Die Verehrung von Quellen durch die Menschen ist uralt. In Tunesien gab es schon in der Steinzeit (≈ 30.000 v. Chr.) Opferungen an Quellen. Ein in Jericho ausgegrabenes Quellheiligtum entstand 8000 Jahre vor Christi Geburt. In Europa lassen sich Opfergaben an Quellen der Jungsteinzeit nachweisen (ca. 5000 v. Chr.).

Quellen sahen die Menschen als Sitz zumeist weiblich gedachter, mythischer Wesen (Wassergeister, Nymphen, Elben, Feen, Wasserfrauen und Quell-Mütter) an. Diesen Wesen schrieb man magische, Leben spendende, Leben nährende und lebenserhaltende Eigenschaften zu. Im alten Griechenland nannte man die Nymphen Heilerinnen, Löserinnen der Mühsal, Arztkundige und Helferinnen des Heilgottes Asklepios. Quellen galten als Orte der Kraft und als Eingang in das Reich von Mutter Erde.

Quellen, die man als heilkräftig ansah, erfuhren besondere Verehrung. Um sich die Quellmutter geneigt zu machen, opferten die Bittsteller wertvolle persönliche Dinge wie Waffen, Schmuck, Münzen, Gebrauchsgegenstände oder eigens als Votivgaben angefertigte Gegenstände. Die Opfer wurden direkt in die Quelle gegeben oder (wie eine antike Darstellung zeigt) für die Quellnymphe auf kleinen Altären abgelegt.

Die Menschen begriffen die Göttin an der Quelle als eine wirklich vorhandene Instanz, die dem Pilger direkt Hilfe zukommen ließ. Anders im christlichen Kult: Die Heilige, die man an der Quelle anruft, wirkt – nach Meinung von Theologen – nur als Fürsprecherin für das Anliegen des Menschen bei Gott.

Die Heilquelle von Umeri (*salus umeritana*). Darstellung auf einer antiken Silberschale aus dem Besitz von L. Pompeius Cornelianus, ca. Mitte des 2. Jahrhunderts n. Chr. Gefunden bei Santander, Umzeichnung von 1916. Man sieht die Quellnymphe, die Bittsteller an den Opferaltären, die Abfüllung und den Transport des Wassers sowie die Verabreichung an einen Kranken. Nach Alfred Martin, 1936.

Heilige Quellen bei Kelten und Römern: *Sirona, die Göttin mit der Schlange*

Durch die Ausgrabung des im Jahre 1939 zufällig im Idarwald entdeckten gallo-römischen Quellheiligtums der Treverer am Koppelbach in der Nähe des Hunsrück-Ortes Hochscheid ließ sich anhand der vielen Funde der einstmalige heidnische Kult recht gut rekonstruieren. Über der Quelle war ein mit Schindeln und Schiefer gedeckter Umgangstempel errichtet worden. Im Allerheiligsten standen neben der mit Standsteinblöcken gefassten Quelle lebensgroße Figuren aus

Stein. Eine Figur stellte die keltische Göttin Sirona dar, eine andere ihren Gefährten, Apollon Grannus. Eine Weiheinschrift im Laubengang, der um den Sakralraum führte, nennt die beiden Götter namentlich: „Deo Apollini et Sancte Sirone".

Grannus war ein keltischer Gott des Feuers, der heißen Quellen und des Heilens, den die Römer mit Apollon, dem Gott der Heilkunst, gleichsetzten. Das Zentrum seiner Verehrung befand sich im heutigen Aachen, dem *aquae granni* (Wasser des Grannus) der Römer. Ein Quellheiligtum des Grannus in Faimingen (röm.: Phoebiana) wurde 1888 freigelegt und teilweise rekonstruiert. Die Quelle hatte einmal überregional Pilger zu Trinkkuren und Heilbädern angelockt. Sogar ein Besuch des Kaisers Caracalla[1] ist belegt. Da er durch das Wasser Heilung fand, stiftete er 212 den Ausbau einer Straße zum Heiligtum.

Die Göttin Sirona trägt auf der in Hochscheid gefundenen Figur ein faltenreiches Gewand, das die Unterarme frei lässt, unterhalb der Brust gegürtet ist und bis zu den Füßen reicht. Ein Mantel ist über

---

1 Kaiser Caracalla (188 – 217) terrorisierte seine Untertanen durch willkürlich angeordnete Hinrichtungen und wahllos vorgenommenen Blutbädern. Er ließ seinen Schwiegervater, seine Frau Publia und seinen Bruder Geta ermorden. Bildnisse zeigen ihn als einen brutal und gewalttätig ausschauenden Menschen. Andererseits suchte er sich der Gunst der Plebejer durch den Ausbau der von seinem Vater errichteten Thermen zu versichern. Die fast quadratische, achsensymmetrisch gebaute, 337 x 328 Meter große, beheizte Anlage fasste 1600 Besucher, besaß Schwitzräume, Warm- und Kaltwasserbecken, Becken mit lauwarmem Wasser, ein Schwimmbad und bot mit Bibliothek, Gärten, Tavernen und Friseur-, Sport- und Massageeinrichtungen viele Unterhaltungs- und Vergnügungsmöglichkeiten. Die Thermalanlage war mit kostbaren Kassettendecken, marmorüberzogenen Wänden, Fußbodenmosaiken, Säulen mit wertvollen Kapitellen, Skulpturen und Wannen aus ägyptischem Granit prunkvoll ausgestattet. Ebenfalls in luxuriöser Weise ausbauen ließ Caracalla zwischen 213 – 217 die römischen Bäder im heutigen Baden-Baden. Sie liegen unter dem Marktplatz zwischen dem alten Dampfbad und der Stiftskirche. Form und Ausdehnung werden durch ein schwarzes Kopfsteinpflaster angezeigt.

Sirona mit Schlange und Eiern, Nachbildung einer im Quellheiligtum Hochscheid ausgegrabenen Reliefstatue.
Foto: Wolfgang Bauer

den linken Unterarm geschlagen und hängt von dort herab. Das Haar ist gescheitelt und wird von einem Diadem in Dreiecksform gehalten. Eine Schlange, die sich um den linken Unterarm windet, weist die Göttin auf ein Gefäß in ihrer rechten Hand hin, in dem drei Eier liegen, eines davon ist aufgeschlagen. „Die Botschaft dieser Geste dürfte den keltischen Lehrsatz illustrieren, dass der Tod aus dem Leben (rechte Seite), das Leben aus dem Tod, hier aus dem Dunkel des Eis (linke Seite) entsteht“ (Botheroyd 1995: 298).

Detail der Sirona-Statue.
Foto: Wolfgang Bauer

Schlange und Schale schaffen eine Nähe zu Hygieia, der griechischen Göttin der Gesundheit, Tochter des Apollon-Sohnes und Heilgottes Asklepios. Darstellungen des Asklepios zeigen ihn als bärtigen Mann mit einem Wanderstab, um den sich eine Schlange ringelt. Auf Darstellungen, auf denen die Hygieia und Asklepios gemeinsam zu sehen sind, lockt Hygieia die Schlange mit einer Schale mit Futter zu sich herüber. Die Äskulapschlange *(elaphe longissima)* war in der Antike die Tempelschlange der Römer. Die Patienten der

Tempelärzte hofften durch ihre Berührung wieder gesund zu werden. Noch der Leibarzt eines dänischen Königs vermutete, dass die heilende Wirkung der Quellen des Badeortes Schlangenbad im Taunus durch die Anwesenheit dieser Schlangen herbeigeführt werde.

Asklepios mit seiner Tochter Hygieia; Stich von 1878

Sirona (oder auch Dirona, Thirona), eine keltische Muttergottheit und verantwortlich für Regeneration, Gesundheit samt Fruchtbarkeit, verehrte man auch als Herrin der Anderswelt. Ein Schwerpunkt der Verehrung lag im Gebiet Mainz-Mosel-Saar. Weiheinschriften finden sich im Gebiet zwischen Bordeaux bis Augst in der Schweiz. Auch in Budapest (= Aquincum) und in Rom verehrten die Bewohner die Sirona.

Aus Funden von Trinkbechern aus Glas und Ton kann man schließen, dass die Pilger das Wasser der Quelle beim Umherwandeln getrunken haben. Überreste von Räucherkelchen lassen vermuten, dass an der Quelle rituelle Räucherungen mit Harz vorgenommen wurden. Man sprach dort Gebete und sang Hymnen. In einer dem Heiligtum gegenüberliegenden Therme mit der typischen Abfolge von geheizten und ungeheizten Becken fand man die Steinfigur einer archaisch anmutenden, sitzenden Göttin mit Füllhorn, die auf einen noch sehr viel urtümlicheren, vorrömischen Wasser- und Fruchtbarkeitskult hindeutet.

Im „Vicus Belginum" (in der Nähe von Morbach im Hunsrück) grub man die Bronzestatuette einer jugendlich wirkenden Bergnymphe aus. Der Oberkörper ist nackt, ein faltenreicher Überwurf bedeckt den Unterkörper. Man nimmt an, dass sie in der rechten Hand eine Schlange hielt. Mit einem versilberten Diadem, das man nachträglich auf Haar und Kopf gesetzt hat, wandelte man sie, um eine Verehrung an Ort und Stelle zu ermöglichen, in die Quellgöttin Sirona um. (Von Belginum aus musste man eine Stunde beschwerlich zu Fuß den Berg hinauf, um in das Quellheiligtum der Sirona in Hochscheid zu kommen.)

Das von den Ahnen übernommene Erfahrungswissen, in Notlagen Hilfe an Quellen zu suchen, hielt sich nicht nur im Hunsrück zäh bis in die Neuzeit. Alte Bräuche und Kulte bestanden neben der christlichen Religion weiter. Wolfgang Boller stellte über den Hunsrück, das Land, in dem einst die Quellgöttin Sirona verehrt wurde, fest: „1889, mehr als 130 Jahre nach der Erfindung der Dampfmaschine, glich der Hunsrück noch dem mythischen Zwischenreich, das die Menschen bewohnen, Midgard und Jammertal zugleich, Enklave zwischen Göttern und Geistern, zwischen Heiligenbildern und Höllenvisionen. Gleichmütig lenkte der schöne Jüngling Muni den Mondwagen durch Nächte voll Riesen und Kobolde, Irrlichter und Gespenster, Herdgeister und Hexen; und der Sommerwind in reifen Getreidefeldern streichelte das Goldhaar einer bestohlenen Göttin. Man achtete die Gebote Gottes und vertraute auf die Erlösungskraft des Kreuzes. Aber die alten Götter warfen Schatten über das Land, und in der Furcht hatten sie geheime Altäre. Die Bauern pflanzten Fetthenne auf die moosbewachsenen Strohdächer, um sie vor Blitzen zu bewahren, vor Donars Hammer. Noch im 20. Jahrhundert legten Frauen Kleidungsstücke und Halstücher als Opfergaben an den Rand heilsamer Quellen" (Boller 1962: 45).

Vorrömische Steinfigur einer Göttin mit Füllhorn aus dem Quellheiligtum Hochscheid, heute im Rheinischen Landesmuseum Trier

Verehrt wurde die Sirona auch im Quellheiligtum in der Nähe des saarländischen Dorfes Ihn („Sudelfels"). Das Heiligtum liegt am Hang über dem Tal des Ihner Baches. Bei Ausgrabungen fand man einen steinernen Torso der Sirona. Das Heiligtum bestand aus einem sechseckigen Umgangstempel, einer sechseckigen Quellfassung, Beherbergungsstätten für die Pilger und einem größeren Badekomplex mit Kaltbad und einer Fußbodenheizung. Außer der Sirona rief man, neben anderen Gottheiten, auch die keltische Mutter- und „Wohlstandsgöttin" Rosmerta an, dargestellt mit Heroldstab und Geldbeutel. Geldbeutel wie auch das Füllhorn, ein anderes Attribut von ihr, sind Symbole dafür, dass sie den Menschen allen Reichtum der Erde verschaffen konnte. Die Quelle des Heiligtums Sudelfels sprudelt bis heute. Fanatisierte Anhänger des Mithraskultes oder, die Historiker sind sich nicht sicher, wütige Christen zerstörten das Heiligtum. Umherliegende Dosen und Plastikflaschen zeugen auch heute von nur geringer Achtung

Quellheiligtum Sudelfels. Rekonstruktion auf der Schautafel. Foto: Wolfgang Bauer

mancher Besucher für die Kultstätte. Dass hier einmal das spirituelle Zentrum der ganzen Region war, vermutet man angesichts der kärglichen Mauerreste nicht. Und doch: Die knorrigen Bäume geben dem einsamen Platz eine mystische Aura.

Quellheiligtum Sudelfels. Quellfassung, heutiger Zustand. Foto: Wolfgang Bauer

Der Name Sirona/Dirona klingt im Namen der keltischen Göttin Divona an, über die sich von dem römischen Dichter Decimus Magnus Ausonius (» 310 – 385) ein Lobpreis der Quelle seiner Heimatstadt Bordeaux und ihrer göttlichen Beschützerin erhalten hat: „Heil Dir, o Quell, dessen Herkunft uns unbekannt, heilig, wohltätig, unversiegbar, hell wie Kristall, azurfarben, der Du im Schatten murmelst, Heil Dir Genius der Stadt, der Du uns heilkräftigen Trank spendest, o Divona der Kelten, Quell, der Du zu den Göttern gezählt wirst.“

Die Römer haben außerdem einer keltischen Ansiedlung der Cadurcer den Namen Divona Cadureorum (heute die Stadt Cahors) verliehen. Auch dem Thermalkurort Divonne-les-Baines im französischen Department Ain und dem ersten Abschnitt des Flusses Versoix, der Divonne, hat die Göttin ihren Namen hinterlassen.

Zu Besuch bei der Göttin Sirona

An einem schönen, sonnigen Tag im Oktober fahren wir von Kirchberg im Hunsrück aus nach Hochscheid. Die Frau des Ortsvorstehers erzählt, das Quellheiligtum sei aus Furcht vor Raubgräbern wieder von den Archäologen zugeschüttet worden. Es gebe eine Nachbildung des Tempels. Die Stelle könnten wir in 45 Minuten erwandern, das Anfahren sei im Moment wegen Bauarbeiten nicht möglich. Wir gehen zu Fuß weiter. In einer Kurve sehen wir linker Hand ein kleines Tempelchen durch die Bäume lugen. Es ist auf einer Seite offen und gibt den Blick auf die Sirona-Statue frei.

Gegenüber liegt ein kleiner Teich. Braungoldene Laubblätter säumen malerisch den Rand. Ein paar Schritte weiter wartet eine Überraschung: Der Boden ist mit Maronen reich bedeckt. Zwei Wanderer kommen vorbei. Sie kämen immer gern an diesen Ort zur Göttin am Teich. Im Ort Stipshausen gebe es genau noch so ein Tempelchen und in der Ortsmitte von Hochscheid finde man die Statue der Göttin noch mal, hier mit einem kleinen Holzdach geschützt. Die Göttin, denken wir, scheint nach vielen Jahrhunderten wieder in ihr Wirkungsgebiet zurückgekehrt zu sein. Die Wanderer zeigen Verständnis dafür, dass die Ausgrabungsstätte nicht mehr zugänglich ist. „Wir waren im Ausgrabungsgelände des Quellheiligtums am Sudelfelsen. O Gott, wie sieht das da aus! Als ob die Vandalen gehaust hätten!"

Das Wetter ändert sich plötzlich. Ein kalter Wind streicht durch die Bäume. Der Himmel verdunkelt sich. Die Sonne lässt noch ein paar Strahlen auf dem Wasser tanzen. Eine silberfarbene Wolke bildet sich im Wasser ab und zeigt die Gestalt einer Nymphe. Ob es mir gelingt, das Schauspiel mit der Kamera einzufangen? Ein Platzregen stürzt herab. Wir suchen im Pavillon Schutz. Sirona schaut uns mit ihren großen Augen lächelnd an. „Nehmt euch Zeit“, scheint sie zu sagen. Tatsächlich leisten wir ihr eine ganze Weile Gesellschaft, bis der Regen nachlässt. Die Sonne kommt wieder hervor. Mit einer Tasche voller Pilze machen wir uns dankbar auf den Rückweg.

Goldenes Laub schmückt den Teich. Wald bei Hochscheid. Foto: Wolfgang Bauer

Das Sironabad in Nierstein am Rhein

Ein heute wieder sichtbar gemachtes Kleinod aus der Römerzeit stellt das Quellheiligtum der Sirona in Nierstein dar. Es handelt sich dabei um ein römisches Bauwerk mit zwei Schwefel- und zwei Süßwasserquellen. Funde von Kupfermünzen mit den Jahreszahlen 87 bis 267 (nach Christi Geburt) legen nahe, dass die Brunnenanlage in diesem Zeitraum von den Römern genutzt wurde. Die Inschrift auf dem Votivaltar einer römischen Bürgerin, einer Offizierstochter, bezeugt die Heilkraft der Schwefelquelle: “Dem Gotte Apollo und der Sirona erfüllte Julia Frontina ihr Gelübde freudig, gerne und nach Gebühr.“ Von den Alemannen später zugeschüttet wurden die Quellen im Jahr 1802 von dem belgischen Unternehmer Martin van der Velden wiederentdeckt. Die Quellen ließ er überdachen und hochwassergeschützt fassen. Als ihm das Wasser half,

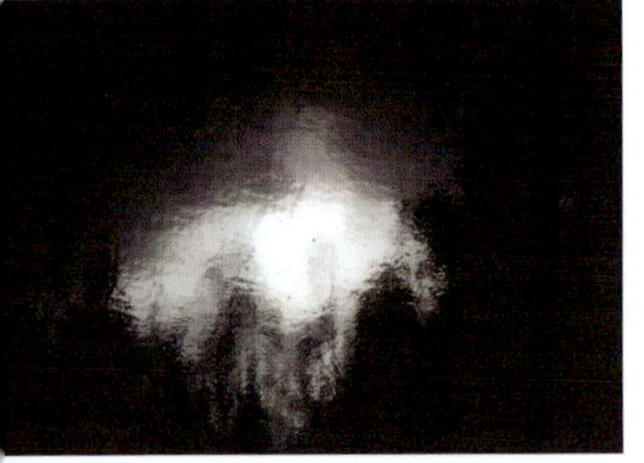

Spiel der Sonne auf einem Teich bei einem Gewitter. Wald bei Hochscheid. Foto: Wolfgang Bauer

eine eigene Krankheit zu kurieren, verschickte er es als „Niersteiner Schwefelwasser“ in Flaschen bis nach Holland, Belgien und England.

Diana, Schutzgöttin der Quellen

Sirona wurde auch im Gebiet der heutigen Stadt Wiesbaden (Wisibadun) am Hang des Schulbergs in einem eigenen Tempel verehrt. Ein Vorsteher des Tempels, Caius Iulius Restitutis, hat sich auf einem Weihestein an Sirona als Gönner des Heiligtums verewigt.

Sironabad: Hauptraum mit der Schwefelquelle.
Foto: PM3, wikimedia gemeinfrei

Heute trägt das Frauengesundheitszentrum in Wiesbaden den Namen der Göttin. Die Einrichtung will an die Frauen erinnern, die in Wiesbaden in vorrömischer Zeit als Priesterinnen und Heilerinnen arbeiteten, aber auch an Frauen, die in vergangenen Jahrhunderten als Bademädchen – vom Land in die Stadt gekommen – schufteten und Eimer um Eimer Heilwasser aus der Tiefe in die Kuranlagen schleppten, um Kranken Hilfe zu verschaffen und dabei auf Dauer selbst erkrankten. Auch einem im Jahr 1871 entdeckten Asteroiden von 72 km Durchmessern hat Sirona, die auch als Göttin der Gestirne Verehrung genoss, ihren Namen gegeben.

Neben Sirona wurden in Wiesbaden Apollon mit dem keltischen Beinamen Toutiorix, die keltische Reitergöttin Epona und vor allem die Göttin Diana mit dem Beinamen Mattiacorum um Hilfe gebeten. Diana fungierte als Schutzgöttin für den ganzen Thermenkomplex um die bis 67°C heißen *aquae mattiacorum*. Der Naturforscher Plinius, Kommandant einer Reiterabteilung im benachbarten Mainz, schrieb bereits darüber: „In Germanien gibt es jenseits des Rheines die heißen mattiakischen Quellen, deren Quelltümpel heftig siedet und dampft“ (Müller 2000: 72).

Aus Funden von Münzen, die als Votivgraben in eine der Quellen geworfen worden waren, ergibt sich eine gallo-römische Nutzung des Bades vom Jahre 40 bis 400 n. Chr. Nach den Römern wurden die alten Badebecken das Mittelalter über bis in die Neuzeit weiterverwendet. Dem von Plinius beschriebenen „siedenden Quelltümpel“ gaben Besucher aus späteren Jahrhunderten ebenso treffende Namen wie „Kochbrunnen“ und „Brühborn“.

Zwischen dem 1. und bis zum Ende des 3. Jahrhundert n. Chr. haben – wie Münzfunde bei Badeanlagen von Bad Ems nahelegen – die römischen Legionäre auch die nur 60 km von Wiesbaden entfernten warmen Quellen im Quellensattel zwischen Baderlei und Klopp genutzt. Ob und wem die Quellen geweiht waren, ist bisher nicht herausgefunden worden. Der Name des heutigen Kurorts scheint aus der römischen Zeit zu stammen. Von den auf einer römischen Votivtafel gefundenen Worten *Avio monte* (im Sinne von Auburg) veränderte sich der Name zu Aumenzu (880), Oumina (959), Omtze (12. Jahrhundert), Eumetze, Emptz (1426) und Ehmbs (1676) bis zum heutigen Ems. Den Charakter des warmen Wassers verglich ein Gast des 17. Jahrhunderts mit gerade gemolkener Milch. Auch Goethe beschrieb das Badeerlebnis als „sanft“. Als ein „heiß dampfendes Kellerkämmerlein“ empfand dagegen Goethes Begleiter Lavater die Emser Trinkbrunnenanlage.

Als Heil- und Schutzgöttin hatte die Göttin Diana auch ein Patronat für das prächtige Badegebäude mit einem Säulentempel, das die Römer zwischen 365 und 383 n. Chr. in Bad Bertrich in der Eifel errichteten. Bei Ausgrabungen im Jahre 1881 entdeckte man die Therme des Vicus Bertriacum. Sie bestand aus einem größeren und zwei kleineren Schwimmbassins und mehreren Einzelzellen mit Umkleideräumen, verkleidet mit Ziegeln. Der Putz über den Ziegeln war reich bemalt. Zwei Marmorwannen sind noch erhalten. 1858 entdeckte man am oberen Rand des Heinzenbergs 100 Meter über dem Talkessel einen Tempel. Bei der Ausgrabung fand man eine Marmorstatuette der Diana. Wie haben sich Gallier und Römer die Göttin vorgestellt?

„Die Marmorgruppe zeigt eine jagende Diana. Neben ihr erkennen wir im Sprung eine erschöpfte Hirschkuh, welche der die Göttin begleitende Hund an der Kehle zu packen versucht. Die Vorderbeine der Tiere werden durch einen Baumstamm gestützt. Die Göttin ist bekleidet mit einem hochgeschnürten, doppeltgegürteten dorischen Chiton (Unterkleid), dessen unterster Teil im Wind flattert. In der linken vorgestreckten Hand hielt die Göttin wohl den Bogen, von dem zwei Ansatzstücke auf dem Nacken und Hals der Hirschkuh herrühren können. Der rechte Arm scheint halb gesenkt gewesen zu sein, wobei die Hand abseits vom Körper einen Pfeil hielt. Auf dem Rücken trägt die Göttin einen Köcher. Das von einer Binde durchzogene Haar ist zurückgestrichen und am Hinterkopf in einen großen Knoten zusammengenommen" (Gilles 1998: 65).

Rekonstruktion einer bei Ausgrabungen in Bad Bertrich gefunden Statue der Diana. Foto: Wolfgang Bauer

In Bertrich, darauf weisen kleine Weihealtärchen hin, rief man die keltischen Quellgöttinnen Vercana und Meduna schon in vorrömischer Zeit an.

Reste von Töpfereien, in Bad Bertrich ausgegraben, stammen aus dem 2. und 3. Jahrhundert n. Chr. Mit den dort angefertigten Figuren betrieb man einen schwunghaften Handel. Sie zeigen Epona, die Venus, diverse Muttergottheiten, den Gott Mars und Büsten von Kindern.

Die Diana verehrte man als Heilgöttin noch in Baden-Baden, Cannstadt, in Badenweiler und, wie ein Weihe-Denkmal auf dem Ferschweiler Plateau zeigt, im Raum Trier. Am Anfang des 3. Jahrhunderts errichtete es der Landhausbesitzer Quintius Postumius. Der obere Teil ist in der Zeit der Christianisierung abgeschlagen worden. Zu sehen sind noch die Füße der Göttin und die Füße von Tieren. Erhalten hat sich die Inschrift: *Deae Dianae Q(uintus) Postumus Potens V(otum) S(olvit)*. „Quintus Postumus setzte der Göttin Diana dies Denkmal in Erfüllung eines Gelübdes, als er hierzu in der Lage war“ (Putz 1990: 144).

Mit „Diana“ meinte man eine Mischung aus Vorstellungen der Gallier zur Diana als Fruchtbarkeitsgöttin, Herrin des Lebens und Mutter Erde und der griechisch-römischen Vorstellung der Diana als Herrin der Wälder, der wilden Tiere und der Quellen und Gewässer. Als Diana Abnoba personifizierte sie den Schwarzwald, als Diana Arduinna verkörperte sie den Gebirgszug der Ardennen.

Brunnenhalle der Glaubersalz-Bergquelle in Bad Bertrich. Hier darf jeder Besucher das Wasser trinken und auch, in Flaschen gefüllt, mitnehmen. Foto: Wolfgang Bauer

Weihe-Denkmal der Diana in einem Eichwald bei Bollendorf. Illustration aus dem Jahre 1827

Zustand heute. Foto: Wolfgang Bauer

Verehrung der Quellen der Flüsse

Besonders verehrten die Römer die Quellen, die den Anfang eines großen Flusses bildeten. „Großer Flüsse Ursprung verehren wir. Wo irgendwo unvermittelt ein gewaltiger Strom hervortritt, stehen Altäre“, schrieb Seneca (» 4 – 65 n. Chr.) in einem Brief.

Nur ein kurzes Stück talabwärts von der Stelle, wo heute Besuchern die Quelle der Seine gezeigt wird, befindet sich noch die in gallo-römischer Zeit verehrte und der Göttin Sequana geweihte Quelle. Die Quellaustritte waren von Kultbauten, von Wirtschaftsgebäuden, Pilgerunterkünften und Verkaufsläden mit Votivgaben umgeben. Die Gaben der Besucher bestanden aus Votiven aus Blech, in Form von Rümpfen, Augenpaaren, männlichen und weiblichen Geschlechtsteilen, die erkennen lassen, wo das Wasser helfen sollte, oder aus

Die Quelle der Seine mit der Statue der Göttin Sequana. Foto: Norbert Rink

Holzfiguren, die die Pilger mit ihren Leiden zeigen. In einem mit einem Bleideckel verschlossenen Topf, den ein Mann namens Rufus der Göttin geweiht hatte, befand sich ein kleiner Henkelbecher, in dem die Priester 836 Münzen aus dem 1. bis 4. Jahrhundert gesammelt hatten, die der Göttin geschenkt worden waren.

Nach der Göttin Sirona soll die Rhone benannt sein. Pier Hänni, Autor des Buches Quellen der Kraft: „Die Kelten und möglicherweise bereits ihre Vorfahren erlebten ihre Flüsse als Manifestationen von Göttinnen und gaben ihnen deren Namen. Wahrscheinlich geht der Name der Rhone weit in die Frühgeschichte zurück; man kann über eine Wurzelverwandtschaft zwischen dem Verb ‚rinnen' und Rhone mutmaßen oder von *rone* auf die Quellgöttin Sirona schließen. Ohne Zweifel aber galt im Altertum die Göttin eines der bedeutendsten europäischen Flüsse wie der Rhone als ebenso lebenswichtig und mächtig wie dieser Fluss und wurde demnach besonders an ihrem Ursprung bei den drei Quellen hinter Gletsch verehrt. Blickt man von den Gebäuden und Strassen weg, zeigt sich das Bild eines klassischen Naturheiligtums. Inmitten der eindrücklichen Bergarena gelegen, strahlt der Ort noch immer eine Stimmung aus, die einen antiken Kultort erahnen lässt" (Hänni 2004: 162).

Wasser- und Badelust der Römer

Reiche Römer, die in Gallien Villen unterhielten, setzten Quellen als Elemente der Gestaltung in ihren Lustgärten ein. Die Gartenexpertin Marianne Beuchert schreibt dazu: „Die zum Teil sehr ausgedehnten Gärten des nördlichen Römischen Reiches waren in die Landschaft eingefügt. (...) Der Weg zum reinen Landschaftsgarten des 18. Jahrhunderts war noch weit; jedoch pflegte man die Anlage von ausgedehnten Zypressen-Alleen. Lichte Wälder mit kleinen Wiesenflächen durchsetzt, Pavillons und Tempel, die aber weniger dem Gottesdienst als dem Liebesdienst vorbehalten waren, wurden an bevorzugten Plätzen gebaut. Es waren angenehm kühle Schattenplätze mit Ruhebänken, bequem geformt, oft über Quellen oder in natürlichen oder künstlichen Grotten platziert“ (Beuchert 2002: 124).

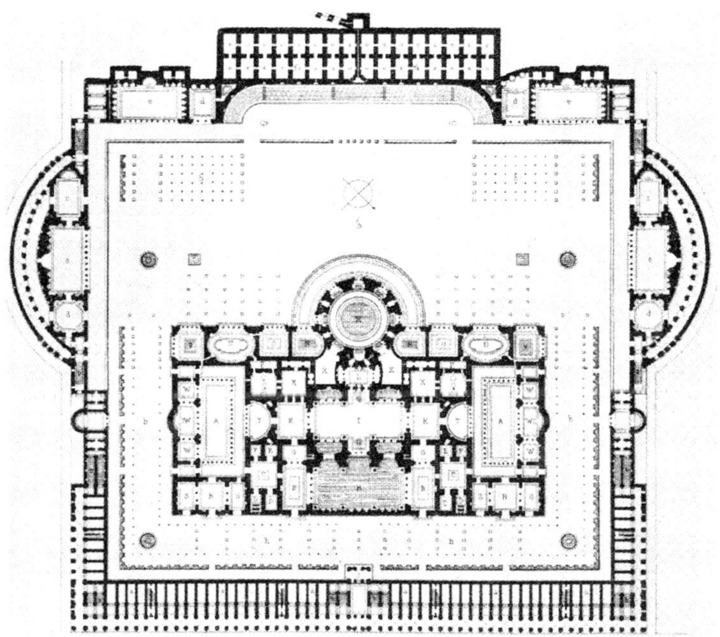

Spiegelsymmetrischer Grundriss einer römischen Therme. Stich des 19. Jahrhunderts

Seit 1997 ist es möglich, sich im restaurierten Bad der ausgegrabenen römischen Villa in Borg-Perl ein exklusives Badeerlebnis zu leisten. Die Betreiber versprechen: „Wer antike Wellness erleben möchte, findet in der luxuriösen Badelandschaft der römischen Villa einen Wohlfühltempel der besonderen Art. Entspannung, Gesundheit und Spaß!" Nach dem Baden im Warm- und Kaltbecken bietet die römische Taverne Schlemmereien à la Lucullus, z. B als *gustum* (Vorspeise) Moretum (eine Paste aus Käse, Knoblauch und Kräutern), als *prima mensa* (Hauptspeise) Alites Fabaciae (Saubohnen mit Fleischwürfeln) und als *secunda mensa* (Nachspeise) Patina De Pines (Birnenauflauf mit Rosinen und Feigen).

Die von den Römern im englischen Bath (Grafschaft Avon) der Minerva geweihte und prächtig umbaute heilige Quelle verehrten die Kelten bereits vor den Römern. Sie hatten sie der eulengesichtigen Muttergöttin Sul (= Auge) geweiht. Minerva, die römische Athene, passte mit ihrem Symboltier, der Eule, dem Vogel der Weisheit, gut zu der keltischen Vorgängerin. Die Eule, als Vogel, der am Tag schläft und nachts aktiv ist, stellt ein Symbol des nächtlichen, geheimen Wissens der Träume dar.

Das 46° C heiße schwefelhaltige Wasser in Bath hilft gegen Arthritis und Gicht. 12.000 Münzen, Schmuckstücke und persönliche Gegenstände zeugen von der Dankbarkeit der Besucher. 130 kleine Fluchtäfelchen (*defixiones*) aus Blei oder Zink sind ein Beleg dafür, dass man die Göttin auch anflehte, ein erlittenes Unrecht zu rächen.

Als wir nach dem Besuch der Ausgrabungsstätte und des sehr sehenswerten römischen Museums bei kaltem, regnerischen Wetter verfroren in einem Café am flackernden Kamin Platz nahmen, bemerkten wir, dass vom Kamin keinerlei Wärme kam. Die Bedienung erklärte uns, das „Kaminfeuer" werde elektrisch betrieben, es sei eine kleine Zauberei, „to give a little bit of atmosphere".

Eine der eindrücklichsten Darstellungen der Bewohnerinnen einer heiligen Quelle wurde bei Ausgrabungen im Heiligtum der nordenglischen Mutter- und Quellgöttin Coventina am Hadrianswall gefunden. Es zeigt drei Nymphen mit langen Haaren, nacktem Oberkörper und mit einem wellenförmigen Gewand bekleidet, die mit einer Hand eine Vase nach oben, zum Himmel halten und mit der anderen ein Gefäß mit Wasser zur Erde hin ausschütten. Eine Darstellung des Kreislaufs des Wassers, vom Himmel zur Erde und wieder zurück (Botheroyd 1995: 72)? Coventina selbst ist auf einem Altarstein dargestellt, wunderschön auf einem großen Blatt einer Wasserpflanze liegend, in der rechten Hand hält sie eine aufsprießende Pflanze und mit dem linken Arm stützt sie ein Gefäß, aus dem Wasser fließt.

An Stelle einer von den Kelten benutzten warmen Quelle (was Münzfunde belegen) schufen die Römer in Badenweiler im ersten nachchristlichen Jahrhundert eine Reihe großer luxuriöser Badebauten. Die Therme, 150 m von der heiligen Quelle entfernt, wurde über Holz- und Bleirohrleitungen mit dem warmen Wasser versorgt. Das Thermengebäude stellt eine spiegelsymmetrische Anlage dar, die für das römische Reich in dieser Form einmalig war. „Vermutlich die größte

Das römische Bad in Bath.
Foto: Or14ndO, wikimedia gemeinfrei

und kostbarste Ruine eines römischen Gebäudes, die in Deutschland entdeckt worden ist“, befand der Minister des Markgrafen von Baden, der Freiherr von Edelsheim, als das alte Gemäuer 1784 entdeckt worden war. Legt man eine Ellipse über die Grundrisse, so erreicht man vom Brennpunkt aus jede Ecke. In den Ruinen der Therme fanden die Archäologen einen Weihestein, den Marcus Sennius Fronto der Göttin Diana Abnoba, Schutzgöttin des Schwarzwaldes, gewidmet hatte.

Die römische Heiltherme von Badenweiler ist eines der best untersuchten römischen Gebäude. Fotogrammetrische Vermessungen ermöglichten die zuverlässige Rekonstruktion des ursprünglichen Baus und der Intentionen des Erbauers. Der Thermenkomplex erfüllt die Forderung des antiken Architekten Vitruv, dass der Erbauer einer solchen heiligen Stätte etwas von Musik verstehen müsse. Tatsächlich korrespondieren die gefundenen Proportionen mit musikalischen Intervallen. Die Therme stellt einen Bau dar, in dem die Achtzahl als reguläres Oktogon ausgeführt ist. Eine bewusst gesetzte kleine Unregelmäßigkeit in den Proportionen ließ beim Besucher keine Langeweile beim Verweilen aufkommen.

Drei Quellnymphen vom Quellheiligtum der Coventina am Hadrianswall (nach Hope, 1893, farbig illustriert)

Quellverehrung bei den Germanen

Neben Ausgrabungsfunden sind es Texte, die aus der Zeit der Missionierung Germaniens stammen und im Rückschluss Informationen liefern: Briefe und Biographien der Missionare, Konzilienbeschlüsse, Gesetze, Beichtfragen, Bußbücher, Predigten und profanhistorische Werke.

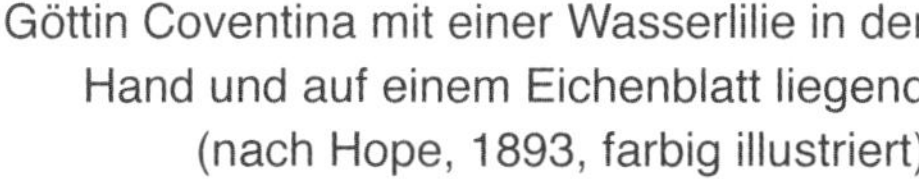
Göttin Coventina mit einer Wasserlilie in der Hand und auf einem Eichenblatt liegend (nach Hope, 1893, farbig illustriert)

Der evangelische Theologe Muuss, der viele dieser Dokumente im Original eingesehen hat: „Der wichtigste und auch der charakteristischste Gegenstand der altgermanischen Gottesverehrung sind die Quellen und die Bäume. Nichts war natürlicher. Der Wald bildete das Wesentliche in der germanischen Landschaft in jener Zeit – und lange vor ihr –, als das Morgenrot der Geschichte zu dämmern begann. In jedem Frühjahr sprosste neues Grün, das dunkel die geheimnisvoll schlummernden Lebenskräfte der Natur ahnen ließ. Man sah die Bäume, die einst kleine Büsche gewesen, emporwachsen, hoch empor in den Dom des germanischen Waldes. Hier waren unbekannte Kräfte am Werk, die man – ursprünglich vielleicht ganz unwillkürlich – verehrte. Und wenn der Wind leise durch das Laub strich, rauschten die Blätter einander geheimnisvolle Worte zu von den Geschicken der Welt und von der Zukunft der Menschen, die unter ihnen wohnten. Da versuchten die Ältesten wohl dies Rauschen zu deuten. Und zwischen den Bäumen hervor sprudelte eine muntere Quelle, die das Rauschen der Bäume begleitete, murmelnd zu Tale hüpfend. Ein neues Rätsel! Musste dies Wasser, das aus dem Schoß der Erde kam, nicht besondere Kräfte besitzen" (1914: 13)?

Die Germanen schrieben Quellen heilende, sühnende (reinigende) und weissagende Kraft zu. An den Quellen zündete man Lichter und Fackeln an, sprach Gebete und Beschwörungen und brachte Opfer dar. An der Quelle hatte man zu schweigen und schweigend trank man das geschöpfte heilige Wasser.

An Jahresfesten warf man Gebäck, das mit Blumen geschmückt war, in die Quelle. Auch der Verzehr von Broten mit Bilddarstellungen war gebräuchlich. Bonifatius wandte sich vehement gegen den Brauch der Germanen, aus Teig (Götzen-)Bilder zu formen, die mit heiligem Wasser besprengt und gesegnet wurden. Die Herstellung von Kultgebäck hat sich trotzdem bis in unsere Tage erhalten. Im Namen Lebkuchen verbirgt sich nicht von ungefähr das lateinische *libo* (= ich opfere, spende).

Bei Grabungen in der Nähe des Brodelbrunnens im heutigen Bad Pyrmont, östlich des Teutoburger Waldes gelegen, fand man über 300 Objekte, die aus der Zeit vom ersten Jahrzehnt nach Christi Geburt bis ins 5. Jahrhundert stammten. Die meisten der geopferten Gegenstände sind Fibeln (Gewandnadeln) aus Kupfer und Silber, größtenteils germanische Erzeugnisse (siehe Kapitel 7!).

Quellen konnten auch dem Donnergott geweiht sein wie der Donnerbrunnen (jetzt Petersbrunnen) auf der Hohensyburg in Westfalen zeigt. Der Sage nach soll Odins achtbeiniges Pferd Sleipnir mit den Hufen Quellen, so genannte Rosstrappen, hervorgezaubert haben.

Foto der Rossquelle unterhalb des Helikons. GOFAS Wiki Commons

Einen ähnlichen Dienst soll das Pferd Karls des Großen[2] seinem Herrn getan haben. Es trat dem Kaiser in Aachen die warme Quelle frei, in welcher der schmerzgeplagte Mann häufig badete, um Linderung zu erfahren. Die Vorstellung, dass Quellen durch den Tritt mit dem Huf entstehen, gab es schon in der Antike. Das geflügelte Götterpferd Pegasus soll auf dem Musenberg Helikon eine solche, „Hippokrene" genannte, Kraft spendende Quelle aus dem Boden geschlagen haben (von Reutern 1969: 173).

2 Den Enkel Karl Martells krönte man 768 zum König des Fränkischen Reiches und im Jahre 800 in Rom zum Kaiser. Karl baute Aachen zur Hauptstadt des fränkischen Reiches aus. Die Stadt sollte zu einem zweiten Rom werden. Er ließ die alten heißen, römischen Quellen freilegen und die Badebecken mit Mosaiken ausschmücken. Im Bad hielt er Hof, empfing Gäste und Kuriere, schwamm und nutzte das warme Wasser zur Behandlung seiner Gicht. Bademägde peitschen die Haut mit Ruten. Die warmen Wasser habe Karl geliebt und sie oft und mit besonderer Lust gebraucht, berichtet Einhard, der Biograf des Kaisers.

Christliche Quellverehrung

Dem seit dem 5. Jahrhundert von der römischen Kirche betriebenen Kampf, die Menschen vom Kult an den Quellen abzuhalten, war wenig Erfolg beschieden, so dass die Kirche dazu überging, die heidnischen Quellorte zu weihen und ihnen einen Heiligen oder eine Heilige als Patronatsfigur beizugeben. Vorchristliche Quellheiligtümer gingen beispielsweise in die Zuständigkeit von Johannes dem Täufer, dem Regensburger Bischof Wolfgang, dem Bischof von Augsburg Ulrich und dem Apostel Judas Thaddäus über.

Christliche Legenden berichten von heilenden Quellen, die auf Gebete von Heiligen hin entstanden sind (Papst Clemens, Abt Columban) oder dadurch, dass ein Heiliger seinen Stab in den Boden stieß. „Ein Teil der im Mittelalter oder Neuzeit entstandenen Quellheiligtümer zeigen deutlich eine eigene christliche Entstehungsgeschichte. Verbindungen zu heidnischen Verehrungen lassen sich bei diesen Quellen entweder ausschließen oder nicht nachweisen. Im frühen Mittelalter waren es hauptsächlich Bischöfe und Missionare, die 'mosesgleich' mit einem Stab, Quellen zum Leben erwachen ließen. Dies ist nicht sehr verwunderlich, waren es doch gerade diese Personen, die wissenschaftlich gebildet waren und somit um die Kunst des Wasserfindens gewusst haben durften“ (Böhm/Pander 1999: 113 f.).

Der Jungfrau Maria als „Quelle des Lebens“ und „Quell der Hoffnung“ zugewidmet wurde (neben vielen anderen) das uralte Quellheiligtum in Einsiedeln in der Schweiz und die den Kelten bereits heilige Quelle in der Krypta der Kathedrale von Chartres. „Wo die Jungfrau Maria die Nachfolge alter Erd- und Muttergottheiten angetreten hat, wird der Ritus mit der Anwendung von Wasser aus geheiligten Quellen ergänzt, denn das aus der Tiefe der 'Mutter Erde' emporsteigende Wasser wird mit dem Weiblichen assoziiert und in Verbindung mit den Phasen des Mondes und den Monatszyklen der Frau gebracht“ (Lussi 1993: 76).

Der heilige Gangolf, ein burgundischer Adliger, der eine versiegte Quelle durch das Hineinstoßen seines Stockes wieder zum Sprudeln brachte und ihr Wasser durch sein Gebet heilkräftig werden ließ, gilt als Schutzherr aller christlich geweihter Quellen.

Die heilige Odilia vor der Gnadenquelle (volkstümliches Heiligenbild). Archiv Wolfgang Bauer

Dem alten keltischen Heiligtum Aldodanum (Hohenburg) im Elsass steht heute die heilige Odilia (Ottilie) (660 – 720) vor. Zum Kloster Odilienberg, erbaut zwischen 680 – 690, strömen die Pilger an Wochenenden in Massen, hören, mit Speis und Trank gut versorgt, den überirdisch schönen Gesängen der Nonnen in der Konventkirche zu und pilgern dann die zehn Minuten hinab zur alten, heiligen Gnadenquelle, um sich die Augen zu waschen.

Im saarländischen Oppen sprudelt am Fuße der steilen Gebirgsnase des Lückner eine Heilquelle. Ursprünglich versorgte sie wohl die keltische Verteidigungsanlage auf dem Plateau des Berges. Neben der

Quelle errichteten die Bewohner um 1800 eine der Heiligen Ottilie geweihte Kapelle, die rasch Ziel von Wallfahrten wurde. Noch heute pilgern sie bei Augenleiden hierher, um die Patronin für Augenschwäche um Hilfe anzuflehen, gegen „böse“ und „blöde“ Augen. Kinderlose Frauen steckten neben der Kapelle früher Holzkreuzchen in die Erde, wo sie ihren Wunsch nach einem Mädchen oder Buben eingeritzt hatten. Kinder baten auf solchen Kreuzchen um Geschwister (Conrath 1980: 92).

Odilie helfe, sagte mir der Brauchtumsforscher Clemens Zerling, auch, wenn wir blind für die Erscheinungen des Lebens geworden sind und die Bandbreite der Wirklichkeit nicht von einem engen Scheuklappenfokus zu unterscheiden vermögen. Fallen solch hinderliche Schleier der Wahrnehmung, ist für fast jedes Problem ein Neuanfang möglich.

Übernommen hat die Heilige auch die Augen heilende Quelle in der bereits im Jahr 679 errichteten Kapelle am Rosskopf im Freiburger Wald im Breisgau.

Zu Besuch bei der heiligen Ottilie

An einem 2. Januar laufen wir von der Freiburger Altstadt auf den Schlossberg hinauf und gehen die 5 km Waldweg nach St. Ottilien. Nach wenigen hundert Metern treffen wir auf Waldarbeiter, die sich ein Feuer gemacht haben. Wir stellen uns dazu, bevor wir weitergehen, um uns ein wenig aufzuwärmen. In der Gaststätte sind wir die einzigen Gäste. Wir setzen uns ans Fenster mit Blick auf die Waldschlucht. Die Bedienung, ein Student, freut sich, dass er etwas zu tun bekommt. Mit den frisch zubereiteten Speisen, einer Karottensuppe und einem Flammkuchen, stellt er auch einen Kerzenleuchter auf den Tisch. Der Schein der Kerzen bringt ein Gemälde aus der Zeit des

Jugendstils zur Geltung, das eine im Gras nackt daliegende, verführerische Schöne zeigt, die man sich gut als Quellnymphe denken kann.

Quellgrotte in der Ottilienkapelle am Rosskopf. Foto: Wolfgang Bauer

Hier oben Silvester zu feiern, sei noch ein Geheimtipp, erzählt der Student. Die Gäste, die sich angemeldet hätten, wurden am Abend im Tal abgeholt und seien mit Fackeln das Musbachtal hinauf zur Pilgerstätte geführt worden. Die Gaststätte sei mit Hunderten von Kerzen beleuchtet gewesen. Musiker hätten aufgespielt und dazu sei Sekt kredenzt worden. Die Zeit bis 24 Uhr verging bei einem 5-Gänge-Menü und Musik wie im Flug. Nach dem Feuerwerk seien alle geblieben und hätten bis zum Morgen weitergefeiert. Und die heilige Ottilie? „O, der muss es gefallen haben, sie hat mir zu einem gewaltigen Trinkgeld verholfen. 400 Euro hatte ich am Morgen zusammen!“

Wir gehen zur Kapelle. Die Statue der Heiligen steht dem Eingang gegenüber und weist zur Tür, die in die Grotte führt. Ottilie ist als Äbtissin dargestellt. In der rechten Hand hält sie ein Evangelienbuch mit zwei Augen drauf. Man schreibt ihr Hilfe bei Augen-, Ohren- und Kopfkrankheiten zu. Der Sage nach soll Ottilie auf der Flucht vor ihrem Vater Schutz in einer Höhle in einem Felsen gefunden haben. Nach ihrem Aufenthalt entsprang dort ein kristallklarer, frischer Quell, der Heilkraft besaß. Auf den Stufen bleiben wir stehen. Eine Gruppe vorwiegend junger, bunt gekleideter, sehr alternativ wirkender

Frauen singt eine harmonisch klingende Melodie aus auf- und abschwellenden Tönen. Die Gruppe füllt das langsam fließende Wasser der Quelle in Flaschen. Als der Gesang endet, steigen wir hinab. Neugierig frage ich nach dem Zweck des Singens. Ich erfahre, dass dem Wasser die Tonfolge eingeprägt werden soll, um seine Kraft zu steigern. Die älteste der Frauen erklärt: „Quellwasser nimmt – anders als stehendes Wasser – Töne und Klänge und auch andere Informationen auf, speichert sie und gibt sie wie ein Resonanzkörper ab, wenn man es trinkt. Auch Gebete und Segnungen werden von Quellwasser als Information gespeichert."

Die heilige Notburga und die Neunlinge

Im Quellheiligtum Heiligenbrunn bei Hinterzarten (Brsg.) haben die schottische Königin Notburga sowie Maria und Magdalena drei Matronen abgelöst, die schon in vorchristlicher Zeit Empfängnis und Geburt der Anwohner als Fruchtbarkeitsgöttinnen begleitet haben dürften.

Wir laufen durch das Hinterzartener Moor und die sanft ansteigenden drei km bis nach Heiligenbrunn hoch. Über eine Brücke überqueren wir die Autobahn, kommen an Höfen vorbei und wandern ein verschneites Wiesental entlang, immer begleitet von einem murmelnden Bach, bis der Wald beginnt. Am Ende des Waldes in einer Wiesensenke liegt Heiligenbrunn vor uns. In der urgemütlichen Stube des alten, mit Wurzelmännern geschmückten Gasthofs nimmt der Wirt, der einen schön geschniegelten Bart nach Altvaterart trägt, unsere Bestellung auf und gibt uns die Schlüssel für die Kapelle. Bis das Essen fertig sei, könnten wir sie besichtigen gehen. Auf dem Weg zur Kapelle treffen wir einen Bernhardiner, der auf einem Schneehaufen liegt und sich sonnt. Dass wir ihn streicheln und graulen, genießt er mit vollkommener Würde. Nur seine Augen bewegen sich.

Im Vorraum begrüßen uns drei aus Holz und Stroh gefertigte Waldmänner und – passend zu einer für Geburten zuständigen Heiligen – ein ausgestopfter Storch. Im schlichten Kapellenraum steht die holzgeschnitzte Figur der Notburga. Von den ursprünglich neun Kindern, die sie in der Armbeuge trug, sind noch sieben vorhanden. Ein Text informiert, dass die Statue in der Vergangenheit zu den Frauen nach Hause gebracht wurde, wenn sie vor einer Geburt standen. Zurück im Gasthaus serviert der Wirt meiner Frau eine ausgezeichnete Kuttelsuppe. Ich hatte, ohne mir etwas dabei zu denken, ein Stück Schwarzwälder Kirschtorte bestellt. Aber was auf meinem Teller liegt, ist kein Stück, es ist fast eine ganze Torte! Stolz erzählt der Wirt, dass es eben das Original sei. Die Rezeptur der Torte in dieser Form und Größe habe der Konditor des beliebten Cafés Imbery in Hinterzarten Anfang des Jahrhunderts erfunden.

Die Katze des Hauses kommt auf leisen Pfoten. Sie miaut uns die neuesten Geheimnisse der Quellgeister zu. Wir sind beeindruckt.

Statue der hl. Notburga mit sieben ihrer neun Kinder in der Wallfahrtskappelle des Quellheiligtums Heiligenbrunn. Foto: Wolfgang Bauer

Der Raum füllt sich schlagartig mit Gästen. Eine junge Frau setzt sich mit ihren beiden Kindern zu uns dazu. Die siebenjährige Tochter führt das Wort. Sie kämen aus Indien. Der Papa arbeitet in einem EDV-Unternehmen und habe sie, ihre Mutter und ihren fünfjährigen Bruder in den Urlaub geschickt. Sie wolle mal Prinzessin werden, ob ich denn eine Prinzessin kenne. „Ja", sage ich, „hier am Ort hat einmal eine schottische Königin mit ihren Kindern, alles Prinzen und Prinzessinnen, gelebt. In dem Kirchlein da drüben könnt ihr sie euch anschauen, wenn ihr wollt. Hier ist der Schlüssel."

Die Kuckucksuhr sagt, dass es vier Uhr ist. Wir müssen los. Der Fünfjährige kommt uns nachgelaufen, schüttelt uns die Hand und bedankt sich – ganz kleiner Radscha – im Namen seiner Familie für die erwiesene Freundlichkeit. Beim Weggehen halten wir an der heilenden Quelle, die von einer Heiligen mit einem Drachen als Schoßtier bewacht wird, trinken vom Wasser und bitten die drei Mütter um fruchtbare Ideen.

Quellbräuche in der Bretagne

Nirgendwo sonst in Europa haben sich Bräuche, die an Quellen durchgeführt werden, so getreulich bewahrt wie in der Bretagne. Ein alter steinzeitlicher Urmutterkult hat sich mit dem keltisch-gallischen Kult um die drei göttlichen Matronen und schließlich mit dem Christentum vermischt und ist in heutigen Bräuchen noch gut erkennbar. Der Kult um die Erdgöttin Ana-Dana, die „Mamm goz ar vretonded" (die alte Mutter der Bretonen) findet in der Verehrung der Sainte Anne la Palud und in der Verehrung der „drei Marien" seinen Niederschlag. Eine heilige Quelle (fountaine sacrée) gehört zu den meisten Pfarrbezirken. Die Bräuche, die z. T. bis heute praktiziert werden, ließen sich von der katholischen Kirche auf Dauer nicht unterdrücken.

Wollte ein junges Mädchen wissen, ob sie im neuen Jahr heiraten werde, musste es zum Jahresanfang eine Nadel aus ihrem Umschlagtuch ins Wasser des Fountaine von Barenton werfen und dazu sagen: „Lache, lache, du Quelle von Barenton, ich gebe dir eine schöne Nadel!" Wenn die Nadel das Wasser zum Blubbern (= Lachen) brachte, war die Hochzeit noch vor Ostern fällig. Als eine der wenigen Quellen in der Bretagne ist die Quelle von Barenton im Zauberwald Broceliande nicht christlich geweiht.

Wollte ein Liebhaber wissen, ob seine Geliebte ihm noch treu ist, musste er eine Nadel von ihrem Brusttuch entwenden, die sie dem Herzen am nächsten trug und auf die Wasseroberfläche des Brunnens in Bodelis (bei Landivisiau) legen. Schwamm die Nadel auf dem Wasser, waren alle seine Befürchtungen zerstreut.

Wollte eine Schwangere wissen, welches Geschlecht ihr Kind haben wird, ging sie zum Brunnen des St. Goulrain (Gonval) und legte ein Jungen- und ein Mädchenhemd auf das Wasser. Das Hemd, das oben schwimmen blieb, bezeichnete das Geschlecht des Kindes.

Wollte man erfahren, ob ein kleines Kind eine Krankheit überlebt, tauchte die Mutter das Hemd des Kindes in das Becken des Brunnens des St. Ivy (bei Loguivy-Lannion). Stieg das Hemd auf oder schwammen die Ärmel oben, war dies ein Zeichen für das Weiterleben.

Die Quelle von Barenton, auch als Merlin-Quelle bekannt.
Foto: Katja Redemann

Wollte die Frau eines Fischers wissen, wie es um ihren seefahrenden Mann stand, warf sie ein Brotstück in den Brunnen von Portzmoguer. Sank es auf den Grund, hatte der Mann große Gefahren zu gewärtigen.

Um zu erfahren, ob eine Ehefrau treu war, legte man auf die Wasseroberfläche des Brunnens des St. Efflam (Plestin-les-Grèves) drei Stück Brot, die den Heiligen, den Ehemann und die Ehefrau symbolisierten. Näherte sich das Brot des Heiligen den Brotstücken der Eheleute, war die Ehefrau treu, entfernte sich das Brot des Heiligen, war die Gattin untreu gewesen.

Wer sein Schicksal wissen wollte, ging in der ersten Mainacht um Mitternacht zum Brunnen Founteun-An-Ankou (bei Plouégat-Guérand) und beugte sich darüber. Sah man statt seines Gesichts einen Totenkopf, musste man bald sterben. In den Brunnen von St. Leger (Vieux-Quimerch) legte man aus denselben Motiven ein Reisigkreuz. Drehte es sich aufgrund der Wirbel der Quelle, war der Tod noch weit. Blieb es unbeweglich stehen, kündigte sich der baldige Tod an.

Um zu erfahren, wie eine chronische Krankheit sich entwickelt, suchte man die Statue des St. Diboan („der von allen Leiden heilt") in der Kapelle des St. Min in der Gemeinde Le Saint auf und informierte den Heiligen über den Fall. Danach schöpfte man den Brunnen des Heiligen ganz aus. Wenn das frische Wasser, das aus der Erde quoll, beim Sprudeln Lärm machte, so war dies ein Zeichen, dass sich der Kranke auf des Todes Schwelle befand, breitete sich aber das Wasser lautlos aus, bestand Hoffnung, dass er weiterlebte.

Brauchte man Regen, so ging man in den Wald von Cranou zum Brunnen des St. Conval, entnahm dem Becken Wasser und schüttete es auf den Kopf der Statue des Heiligen.

Heilige Quellen in Cornwall

Quellheiligtum in Cornwall: die eingefasste, mit Blumen geschmückte Quelle. Foto: Wolfgang Bauer

Überreste keltischer Quellheiligtümer findet man – christlich überformt und teilweise in Kirchenbauten integriert – auch in Cornwall. Alte Aufzeichnungen benennen insgesamt 112 heilige Quellen, von denen 44 heilende Eigenschaften besitzen sollen. An oder über den Quellen stehen alte Eichen (St. Nun-Quelle in Pelynt), alte Nussbüsche (St. Madern-Quelle in Madron) oder Dornbüsche (Alsia-Quelle in der Pfarrgemeinde von St. Buryan), in deren Zweige Tuchfetzen als Geschenk an die Geister des Ortes gebunden sind. Im Volksglauben hat sich auch die Überzeugung erhalten, dass den Menschen wohlgesonnene Zwerge (Pixis) die Quellen bewohnen (St. Nonna-Quelle in Alternon). Sehr bekannt ist die wundertätige Quelle des heiligen Neot[3], der ein Bruder von König Alfred dem Großen (849 – 899) gewesen sein soll. Ein einmaliges Naturdenkmal stellt die berühmte Quelle des heiligen Cuthbert dar. Vom Ort Holywell führt ein Weg über die Dünen zum Strand, wo sich die Quelle in einer Höhle befindet (nur bei Ebbe zugänglich).

---

3 Über den Heiligen erzählt die Legende: „Woher dieser Heilige kam, ist nicht bekannt. Die Überlieferung berichtet, er sei besonders klein von Gestalt gewesen, kaum mehr als fünfzehn Zoll groß. Trotzdem lebte in ihm eine Seele, die ein Riese im Glauben war. Scharen des Volkes strömten ihm von allen Seiten zu. Er gründete ein Kloster, und sogar König Alfred suchte ihn häufig auf. Als er im Jahre 883 starb, war der Ruf seiner Heiligkeit über alle Lande gegangen und selbst mit dem Tod hörte sein Wirken nicht auf. Er soll noch dem König erschienen sein und zuweilen Alfreds Heere ins Feld geleitet haben. Nicht weit von der Kirche des Heiligen liegt die geweihte Quelle, in der St. Neot halstief im Wasser stand, während er das Buch der Psalmen las“ (Ehrentreich 1980: 60).

Bernadette sieht die weiße Frau (Andenkenbild). Archiv Wolfgang Bauer

Die Quelle von Lourdes

Das Christentum schuf eigene Quellheiligtümer, das bekannteste befindet sich im Ort Lourdes am Rande der Pyrenäen. Am 11. Februar 1858 erscheint der damals 14-jährigen, schwer asthmakranken Schafshirtin Bernadette in der abgelegenen Grotte Massabielle eine junge, überaus schöne Dame. Bei einer zweiten Erscheinung verfällt Bernadette in Ekstase wie auch bei weiteren der insgesamt 18 Erscheinungen. Am 25. Februar gräbt Bernadette auf Geheiß der Dame den Boden mit den Händen auf, schöpft erdbraunes, schlammiges Wasser vom Boden, trinkt davon, wäscht sich damit und isst von den Kräutern, die in der Höhle wachsen. Schon in alten Zeiten soll die Höhle von Lourdes kultisch genutzt worden sein (Walker 2004: 144).

Bernadette schildert die Person, die sie sieht, folgendermaßen: „Es ist eine junge Dame von 15 bis 16 Jahren, klein von Gestalt, mit einem entzückenden Gesicht und einem ganz unaussprechlichen Lächeln. Ein Kleid, wie Menschenhände ein so blendend weißes nie gewebt, umfließt sie. Ein Saum hält den oberen Rand am Halse fest. Ein Schleier bedeckt das Haupt und lässt nur an den Schläfen die Haarlocken ein wenig zum Vorschein kommen. Er verhüllt den Nacken und fällt über die Schulter bis tief nach unten. Die Erscheinung trägt einen blauen Gürtel, dessen breite Bänder an der Taille durch einen einfachen Knoten befestigt sind. Dann fallen sie gradlinig bis auf die bloßen Füße nieder, die unter der glänzenden Gewandung halb sichtbar werden. Und auf diesen bloßen Füßen zwei goldene Rosen, mit einem Glanz, wie noch kein Goldschmied ihn ähnlich erzeugen konnte“ (Dohm 1958: 29).

Ein Steinklopfer, der ein krankes Auge hat, weil er sich bei einer Sprengung verletzt hat, wäscht sein Auge mit dem Wasser der Quelle und gesundet. Die immer stärker strömende Quelle wird von ihm aus Dankbarkeit in einem Becken gefasst. Auf Fragen des Mädchens, vom Pfarrer Peyramale gedrängt, die Personalie mit der Dame zu klären, verkündet die Erscheinung am 24. März, sie sei die Unbefleckte Empfängnis (*immaculata conceptiou*). Auch als Bernadette die Erscheinung, um zu prüfen, ob sie kein böser Geist sei, mit Weihwasser bespritzt, nimmt sie das lächelnd hin.

Um Ostern hält die Mutter eines todkranken Zweijährigen das Kind für 15 Minuten in das eiskalte Wasser der Quelle. Das Wunder geschieht. Der Kleine ist am nächsten Tag nicht nur von seinem Fieber geheilt; er kann plötzlich, obwohl von Geburt an gelähmt, gehen. Auch zwei augenkranke Frauen werden durch das Wunderwasser aus der Grotte geheilt.

Bernadette wird derweil von misstrauischen Polizisten, von skeptischen Nervenärzten und aufgeschreckten Geistlichen immer wieder streng befragt. Am 2. Oktober hebt Napoleon II., Kaiser der Franzosen, die Sperrung des Zugangs zur Grotte auf, die die lokale Obrigkeit seit Juni eigenmächtig verfügt hatte. Ein unaufhörlicher Strom von Millionen von Pilgern aus der ganzen Welt besucht seither in

Hoffnung auf Heilung das Quellheiligtum.[4] Um die Grotte wurde ein „heiliger Bezirk" mit Kirchen, einer Krypta und einem Prozessionsplatz errichtet.

Bernadette „willigt" 1866 ein, ins Kloster einzutreten. Es erwartet sie viel Arbeit, Bußübungen, Neid, Demütigungen und immer wieder schwere Asthma-Attacken. 1879, am 16. April stirbt sie von der Tuberkulose dahingerafft. Immerhin ist Bernadette 35 Jahre alt geworden. Die Ärzte hatten der Mutter für das schwächliche Mädchen keine lange Lebenszeit mehr vorhergesagt. 1909 öffnet man ihren Sarg. Bernadettes Leichnam ist unverwest, es gibt keinen Verwesungsgeruch. Auch 1919 derselbe Befund. 1925 wird sie, nun selig gesprochen, in einen Glasschrein in der Basilika von Lourdes umgebettet. Am 8. Dezember 1933 erklärt Papst Pius XI. Bernadette zur Heiligen.

Seit langer Zeit schon werden in Lourdes keine Wunderheilungen mehr bestätigt. Was für die Menschen, die sich geheilt fühlen, als Wunder gilt, erklären die Ärzte mit einer Spontanremission. Ein Vorgang, dessen Auslöser zwar noch unbekannt ist, der aber für das ärztliche Untersuchungsbüro keiner übernatürlichen Ursache bedarf.

---

4 Als meine Tante mit Angehörigen ihrer Pfarrgemeinde 1958 nach Lourdes fuhr, brachte sie für meine Mutter eine Flasche mit Wasser von der heiligen Quelle mit. Meine Mutter hütete die Flasche wie eine Reliquie. Beim Bau einer Gartenhütte, fiel meinem Vater eine Eisenstange aus der Hand und landete auf dem Kopf eines meiner Freunde, der ihm Material zugereicht hatte. Wie meine Mutter den jungen Mann ohnmächtig liegen sah, rief sie „Da hilft nur eines!", rannte in die Wohnung, holte das Fläschchen mit dem Wasser von Lourdes und verrieb unter dem Murmeln von Gebeten eine Handvoll auf dem Kopf. Der Junge kam zu sich, stand auf und war – bis auf eine Beule – wieder wohlauf. Meine Mutter sagte später zu mir, dass sie, wenn es meinen Freund schlimmer getroffen hätte, in einem Fläschchen mit Wasser vom Jordan, das ihr Freunde aus Israel mitgebracht hatten, noch eine „Geheimwaffe" zur Verfügung gehabt hätte.

Die Quelle von Fatima

Seit 1917 die drei Hirtenkinder Lucia, Jacinta und Francisco auf einem Feld bei dem Ort Fatima an einer Steineiche eine Erscheinung der Jungfrau Maria hatten, entwickelte sich dort ein bedeutender katholischer Wallfahrtsort mit einer Basilika und einem großen Pilgerplatz. Bald nach den ersten Erscheinungen verschwand die Eiche bis auf einen Stumpf. Jeder Besucher nahm Stücke des Baumes mit. Eine kleine Säule bezeichnet die Stelle, wo sie einmal stand. In Fatima gab es in einem Umkreis von 12 km keine Quelle. Was tun? Wie versorgte man die vielen Pilger mit Wasser? Der Bischof der Diözese ließ deshalb 1921 nach Wasser graben. Mit dem Wasser der gefundenen Quelle geschahen noch im selben Jahr auffallende Heilungen. An dieser Stelle steht heute eine große Herz-Jesu-Statue. 1927 wurden zwei weitere Quellen entdeckt, die in die Pilgerstätte integriert wurden und ihr nun den Rang eines Quellheiligtums gaben.

Von der Studentenstadt Coimbra fahren wir an einem heißen Sommertag zum Parkplatz und gehen auf einen riesigen Gebäudekomplex zu. In der Mitte eines großen leeren Platzes bleiben wir verloren stehen. Eine Nonne, die vorbeikommt, und uns freundlich grüßt, fragen wir, wo denn die Pilger sind. „Oh“, sagt sie lächelnd zu unserem Portugiesisch sprechenden Freund, „heute ist Montag. Wären Sie gestern gekommen: Da war der Platz bei einer heiligen Messe mehr als gut gefüllt.“ Als wir unser Befremden über all den Beton

Die Hirtenkinder haben eine Erscheinung (Andenkenbild).
Archiv Wolfgang Bauer

und die gewaltigen Bauten ausdrücken, sagt sie mitfühlend: „So wie in den ersten beiden Jahren, als die Kinder die Erscheinung unter der Eiche gesehen hatten, wird es nie mehr sein. Da stand ein Tisch unter dem Baum. Dort legten die Besucher Blumen, Kerzen und Opfergeld ab. Sonst war hier freie Natur."

Bevor wir gehen, trinken wir vom Wasser der Quellen, das weich und angenehm schmeckt und köstlich erfrischt. Wir bitten die Quellmutter um eine gute Fahrt zurück nach Deutschland.

Jede Quelle ist heilig

„Nullus enim fons non sacer", schrieb im vierten Jahrhundert der Grammatiker Servius. Frei übersetzt: Jede Quelle ist heilig.

Die wundersame Hilfe, welche die Pilger in Hochscheid, an der Seine-Quelle oder heutzutage in Lourdes und in Fatima erfuhren, scheint mit der Heilkräftigkeit des Wassers dort wenig zu tun zu haben. Untersuchungen ergaben, dass das jeweilige Wasser ohne therapeutischen Wert ist. Dem Wasser von Lourdes wurde lediglich bescheinigt, dass es Trinkwasserqualität hat und ohne Nachteil für die Gesundheit getrunken werden kann. Auch Analysen, ob das Wasser der Grotte von Lourdes eventuell radioaktiv und dadurch heilkräftig ist, verliefen ergebnislos. Was ist es dann, was geheilt hat? Zufall? Unbekannte Ursachenzusammenhänge? Suggestion? Autohypnose? Der Glaube? Übernatürliche Kräfte? Göttliche Gnade?

Der Brauchtumsforscher Kurt Lussi: „Untersuchungen haben ergeben, dass viele der als heilig geltenden Quellen keine therapeutisch wirkende Inhaltsstoffe haben. Insofern grenzen sie sich von den heißen, mineralreichen Quellen der Kurorte deutlich ab. Und dennoch scheint den Gnadenquellen eine geheimnisvolle, magisch wirkende

Paracelsus, der König der Ärzte (nach einem alten Kupferstich)

und vitalisierende Kraft innezuwohnen, die der Mensch bewusst (durch Gebet und meditative Öffnung) oder unbewusst (durch das Wasser) aufnimmt, eine positive Energie, die sowohl auf den Körper als auch auf die Seele wirkt. Erwiesen ist, dass ein längeres Verweilen an diesen Orten Visionen und mythische Erlebnisse hervorruft" (Lussi 1993: 78).

Paracelsus (1493 – 1541), der „König der Ärzte" (Sergius Golowin), war in seinem 1525 geschriebenen Buch VON DEN NATÜRLICHEN BÄDERN der Ansicht, man erkenne, ob ein Wasser heilsam sei oder nicht, allein an dessen Wirkung. Nach speziellen Substanzen brauche man gar nicht zu suchen. Auch wenn es keine Mineralien mehr enthalte, besitze das Wasser doch noch die heilsamen Kräfte der Mineralien in seinem „spiritus" (Hahn/Schonefeld 1986: 82).

Paracelsus scheint Recht zu haben. Untersuchungen ergaben, dass Quellwasser, auch ohne Mineralien zu besitzen, auf Organismen belebend und entgiftend wirkt und bakteriologisch stabil ist (von Normann-Schmidt 2003: 63). Quellwasser besitzt einen eigenen „Charakter", es hat Eigenart. Dies würde erklären, warum bisher niemand erkrankt ist, der ein Bad im Wasser von Lourdes genommen hat, obwohl vorher Menschen mit eitrigen Wunden oder ansteckenden Krankheiten in diesem Wasser gebadet haben. Das Wasser in den Badebehältern kann nur zweimal täglich ausgewechselt werden, da die Quelle nicht ergiebig genug ist.

Eine Mailänder Forschungsgruppe hat die These aufgestellt, dass die Krankheitskeime beim Kontakt mit dem Wasser die Wirkungskraft verlieren. Zurückgeführt wird dieses Phänomen auf bestimmte Frequenzen oder Schwingungen, die man im Wasser von Lourdes, im Wasser von Fatima und an anderen Wallfahrtsorten nachwies. „Die Energie wird als 'die sieben Basisschwingungen des Sonnenlichts' umschrieben. Hunderte von Proben anderer Erscheinungsorte wurden mit dem gleichen Ergebnis untersucht. Immer waren die sieben Schwingungen feststellbar, doch unterschieden sich die Proben dadurch, dass die eine oder andere Schwingung vorherrschte" (Lussi 1993: 81).

Der Arzt Christian Wilhelm Hufeland (1762 – 1836), der sich über viele Heilquellen an Ort und Stelle über ihre Beschaffenheit und die „Eigenthümlichkeiten der Localität" unterrichtete und mehrere Bücher über die Wirkung von Heilquellen schrieb, glaubte letztlich an eine Heilwirkung durch höhere Kräfte: „Dass es eine höhere Sphäre der Verbindung und des Aufeinanderwirkens der Körper gebe als die gewöhnlich greifbare physisch-chemische, dies kann wohl für niemanden zweifelhaft sein, der gewohnt ist, die Natur in den Regionen des Lebens zu beobachten."

Der Schweizer Brauchtumsforsch
Sergius Golowin auf Forschungsfahrt m
zwei Assistenten. Foto: Wolfgang Bau

In einem Vortrag in Wien zum Thema „Ganzheitsmedizin“ zitierte Sergius Golowin den Ernährungsreformer Rudolf Müller (1899 – 1986), der ihm gegenüber eine ähnliche Meinung vertreten hatte: „Wenn ich nach meiner schweren, von Krankheit erfüllten Jugend ein Bad aufsuchte, fragte ich zuerst gar nicht nach dessen chemischen Wirkstoffen. Ich ließ mir Zeit für die Vorbereitung und fragte in den alten Wirtschaften der Umgebung, ob es über die Quelle des Bades schöne Sagen gäbe. Wenn die Leute etwas von Wassernixen oder ähnlichen Geschichten wussten, nahm ich an, dass sie durch Jahrhunderte gute Erfahrung mit der guten Lebenskraft des Ortes besaßen. Wenn dem so war, glaubte auch ich, dass man auf ihn Vertrauen setzen und hier vielleicht seine gestörte Gesundheit wiederfinden konnte.“

Etikett des Vollmond-Wassers des St. Leonhard-Betriebs, Neubeuern. Archiv Wolfgang Bauer

Geheimnisvolle Kräfte scheinen sich besonders in Vollmondnächten zu manifestieren. Eine kleine Kapelle bei Bad Leonhardspfunzen zieht bei Vollmond eine große Menge Menschen an, die kistenweise Wasser aus einem Marmortrog abfüllen, der aus der Römerzeit stammt. Man glaubt, dass „Vollmond-Wasser“ über einen veränderten elektrischen Leitwert verfügt und damit über eine höhere Qualität als anderes Wasser. Noch erstaunlicher sind die Befunde, welche die St. Leonhardsbetriebe mit ihrer 1999 erschlossenen „Mondquelle“ gemacht haben. Die Vollmondabfüllung soll deutliche Verbesserung bei Leiden wie Migräne und psychisch bedingter Verstopfung gebracht und sich im Einsatz durch Homöopathen auch bei anderen Krankheitszuständen als Türöffner für Heilerfolge bewährt haben.

Verkauft wird das Wasser der Mondquelle unter dem Namen „Aqua Luna" in Naturkostläden und Biosupermärkten. Die dortige Kundschaft kehrt mit ihrem Glauben an die magischen Kräfte von Quellen und den Strahlen des Mondes zum vorchristlichen Glauben an die Allbeseeltheit der Natur zurück.

Auch in feinsten Restaurants können esoterisch angehauchte Gäste „Mondwasser" bestellen. Der Wasser-Sommelier des berühmten Hamburger Hotels Atlantik, fand, dass es sehr frisch und klar schmeckt. „Es vermittelt das Gefühl von Sauberkeit und Reinheit." Ob es durch die Abfüllung bei Vollmond besondere Kräfte hat, mochte er aber nicht beurteilen (Souron 2007: 36 f.).

Die Heiligkeit von Quellen heute

In ihrem Buch Quellstorming – Gedanken zur Quelle weisen Jutta Böhm und Joachim Pander darauf hin, dass frei fließende, „heile" Quellen nur noch sehr selten zu finden sind: „Quellen – in Mauern gefasst zum Gefallen der Menschen, ihren ursprünglichen Anblick verloren, ihrer Natürlichkeit beraubt, zum Becken aufgestaut, mit Füßen getreten. Das Äußere verkleidet, verändert zum Hässlichen und Monotonen gewandelt – unkenntlich gemacht. Verrohrt, drainiert, vergraben, umgeleitet, das Wasser verschmutzt, Tiere und Pflanzen vertrieben. Die ursprüngliche Bedeutung zerronnen. Vergessen die Geschichte der Alten. Aus welcher Geistesquelle stammt wohl die Gedankenlosigkeit, die für den respektlosen Umgang mit Quellen zur Verantwortung gezogen werden kann? Werden Quellen, an denen man einst opferte, nun selbst auf dem Altar rücksichtsloser Wirtschaftsinteressen geopfert oder spielen ganz andere Beweggründe eine Rolle" (2005: 149)?

Frei fließende Quelle im Winter an einem Waldrand im Hunsrück. Foto: Wolfgang Bauer

In diesem Zusammenhang ist mir ein Erlebnis in Hagen im Gedächtnis geblieben. 1991 fragte mich der Direktor des Karl Ernst Osthaus-Museums, ob ich für ein Ausstellungsprojekt zur Stadt Hagen eine Idee habe. Spontan sagte ich, man könne eine Quelle in den Fokus der Aufmerksamkeit rücken. Da mir der Besitzer des Hotels, ein alter Hagener, in dem ich übernachtete, schon mehrfach durch seine genauen Ortskenntnisse aufgefallen war, fragte ich ihn, wo es in Hagen eine Quelle gäbe. Das sei nicht sehr weit, sagte er und machte eine Skizze. Wenige Straßen weiter stand ich tatsächlich vor der Quelle – allerdings dem Kaufhaus Quelle. Später stellte sich heraus, dass es keine frei fließende Quelle mehr in Hagen gab. Meine Anfrage bei der zuständigen Behörde, eine Quelle eventuell zu renaturalisieren, wurde wegen „grundsätzlicher Überlegungen und wegen der Kosten" abschlägig beschieden.

Vom Geist der Bäche

In dem Pfälzer Künstler Hans Wagner fand ich einen Menschen, der in Worten, die er in sein Tagebuch schrieb, das eigentlich Unaussprechbare, das Sakrale und Herausgenommene, das lebendiges Wasser hat, wunderbar ausdrücken kann.

„Die kleinen Bäche unserer heimischen Wälder und Gebirge sind nie gleich. Jeder von ihnen hat seine eigene Wesensart, jeder seine sichtbaren und unsichtbaren Bewohner. Jeder Bach hat wie der Mensch

Die Bäche sind die Venen und Adern von Mutter Erde.
Foto: Wolfgang Bauer

auch, einen Körper und eine Seele, ja die Bäche haben sogar Geist. Es gibt keine unbelebte Natur. Ist das Ufer der Körper so ist das Wasser die Seele und über den Wassern singt der Geist der unruhigen Bäche. Das Wasser ist ein grandioser Künstler, es formt die Ufer der Bäche zu lebendigen Kunstwerken. Entlang der Wasserläufe gibt es viel zu sehen und zu staunen. Das geschmeidige Gefieder des Eisvogels blitzt im Duster des Waldes kurz auf, die Wasseramsel gleitet geschickt über der Strömung. Moose, Flechten, Farne, manchmal eine Orchidee verzaubern das Ufer. Wie Trolle und Kobolde ragen abgestorbene Äste und Baumstümpfe aus dem eiskalten Wasser. Verwitterte alte Kopfweiden nicken mir zu, majestätische alte Eiben und Pappelbäume erzählen ihre eigene Geschichte. In ausgewaschenen Sandsteinen verstecken sich Molche und Schnecken, wie von Sinnen tanzen Mücken und Libellen über dem kühlen Nass. Elegant gleitet die Bachforelle gegen die Strömung.

Am liebsten lausche ich den Liedern der Bäche am frühen Morgen oder in der Abenddämmerung. Es scheint mir als singen die Bäche um diese Zeit besonders lieblich. In einem gemeinsamen Konzert mit der sie umgebenden beseelten Natur. Hier spüre ich es dann sehr stark, am Busen unserer heiligen Mutter Erde gibt es nichts Erstarrtes, nichts Robotisches, nichts Uniformiertes, die Natur kennt keine Tristesse. Ist der See und der Weiher das Auge der Allmutter, dann sind die Bäche die

Venen und Adern von Mutter Erde. Meist folge ich den Wassern bis zu ihrer Quelle und ich vergleiche die Bäche mit den Menschen. Menschen haben Gemeinsamkeiten mit Wasserläufen, allerdings sind ihre Quellen meistens verborgen, bei manchen sogar verkarstet. Sowie die Bäche in die großen Flüsse und Ströme münden, wie sie rauschend von ihren starken Geschwistern empfangen werden, so ist auch der Mensch ein Empfangender der göttlichen Intuition, der wir in der geheiligten Natur am nächsten sind. Wie die Wasser der Bäche unermesslich sind, so spüren wir manchmal, wenn wir bei unserem Freund, dem Bach, verweilen, dass auch in uns etwas Unermessliches wohnt. Meistens wollen wir es nicht wahrhaben, doch wer den Wassern lauscht, hört die murmelnde Urmutter."

Wolfgang Bauer

Im Hunsrück kann man auf den Spuren der Quellgöttin Sirona wandern.
Als Kennzeichen des Sironaweges dient ein Bild der Sirona.
Foto: Wolfgang Bauer

Anreise- und Besuchsinformationen:

Sirona-Weg: Eine über 100 km lange Erlebnisroute im Hunsrück vorbei an Menhiren, römischen Herrenhäusern, dem Viergötterstein, Hügelgrabenfelder, Ringwällen, Burgen und einem keltischen Baumkreis. Der Weg beginnt an der Altburg bei Bundenbach und endet an der Altburg bei Hoppstädten-Weiersbach. Vier Pavillons mit dem Standbild der Sirona laden unterwegs zur Rast ein. Schilder mit dem Bild der Göttin als Symbol weisen den Weg.

Auskünfte:
Tourist-Information Birkenfeld

Archäologiepark Belginum: An der alten römischen Straße (Hunsrückhöhenweg) zwischen Bingen und Trier südlich des Ortes Morbach-Wederoth an der Kreuzung von B327 und B50. Das Museum steht in einem Teil der vor 2000 Jahren bereits existierenden Siedlung, dem Vicus Belginum. Der Schwerpunkt der Ausstellung liegt auf der tausendjährigen Geschichte der Hochfläche von Belginum und den Funden des keltisch-römischen Gräberfeldes.

Auskünfte:
Das Museum ist von März bis Oktober täglich außer montags geöffnet

Quellheiligtum Sudelfels: In der Nähe des Ortes Wallerfangen-Ihn gelegen. Ganzjährig zugänglich. I

Auskünfte:
Tourist-Information Landkreis Saarlouis
Sironabad: Es liegt in der Sironastrasse 6, hinter einem China-Restaurant, und ist von Mai bis Oktober an jedem 2. Sonntag im Monat jeweils von 11 bis 15 Uhr geöffnet. Führungen werden vom Geschichtsverein vorgenommen. Das Wasser der Quellen darf probiert werden. Es handelt sich um einwandfreies Trinkwasser.

Auskünfte:
Tourismusbüro der Stadt Nierstein

Villa Borg: Von Trier der Straße der Mosel entlang folgend: In Nennig auf die B 406 fahren. In Oberleuken geht es ab zur Villa Borg. Von Saarbrücken: Über die Autobahn A8 in Richtung Luxemburg. Ausfahrt „Borg“ nehmen. In Borg-Perl weisen Schilder („Römische Villa“ bzw. „Archäologische Ausgrabung“) den Weg. Zu besichtigen sind auch die Gärten der Anlage, die nach den Befunden der Ausgrabungen sorgfältig rekonstruiert wurden. Dem Besucher bieten sich ein Kräuter-, Blumen- und Rosengarten sowie ein Gemüse- und Obstgarten zum Schauen und Verweilen an. Öffnungszeiten: Dienstag bis Sonntag. Von Heiligabend bis Februar geschlossen.
Heiligenbrunn/Schwarzwald: Die heilige Quelle ist jederzeit zugänglich. Den Schlüssel zur Kapelle erhält man im „Gasthaus zum Heiligenbrunn“ (Montag und Dienstag Ruhetag.)
Auskünfte:
Gasthaus zum Heiligenbrunn

Seine-Quelle mit gallo-römischen Ruinen: Von der Rue National bei Chanceaux auf die D109 abfahren und vor dem Ort Thenissey abbiegen auf die winzig kleine D103. (Das Schild, das auf die D103 hinweist, ist aus Holz und kann leicht übersehen werden!). Jederzeit zu besichtigen

Quellheiligtümer in der Bretagne: Den besten Führer zu den Quellen und Quellheiligtümern stellt das Buch dar, das die Künstler Marie-Louise Plessen und Daniel Spoerri 1977 nach einer Reise durch die Bretagne geschrieben haben (Heilrituale an bretonischen Quellen): Mit genauen Lagebeschreibungen und Informationen über Zustand, Brauchtümer und Hintergründe. Dem Buch liegt eine Übersichtskarte bei. Es ist in Antiquariaten im Internet noch erhältlich.

Quellheiligtümer in Cornwall: Das Buch von P.O. und D.V. Leggat The Healing Wells – Cornish Cults and Customs stellt einen ausgezeichneten Führer zu 42 Quellen dar. Es bietet exzellente Wegbeschreibungen, eine Übersichtskarte und viele Informationen über Rituale, Kulte, Brauchtümer und geschichtliche Hintergründe. Es kann in Buchhandlungen und Tourismusinformationen in Cornwall gekauft oder via Internet bestellt werden.

Heiligtum der Artemis auf der Insel Ikaria in Nas: Auf die Insel Ikaria gelangt man entweder von Athen (oder nach einem Flug zur Insel Samos von dort) mit der Fähre. Am Fährhafen von Ikaria gibt es Taxis oder einen Mietwagen. Nas liegt am anderen Ende der Insel. Von dem kleinen Örtchen Nas hat man einen prachtvollen Überblick über das Heiligtum. Eine Steintreppe führt zum Tempelbezirk, zum Fluss und zu einer Badebucht hinunter.

Bath am Avon: Die 1755 wieder entdeckten und 1882 ausgegrabenen zum Weltkulturerbe gehörenden „Römischen Bäder“, mit dem angeschlossenen „Roman Bath Museum“, sind fünf Gehminuten vom Hauptbahnhof „Bath Spa’“ entfernt. Zu sehen sind in bemerkenswert gutem Erhaltungszustand Becken, Mosaikböden, Steinmale, der vergoldete Bronzekopf der Göttin Sul-Minerva, viele kleine Funde, u. a. auch die Fluchtäfelchen.

Auskünfte:
Fremdenverkehrsbüro Bath. Im Juli und August gibt es nächtliche Führungen bei Fackelschein. Für einen Tee oder eine leichte Mahlzeit empfiehlt sich der über den Thermen gelegene, als Café ausgebaute Pumpraum. Ganzjährig geöffnet.

Quellwanderungen bieten an:
Im Pfälzer Wald: Hans Wagner, Hauptstr. 33, 67705 Trippstadt, Telefon: 06306-2364

Im Berner Oberland: Pier Hänni (www.alpenmagie.ch) pier.haenni@alpenmagie.ch

Quellen des Lebens e. V., Waisenhausstr. 38, 80637 München

Email: info@quellen-des-Lebens.com

Webseite: www.quellen-des-lebens.com

Der gemeinnützige Verein hat sich zum Ziel gesetzt, das Wissen über gutes, gesundes Wasser zu fördern. Seit neun Jahren wird in Bad Füssing jährlich ein Wassersymposium veranstaltet, in dem Wissenschaftler der verschiedensten Fachrichtungen zu Wort kommen. Der Verein fördert auch eine Reihe von Projekten zur ganzheitlich erweiterten Wasserforschung.

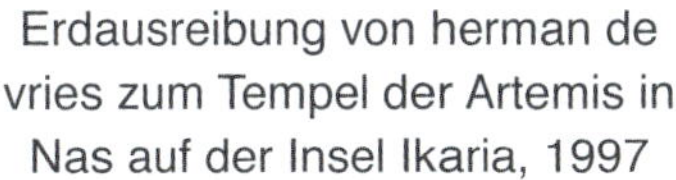

Erdausreibung von herman de vries zum Tempel der Artemis in Nas auf der Insel Ikaria, 1997

Erdausreibung von herman de vries zum Fontaine de Jouvence im Zauberwald Broceliande, Bretagne 1992

Quell- und Wasserzauber in Schloss Hellbrunn, Salzburg

Ein launiger Renaissancefürst beschwört Gottheiten des Wassers und Wesen der feuchten Unterwelt an die Oberfläche der Erde

Oh, welches Paradies auf Erden! Der Garten: ein Labyrinth der Wasser, ein Spiel der Najaden, ein Theater der Blumen, eine Arena der Umherblickenden, Kapitol der Statuen, Museum der Grazien, eine Fülle vernunftvollen Erschauens im fröhlichen Hinsehen! Oh süße Einsamkeit! Oh geheimnisvoller, nur eines Königs würdiger Wald! In solchen Wäldern verliere ich mich selbst, eher noch als in einem Labyrinth. Nur fehlen mir die Worte alles zu schildern ...

(Domenico Ghisberti über Hellbrunn, 1670)

Wagenräder knirschen, Peitschen knallen, Pferde schnauben unwillig. Zahlreiche Gäste aus höherem und Ministerial-Adel Salzburgs lassen sich gerade nach Hellbrunn kutschieren. Endlos zieht sich der holprige Weg. Warum hat der kauzige Salzburger Fürsterzbischof Markus Sittikus sein neues Lustschloss so weit entfernt im Südosten der Stadt errichten lassen, mitten in wilder Natur?

Jetzt haben die Vordersten ihr Ziel fast erreicht und biegen in die lange Einfahrt ein. Erste Enttäuschung macht sich breit. Das soll das neue Schloss sein, das nach zweijähriger Bauzeit gerade 1615 fertig gestellt ist und über das die unglaublichsten Gerüchte kursieren? Hier handelt es sich doch wohl eher um eine Villa nach italienischem Vorbild, weitläufig ja, auch adrett ... man wird sehen. Immerhin hat der Gastgeber etliche Überraschungen versprochen.

Livrierte Diener stehen Spalier. Jetzt kommt Bewegung in diese Gruppe. Sie eilen zu den Kaleschen und öffnen die Türen. Doch werden die Gäste nicht in die Räumlichkeiten geführt, sondern über weitläufige Laubengänge in den Garten. Entsetzlich! Körperliche Bewegung sollte doch eher Lakaien vorbehalten bleiben.

Am vorläufigen Ziel angekommen, ziehen die Gäste wieder lange Gesichter: Es steht offensichtlich nur eine einzige steinerne Tafel mit zehn Sitzgelegenheiten zur Verfügung, auf ebenfalls steinernen langen Bänken – ohne jedes Kissen. Vor allem die Damen zieren sich. Schließlich trägt man zu dieser Zeit noch keine Unterwäsche unter Röcken und Kleidern. Es hilft nichts. Bestimmt auftretendes und auf keinerlei Einwände eingehendes Personal hat bereits feste Vorstellungen, wer an dieser Tafel sitzen soll. Und diese ist wahrlich verführerisch und reich gedeckt. Das muss man dem alten Knauser lassen. Diesmal hat er offensichtlich nur am Mobiliar gespart.

Nachdem nur die ranghöchsten Damen die Plätze einnehmen durften und alle sitzen, erscheint der Fürsterzbischof. Markus Sittikus selbst mag keinen besonderen Aufwand. Seine Kleidung mutet eher schlicht an in all dem glitzernden Prunk. Er begrüßt zunächst alle Umstehenden mit würdigem Kopfnicken. Zwei Diener eilen mit einem Sessel heran, auf dem er sich mit reichlich Distance vom Tisch niederlässt und die zehn anwesenden Damen nacheinander freundlich aufmerksam fixiert. Jetzt ergreift er ein gefülltes Weinglas, das ihm gereicht wird, prostet ihnen und allen anderen Gästen wohlwollend zu und bedeutet den Damen, ordentlich zuzugreifen. Nur zu gern folgen sie der Aufforderung. Der Rest der Gäste muss stirnrunzelnd zusehen, läuft ihnen doch das Wasser im Mund zusammen. Eine Musikgruppe spielt auf, und bald herrscht bei Tisch

Schloss Hellbrunn, Gesamtansicht. Foto: C. Zerling

ein lebhaftes Schmausen und Schmatzen. So bemerkt keiner, dass der Erzbischof einem Mann, der mit breitem Grinsen etwas abseits steht, einen kleinen Wink gibt.

Nur kurze Zeit später ertönt ein Aufschrei auf den Bänken, schrill, spitz, wie aus einem Munde. Alle zehn Damen springen auf und lupfen dabei die Röcke. An jedem Sitzplatz spritzt von unten aus einer Drüse unter starkem Druck Wasser, viel Wasser. Im Nu sind alle pitschnass und fliehen lauthals schimpfend und schreiend. Nur der Erzbischof lacht aus vollem Hals und begeistert sich, was sich seinem Blick anbietet. Denn manche der Frauen fürchten so um ihre Robe, dass sie die empfindlichen Stoffe bis zur Taille hochraffen …

Auch rund um den Tisch spritzt es jetzt aus unzähligen Drüsen und trifft die Umstehenden. Fast panikartig stiebt man auseinander. Doch der Fluchtweg zu den Kutschen ist verriegelt. Es bleibt nur ein vorgegebener Laubengang weiter in den Park in Richtung einer Grotte. Dort aber strömen jetzt ebenfalls Fontainen aus unterirdischen Anlagen.

Fürstentisch mit Wasserspielereien. © Schlossverwaltung Hellbrunn

Zwar scheinen die Wasserstrahlen mitunter eine Gasse zu bilden, durch die man weitgehend ungefährdet hindurchschlüpfen kann. Dann ändern sie plötzlich wieder ihre Richtung, ändern sie ständig und so tückisch, dass niemand dem Nasswerden entgehen kann, wohin er oder sie sich auch wenden. Markus Sittikus weidet sich an dem Spiel und empfindet einen „Heidenspass".

In einer Landschaft von wahrhaft unterweltlichem Gepräge

Im Zuge früh- und hochmittelalterlicher Landgewinnung gerieten die vorchristlichen Heiligen Haine mit ihren Quellen, Steinmalen und Baumveteranen an den Rand der Gemarkungen. Ihre einstigen Bewohner aber, hehre göttliche Aspekte geheimnisvoller Schöpfungsvorgänge, verkamen oft zu gedrungenen Moos- oder Holzweiblein und Wilden Männern, zu elbenartig zwielichtigen Unholden, hässlichen Faunen, Schraten und buckligen Zwergen. Mit der räumlichen Verdrängung lief zugleich ein geistiger Rückzug einher. Nicht nur die Heinzelmännchen von Köln verzogen sich und verflüchtigten sich in Allegorie, Sage und Märchen. So manches kleinwüchsige Volk trippelte mit Kind und Kegel, Sack und Pack zum „großen Strom", schiffte sich beleidigt ein ob so viel Undank, aufklärerischer Intoleranz oder aufdringlicher Neugierde seitens der Langbeinigen.

Fort waren sie fortan, oder? Nein, die Renaissance entdeckte dieses Ge*licht*er neu für die höfische Welt. Barocke Kunst, Architektur und Technik stellte sie als „gezähmte Natur" in den Gärten allenthalben zur Schau. Romantiker ließen sie unruhig durch ihre Märchenwelt streifen. In den letzten Jahrzehnten aber spuken sie verstärkt im Unbewussten mancher Personen, „im großen Strom", über und in dem die Kleinwüchsigen einst entwichen waren. Sind Wichteln, Alben, Elfen, Truden & Co wieder aus verborgenen Grüften auferstanden?

Untersberg, Wasserreservoir für Tausende von Quellen, in der Antike zugleich Ausdruck für die Jenseitswelt.
Foto: Pedro J Pacheco, wikimedia gemeinfrei

So manche Sensible wollen sie sogar realiter gesichtet haben. Gewisse Orte seien geradezu dafür prädestiniert. Wo geologische und tellurische Gegebenheiten besondere energetische Phänomene hervorzauberten, dort fühlten sich solche Wesen wohl und zeigten sich „in ihrem Element“. Ein solcher Ort ist der mythische Untersberg, dessen reiche Sagenwelt ganze Bücher füllen. Zwar stammen die ältesten Sagen offensichtlich aus humanistischer Feder während der Renaissancezeit. Doch vielleicht bot dieser Berg bereits in keltischer Zeit ein passendes Gefilde für die Jenseits- und Anderswelt, und gelehrte Schreiber könnten auf lebendiges Erzählgut zurückgegriffen haben. Jedenfalls zielen die meisten Sagen auf eine dicht bevölkerte Unterwelt im Untersberg, bereits im Jahre 1306 Vndarnsperch genannt.

Heute wissen wir mehr von seinen Geheimnissen. Wie ein schwarzes Untier kauert er exponiert (1972 m) am Alpennordrand, bildet eine Wasserscheide und zieht überdurchschnittlich viel Niederschläge an. In unzähligen Rinnsalen suchen sie sich ihren Weg ins Innere und schufen seine berühmte Höhlenwelt. Über 400 Höhlen konnten bislang gefunden werden, z. T. Systeme von über zehn km Länge mit riesigen Hallen, auf verschiedenen Ebenen. Sie markieren den periodischen Aufstieg des Berges vor etwa 100 Millionen Jahren und gruben sich ein unterirdisches Abflusssystem. In über mehrere hundert Meter tiefen Schächten stehen die Höhlen mit den Quellen und mit dem Grundwasser am Fuße des Unterberges in Verbindung. Sein Wasserreichtum allein könnte die Großstadt Salzburg über Jahrzehnte mit Trinkwasser versorgen.

Gehörte das Hellbrunner Gefilde mit seinem Tiergarten einst zu dieser mythischen Jenseitswelt des heutigen „Naturpark Untersberg"? Greifen die künstlerischen Grotten mit ihren Göttern, Faunen, Nymphen nur eine alte oder sogar schon prähistorische Tradition auf an diesem Ort? Hat uns die Kunst der Renaissance, die Laune eines Fürsten, auf diesem Wege einen Garten Eden erhalten, eine heilige Landschaft, geprägt durch ihren Wasserreichtum in all seinen grundenden und sich spielerisch austobenden Aspekten?

Zahme und wilde Tiere gemeinsam in einem umhegten Elysium

Nach Untersuchungen des Salzburger Prähistorikers Martin Hell, vorgestellt 1940, war der Hellbrunner Berg – dessen alter Name unbekannt ist, aber im 16. Jahrhundert „Tiergartenberg" genannt wurde – seit dem Ende der Jungsteinzeit stark besiedelt. Eine letzte keltische Siedlung dürfte gegen Ende des 1. Jahrhunderts v. Chr. aufgegeben worden sein. Hell entdeckte auch einen nach Osten gerichteten ebenen

Kultplatz von etwa 30 Schritten im Durchmesser, mit einem Boden „schwarz von Holzkohle, darin Unmengen von Tongefäßscherben und weißem Knochengrus“. Aufgrund der dichten Besiedlung des Berges, wollte man den Platz auch als „urgeschichtliches Theater“ deuten (Hell 1940: 6).

Bevor Markus Sittikus (reg. 1612 – 1619) das Schloss erbauen ließ, umschloss den Hellbrunner Berg mit einigen Weihern an seinem Fuße wohl noch eine „nit so hoche Maur“. Innerhalb dieser weitläufigen und für jene Zeit ungewöhnlichen Begrenzung wird seit 1421 ein Tiergarten erwähnt (Steiner 1983: 229). Ob dieser von einer Mauer umzogene Garten auf einen heiligen Hain antiken Ursprungs zurückgeht, bleibt Spekulation. Doch liefert der Hellbrunner Park mit seiner Umschlossenheit, der Bedeutung seiner Quellen und Weiher samt der Verbindung von Garten mit Tiergehege das charakteristische Ambiente dafür. Ein monumentales Bild aus dem 17. Jahrhundert im Stiegenaufgang des Schlosses mit der Kulisse des Unterbergs vermittelt dem Betrachter dazu passend eine legendäre Tierwelt mit weißen Hirschen, weißen Rehen, einem gescheckten Wildschwein und einem schwarzen Wolf. In einem Raum mit monumentalen Tierbildern richtet sich ein mythisches schneeweißes Einhorn zu seiner ganzen Größe auf, das wie echt präpariert aussieht.

Unicornus (Einhorn) in Schloss Hellbrunn. Foto: Rafa Esteve, wikimedia gemeinfrei

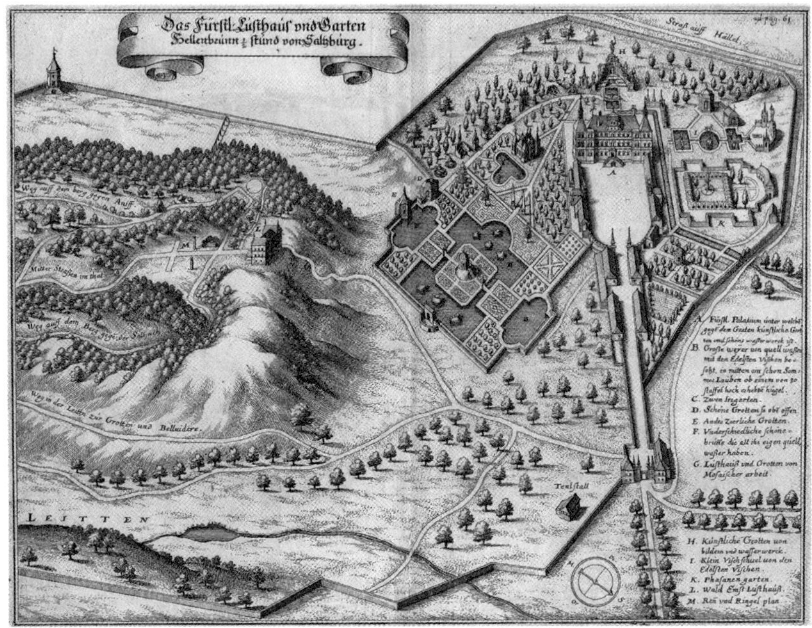

Matthäus Merian: Lusthaus und Garten Hellbrunn, Ansicht aus der Vogelperspektive; Kupferstich, Salzburg 1644. Unsigniertes Blatt aus Merians Topographia Bavariae, Universitätsbibliothek Salzburg

In Hellbrunn diente zur Zeit der Renaissance der etwa 60 ha große „Lustgarten" mit seinen zahlreichen Quellen, Grotten, steinernen Fabeltieren und von Künstlern geschaffenen antiken Ungeheuern der Begegnung mit der wilden Urnatur. Hier traf man sich zu allerlei höfischen „Vergnügen" wie gnadenlosen Treibjagden oder kuriosen Tierzweikämpfen, ähnlich römischen Zirkusspielen. Hier konnten die Gäste aber ebenso Aufführungen in einem Felsentheater genießen oder Kontemplation, Verinnerlichung und Entsagung suchen. Einst beherbergte das Gelände nämlich Kapellen, einen Kreuzweg, Einsiedlerklausen, sogar eine Anachoretenhöhle. Eine solche Mischung von christlicher Stätte, Heiligem Hain, wilder Natur, Zaubergarten, Tierpark lässt sogar an die bewusste Nachbildung eines Paradieses denken (Steiner 1983: 196). Schon Homers

Odyssee kannte Kulthaine, wo in friedlicher Gemeinschaft heilige Haustiere und den Gottheiten geweihte Wildtiere miteinander weideten. Gewöhnlich waren sie Artemis-Orthia geweiht. Solche heiligen ummauerten Tierparks kannten auch die Assyrer und trugen im Griechischen den Namen *parádeisoi*. Im Alten Testament hatte der Prophet Jesaia das Reich des kommenden Messias u. a. mit folgendem Bild angekündigt: „Dann wohnt der Wolf beim Lamm / der Panther liegt beim Böcklein. / Kalb und Löwe weiden zusammen, / ein kleiner Knabe kann sie hüten. / Kuh und Bärin freunden sich an, / ihre Jungen liegen beieinander“ (11, 6 f.). In Hellbrunn wird die Tradition eines Tiergartens wird bis heute aufrechterhalten. In einem Ausläufer des historischen Schlossparks befindet sich der Salzburger Zoo.

All diese Elemente, nicht zuletzt die Verwandlung und Veredlung animalischer und Natur, verbindet letztendlich eine Idee, personifiziert in der antiken Göttin Artemis-Diana. Wer aber war diese Göttin, die vor allem nördlich der Alpen so lange Verehrung genoss?

Die, die zur Mondgöttin Divia (Erleuchterin) gehört

Als Lichtbringerin in der Nacht schälte sich in Italien eine Göttin Diviāna (= Glänzende, Leuchtende) heraus. Aus Diviana leite sich vermutlich Diana ab, „die zur Mondgöttin Divia (Erleuchterin) Gehörige“ (Altheim 1930: 142 f.). Ein Tempel Dianas am Westabhang des Berges Tifata nahe Capua diente vielleicht den Kampanischen Völkern als Bundesheiligtum. Zu Füßen des Berges erstreckte sich ein See und entsprangen heilkräftige, mineralhaltige Quellen: wie geschaffen für eine Göttin, die Licht, Heil und Heilung versprach. Ihr Kult scheint sich zäh behauptet zu haben; denn erst im 10. Jahrhundert dienten die Trümmer ihres dortigen Tempels als Baumaterial für Säulen und Kapitelle der Kirche St. Angelo in Formus. Im Jahre 942 forderte Papst Marinus II.

den Bischof von Capua mit scharfen Worten auf, dafür zu sorgen, dass endlich Jagdtreiben und die ausgelassenen Tänze beim Dianatempel am Tifata eingestellt würden (Hönn 1946: 127).

Ihr berühmtestes und vielleicht ältestes Heiligtum lag am Nordufer des Nemi-Sees in den Albaner Bergen. Alljährlich pilgerte eine Prozession bekränzter und Fackel tragender Frauen, zumeist werdende Mütter, zur Göttin als einer gewöhnlich wohlwollenden Geburtshelferin. In ihrem Aspekt der Gewässergöttin konnte Diana in Nemi die Nymphe Egeria vertreten. Einst plätscherte dieses Wesen in anmutigen Kaskaden nahe des Ortes Li Mole herab und trieb die Mühlen des Ortes Nemi an. In spiegelndem Wasser von Weihern und Seen offenbarte Egeria-Diana auch ihr Wissen um Vergangenheit und Zukunft, mehr noch aber an murmelnden Quellen.

Vermutlich zu Beginn des 5. Jahrhunderts v. Chr. und nicht zuletzt durch Vermittlung der Etrusker vollzog sich die Gleichsetzung von Diana mit der griechischen Artemis, einer sehr alten und ursprünglich anatolischen Jagdgöttin. Mitunter erschien diese „Herrin der Tiere“ selbst in Gestalt von Waldtieren, einer Hindin oder Bärin. Sie bewohnte Wälder und Berge, herrschte über Quellen und Wasserläufe und hegte zahme wie wilde Tiere. Andererseits liebte sie es, die ihr Anvertrauten auch wiederum selbst in wilder Jagd zur Strecke zu bringen. So erhielt Diana eine Fülle neuer Eigenschaften und Bezüge, darunter den Beinamen einer „Göttin des Draußen und der Ferne“.

Im antiken Sparta trug Artemis den Beinamen Orthia, die Aufrechtstehende, und unter diesem Namen verehrten sie auch die illyrischen Veneter in den Süd- und Ostalpen. Reitia oder Rehtia hieß sie bei den Räteromanen und hätte diesem Volk sogar ihren Namen verliehen. Wie noch in der Spätantike bei Diana üblich, war es lange Zeit

Diana-Grotte im Park Hellbrunn. Irgendwann müssen ihr Köcher und Bogen abhanden gekommen sein, unverzichtbare Attribute der Jagdgöttin. Foto: 1971markus, wikimedia gemeinfrei

Brauch geblieben, für Artemis Heilige Haine samt Tierparks anzulegen. Gewöhnlich plätscherten Wasserläufe oder Quellen darin, und manch altertümlicher Zauber umwob diese *parádeisoi*. Strabon, ein griechischer Geograph (um 64 v. – ca. 20 n. Chr.), berichtete von einem solchen Artemisgehege im kleinasiatischen Jasos (Karien). Dort weideten Hirsche neben Wölfen, und nie erkranke ein Tier. In Orthias Hain beim Volk der Veneter würden selbst die wilden Tiere zahm und duldeten es, von Menschen angefasst zu werden. Von Hunden gehetzte, flüchtende Tiere fänden hier Ruhe und Geborgenheit (V 1, 9). Vor Kolophon aber, im kleinasiatischen Jonien, liege eine heilige Insel der Artemis. Hirschkühe würden vom Festland dorthin schwimmen, um im Schutze der Göttin zu gebären (Strabon XIV 1, 29).

Degradiert zur Anführerin der Wilden Jagd und zur Königin der Hexen

In Gallien repräsentierte Diana-Artemis die freie, unberührte Natur und schützte deren Tierbewohner. Hier hieß sie u. a. Diana Nemetona (von keltisch *nemeton* = Heiliger Hain, griechisch *nemos)*. Mit *nemos* verbindet sich zugleich Nemesis, Göttin der Zuteilung und Exekutive des Schicksals. Nemesis trägt oft ein Rad als Attribut, Symbol für den zyklischen Ablauf aller Natur, für den unendlichen Kreislauf allen Schicksals.

Mit dem Übergang zum Christentum sank die Göttin aber zu einer Hexenkönigin und Dämonin herab. Im mittelalterlichen Volksglauben preschte sie als Führerin der nächtlichen Wilden Jagd durch die Luft, eines Heeres von Totenseelen, das selbst unter ohrenbetäubendem Tosen wie ein bedrohlicher Sturm über die Wälder und bewohnten Flächen dahinfegte. Und wie Hékate, einer Göttin mit starkem Unterweltakzent, folgte Diana ein Schwarm unerbittlicher Todesdämonen, seltsamer Schreckgestalten und dubioser Frauen wie die biblische Herodias, bösartige Gattin des König Herodes. Im Verlauf von Inquisitionsprozessen der Jahre 1384 und 1390 in Mailand bekannten sich zwei Frauen zu einer von „Diana Herodias" geleiteten Gesellschaft mit Mitgliedern aus den Reihen Lebender und Toter. Tiere, die während ihrer kultischen Mahlzeiten verzehrt wurden, hatte die Göttin aus Knochen wiedererweckt. Diana (in diesem Falle „Signora Oriente") unterrichtete ihre Gläubigen über den Gebrauch von Heilkräutern gegen diverse Krankheiten, lehrte Diebe aufzuspüren und Hexenmeister zu enttarnen (Eliade 2002: III, 219 f.). „Dianiticus hieß, wer sich zum Dianakult bekannte", ein heidnischer Frevel, den christliche Obrigkeit unter Zauberei mit archaischen Opfern, emotioneller Raserei und Besessenheit einstufte (Hoenn 1946: 161).

Tatsächlich steht Diana „der menschlichen Frühnatur nahe, dem wilden trieb- und instinktausgelieferten Wesen", einer Welt der Jagd- und Raubtiere, der noch unbehelligten Natur. Als solche war sie auch in „symbolischer Projektion" Herrin unserer unbewussten Kräfte und Mächte, die noch in unseren Träumen Tiergestalt annehmen, „das *Draußen* der Kultur- und Bewusstseinswelt", so der deutsch-israelische Psychoanalytiker Erich Neumann (1985: 232, 262). Als dahinjagende Göttin bietet sie zugleich eine passende Metapher für den scheuen, flinken und rasch flüchtigen Aspekt der Gedanken während des Schlafes und der Träume.

Bronzene Diana-Statuette (spätrömisch) mit keltisch-alpiner Tracht in langem drapierten Kleid mit Pfeil und Köcher, gefunden in Niederösterreich bei Purgstall; Kultur-historisches Museum Wien (mit freundlicher Genehmigung)

Kühn setzen sich Träume über alle Realitäten hinweg und entführen in Fabelreiche außerhalb von Raum und Zeit, wo uns seltsame Wesen begegnen, wo Tod und Leben spielerisch ineinander übergehen.

Im Hellbrunner Park aber mit seinem wasserreichen, zauberhaften wie zaubervollen Ambiente hätte sie sich ebenfalls zuhause, ja sogar verkörpert gefühlt.

Wie ein verlorenes, nachklingendes Ganzes

Mit dem Untersberg, „wo nach altem Volksglauben ein älterer Garten, der grüne Grund der Welt, verborgen sein sollte", blieb auch Hellbrunn auf mehreren Ebenen „unterirdisch" verbunden. Seine Quellen speisten die spiegelnden Wasserbecken des Parks. Wasseradern aus dem mythischen Berg unterhielten die aufsprühenden Wasserspielereien und technisch mechanischen Spielereien des Gartens – ein „verlorenes, nachklingendes Ganzes" im Rauschen und Plätschern der Quellen und Fontänen. „Denn inmitten seiner

Fischgeschwänzter Triton, ein Meeres- oder Wassergenius, bläst in ein Schneckenhorn; Schlosspark Hellbrunn. Foto: C. Zerling

kunstfertigen Anlage tritt erneut in Erscheinung, was aus der kollektiven Vorstellungswelt gerade erfolgreich verbannt worden war. Diana, Venus, der Faun Marsyas, eine Moosgöttin und andere Gestalten der schöpferischen Natur kehrten in Hellbrunn von der Nachtseite der Geschichte ans Tageslicht eines theatralischen Geschehens zurück, bei dem der Zauber der Natur als Kunstwerk neue Weihen empfing" (Steiner 1983: 237).

Von der Entzauberung der Natur, die ebenfalls in der Renaissance ansetzte, wo sich der Mensch immer mehr in den Mittelpunkt alles schöpferischen Geschehens im Universum erklärte, war es nicht weit, diese Schöpfung und Natur auch beherrschen zu wollen. Wir stehen hier schon vor dem Beginn der Herrschaft des Rationalismus, „der sich anschickt, die Naturkräfte zu instrumentalisieren", sie in der Formensprache des Barock, „als wassermurmelndes Wunderwerk" (Steiner), nach Belieben in Gang zu setzen und zu betreiben. So führt der Hellbrunner Garten nicht nur in die dunklen Aspekte der Natur, sondern ebenso zu ihrer Überwindung. Faune, Satyrn und ihr Anführer Pan verdeutlichen jene ungewöhnliche Welt unserer Instinkte, Triebe und Vitalkräfte – wesenhafte Formen unseres Unbewussten. Lassen wir diesen sich oft wild gebärdenden Energien freien Lauf, können wir uns viele Scherereien einhandeln. Versuchen wir diese aber zu integrieren und mit Vernunft zu nutzen, haben wir die Chance, kreative Werkzeuge zu finden und mit ihnen vielleicht überraschende Problemlösungen. Jetzt jagt Diana, Hüterin und Verwalterin der natürlichen Intelligenz in der Natur, als „Geburtshelferin" heran und spannt ihren Mondbogen …

Clemens Zerling

Frau Holle und ihr Teich der Neugeburten

„Schaffnerin“ des Schicksals

Der Name „Frau Holle“ ist ein märchenhafter Ausdruck für die Große Mutter. Frau Holle (auch Frau Holda) tritt in Sagen, Märchen und Liedern unter vielen Namen und in vielen Rollen auf. Holle heißt sie im Gebiet des Vogelsbergs und im Gebiet des Hohen Meißners. Frau Wolle nennt man sie in Thüringen. Im Fränkischen kennt man sie als Hulla und in Obersachsen als Frau Helle. Als Frau Hulle hütet sie im Kyffhäuser Kaiser Friedrich Rotbart bis zu dessen Wiederkunft, und als Frau Gode steht sie Gott Wotan als Gattin zur Seite. In Sachsen kennt man sie unter dem Namen Frau Herke als Schützerin des Flachsanbaus. In Bayern kommt ihr der Name Percht, Berchta oder Bertha zu, Perchtgaba nennen sie die Steiermärker und Pechtra Baba die Slowenen.

In Erzählungen erscheint sie mal als Fee oder schöne weiße Frau, die den Armen hilft, mal als Kinderseelen hütende Riesin, mal als bettelndes, buckliges Weiblein, das geizige und hartherzige Menschen bestraft. Als Spinnmutter wirkt sie das „webende Schicksal“. Sie spinnt die Lebensfäden der Menschen ebenso hurtig wie sie Wolkentücher und Nebelfetzen webt. Auch die Fruchtbarkeit von Pflanzen, Tieren und Menschen fällt in ihre Zuständigkeit. Geht oder fährt sie über das Land, wächst, gedeiht und blüht alles gleich doppelt so gut.

Frau Holle auf einem alten Schulwandbild (Verlag Meinhold und Söhne, Dresden 1905)

Mond

Einen Zauberspiegel des Sonnentages nannte der Dichter Jean Paul den Mond. Der zunehmende Mond gilt als Glück bringend, er steht für Kraft und Wachstum. Gebiert eine Frau bei zunehmendem Mond, bekommt sie nach dem Volksglauben noch mehr Kinder. Soll ein Kind gut gedeihen, legt man es erst bei zunehmendem Mond in die Wiege. Der zunehmende Mond – in Gestalt eines Hufeisens ans Haus genagelt – schützt vor bösen Geistern. Künstlich in Felsen eingehauene Hufeisen stellten eine Art ältester Weihwassergefäße bei den Germanen dar.

Frau Holle, Herrin von Geburt, Leben und Tod, spiegelt sich sinnbildlich in den Hauptphasen des Mondes wieder – zunehmender Mond, Vollmond und Neumond. Als Gestirn der Nacht mit Feuchtigkeit und Kälte verbunden, erklärte man den Mond zur Urquelle aller Gewässer und Fruchtbarkeit, zum Hort des keimenden Lebens und allen Werdens. Er stand zugleich für Ebbe und Flut, Aktivität und Passivität, den Kreislauf von Geburt, Wachstum, Reife, Abbau, Tod, Neugeburt und den weiblichen Zyklus.

Mondgöttinnen wie die unermüdliche Jägerin Artemis (*artemisia* = Unversehrtheit) repräsentierten die ursprünglichen, empfänglichen, vermehrenden und Form gebenden Kräfte im Universum, wie auch die rückholenden. So verbindet sich der Mond mit Mutter Erde, der Großen Mutter als Hort der Weisheit in der Natur und im Unbewussten mit dem Schatzhaus aller kollektiven Erfahrung (Zerling 2003: 347). In Quellen, Brunnen, Teichen und Seen wohnen in Frau Holles unterirdischem Reich die Seelen der noch ungeborenen Kinder. Die Seelen der Verstorbenen finden dort wieder den Eingang zum Totenreich. Als Führerin der Wilden Jagd zieht Frau Holle – gleich Gott Odin/Wodan – in den Nächten um Halloween übers Land und sammelt in einem Netz die Seelen derer ein, die im Verlauf des Jahres verstorben sind.

Der Kulturanthropologe Wolf-Dieter Storl sieht in dem Wasser, das in der Erde eingeschlossen ist, das Bild eines Kessels. Frau Holle, die archaische Göttin des Lebens und des Todes, vernichte das Leben darin immer wieder und gebäre es immer wieder neu (Storl 2004: 290).

Die Helfer von Frau Holle gießen Pech aus. Zeichnung von Hermann Vogel, 1894

Sterbliche – wie die Goldmarie im Märchen – gelangen über das Wasser eines Brunnens in ihr Reich. Der Märchenerzähler und Märchenforscher Rudolf Geiger: „Frau Holle ist Hel, die Göttin der Unterwelt bei den Germanen; keine Hexe, obwohl sie die großen Zähne hat und zum Fürchten scheint. Ihr Alter deutet auf Verdichtung hin. Sie zieht alles Geschehene in sich zusammen. Hier wird eine Schaffnerin des Schicksals sichtbar. Frau Holle bewahrt aber nicht nur das Vergangene. Sie wird auch das künftige Schicksal aus dem Gewesenen heraus und den sich offenbarenden Fähigkeiten des Menschen zur neuen Bahn lenken. Das Märchen sieht ihr Haus als die Wandlungsstätte. So erwartet Frau Holle die des Weges Kommenden. Mit jedem spricht sie, wie es ihm zusteht" (1998: 287 f.).

Mythenforscher sehen Verbindungen zur Asenkönigin Frigga, der Gemahlin des Odin, welche die Ehen der Menschen segnet und über die Schicksale der Menschen waltet, wenn sie in ihrem im Moor gelegenen Palast Fensal („Sumpfsiele") am goldenen Rocken spinnt. In ihrem Wesen kommt Frau Holle auch der Wanengöttin Freya nah.

Holle geht auf Holde zurück und ist ebenso wie Berchta (die Lichte, Glänzende) ein Beiname der Freya, einer Tochter des Meergottes und später Gattin des Wettergottes Wotan. Auch in die Zuständigkeit dieser alten Muttergottheit fallen Geburt, Leben und Tod, die Fruchtbarkeit von Pflanzen, Tieren und Menschen, allgemein Herd und Heim, Lebensfreude und Erotik.

Das Christentum als neue Religion degradierte Frau Holle zum bösen Geist, zur Teufelshexe, zur gespenstigen wilden Frau, zur Menschenfresserin und Schaden bringenden Zauberin.

Der Hohe Meißner, das Reich von Frau Holle

Frau Holle kennt man auch im Hessischen als Sagengestalt. Zum Wohnort hat sie sich das Gebiet des Hohen Meißners (vermutlich von „Weissner“, einem Berg, der oft Schnee auf seinem Gipfel trägt) auserkoren. Viele Örtlichkeiten blieben über Sagen mit ihrem Namen verknüpft.

Eine 1 ½ m breite, 3 ½ m hohe und 5 ½ m tiefe Höhle in einer Basaltfelswand nennt der Volksmund „Kitzkammer“. Die Kitzkammer liegt in einem einsam gelegenen, wildromantischen und von Quellen durchrauschten Felsengelände am Westhang des Meißners. Der Sage nach soll Frau Holle zänkische Mädchen in Katzen verwandeln und hier einsperren. Sergius Golowin gibt in Anspielung auf den fliegenden Wagen der Göttin Freya, der von zwei Katzen gezogen wird, eine andere Deutung: „Kitzen oder Katzen sind nach der Mundart die Lieblingstiere der gütigen Naturgöttin. In dieser Höhle hält sie nach der Überlieferung ihre ‘heiligen Katzen’“ (1992: 50).

Katze

Die Katze war ein heiliges Tier der germanischen Göttin Freya, der Göttin der Liebe, Fruchtbarkeit und Geburtshilfe und Herrin der Katzen. Die Heiligung der Katzen geht auf ihre Verehrung in Ägypten zurück. Katzen waren auch in das Sistrum der Göttin Isis eingeschnitzt und repräsentierten bildhaft den Mond. Die Katzengöttin Bastet, die für die Gläubigen durch eine lebende schwarze Katze vertreten wurde, galt als zauberische Nothelferin und Wohltäterin der Menschheit. Einer schwarzen Katze zu begegnen, brachte Glück. Im Mittelalter nahm man an, dass Hékate, die Königin der Hexen, sich in der Gestalt einer schwarzen Katze zeigt und diese Fähigkeit der Verwandlung allen Hexen als Gabe schenkte.

Von der Kalbe, einer Anhöhe über dem Frau Holle-Teich, hat der Wanderer einen fantastischen Blick auf das Frau Holle-Land. Dem Auge zeigen sich im Norden der Harz und im Osten der Thüringer Wald mit der Wartburg. Trunksüchtige Burschen verwandelt Frau Holle in Kälber, die auf der Kalbe („kahle Stelle") weiden müssen.

Am Südwesthang des Meißners lädt der Frau Holle-Stuhl zum Verweilen ein. Ein sesselartig ausgebuchteter Basaltklotz, der sich auf einer feuchten Waldwiese, möglicherweise einem Überrest eines verlandeten Teiches, mit dem geheimnisvollen Namen „Die Morgengabe" befindet, bildet diese urtümliche Sitzgelegenheit. Hier sieht man Frau Holle an schönen Tagen, weiß gekleidet, spinnend oder ihre goldenen Haare strählend. Wer sich krank fühlt und sich auf diesen Stein setzt, dem geht es bald besser.

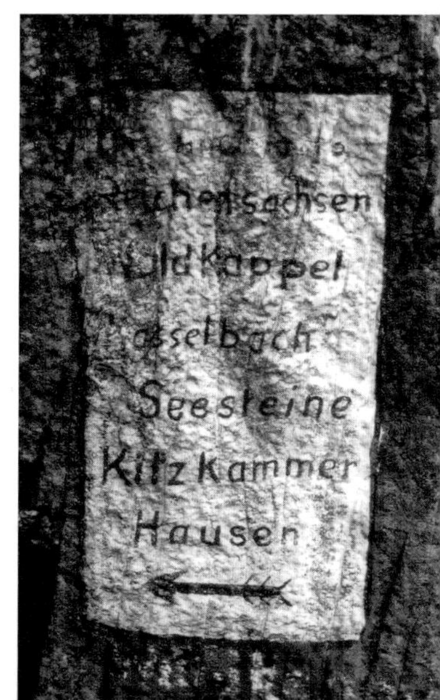

Alter Wegstein an der Straße zur Kitzkammer am Hohen Meißner.
Foto: Wolfgang Bauer

Storch

Der Storch ist ein Glücksbringer und Träger des Lebens, der die Neugeburten aus dem Frau Holle-Brunnen holt. Im Frühjahr flogen Störche dem Wagen voraus, in dem Frau Holle durchs Land fuhr, um Fruchtbarkeit und Segen zu bringen. Das aus dem Althochdeutschen stammende Wort Adebar bedeutet Segenbringer. Ein alter Reim sagt:

Storch, Storch guter,

bring mir einen Bruder.

Storch, Storch bester,

bring mir eine Schwester.

Im Volksglauben erscheint Frau Holle auch als Wettermacherin und damit als Herrin des Himmels. Schüttelt sie ihr Bett, rupft sie Gänse oder schlägt sie ihr weißes Gewand auseinander, schneit es. Macht sie Feuer, zeigt sich in den Bergen Nebel. Ist der Himmel rot, backt sie Brot. Treibt sie ihre Schafe aus, sieht man Lämmerwolken am Himmel. Kämmt sie ihr goldenes Haar, tanzen Sonnenstrahlen in den Blättern der Bäume. Läuft ihr die Nase oder schöpft sie mit ihrem goldenen Eimer ohne Boden Wasser, regnet es. Wäscht sie ihre vielen Schleier, regnet es eine ganze Woche. Da ihre Schleier aber trocknen müssen, gibt es am Wochenende wieder Sonnenschein. Sonnt Frau Holle sich auf weißen Leinentüchern, bedeckt sich der Himmel dicht mit Wolken. Schüttelt sie ihren Schlüsselbund, kommt ein Gewitter nieder. Für die Augen der Menschen verwandeln sich die feinen Gespinste, die sie webt, zuweilen in Nebelhexen und Nachtgespenster.

Der Frau Holle Teich: Eingang in Frau Holles Reich

Der Frau Holle-Teich ist Teil eines Naturschutzgebietes. Foto: Wolfgang Bauer

Auf der Fahrt ins Gebiet des Hohen Meißners begegnen wir einem Storch, einem der Helfer von Frau Holle beim Kindaustragen. Er läuft Futter suchend hinter einem Traktor her, mit dem ein Bauer auf einem Feld Gras mäht. Im Gasthof bekommen wir das „Frau Holle"-Zimmer nicht. Als wir am nächsten Morgen zum Frühstück gehen, sehen wir warum. Die Tür steht offen. Drei kleine Kinder toben über Betten und Tische. Der kinderlieben Frau Holle wird es gefallen haben. Dafür, das zeigt ein Blick ins Gästebuch, hat in unserem Zimmer schon mal der Filmschauspieler Hardy Krüger geschlafen.

Marienkäfer

Die rote Farbe (Sonne) und die Zahl der schwarzen Punkte auf dem Rücken (häufig sieben) ließen den Marienkäfer (früher: Sonnenwurm) als etwas Besonderes erscheinen. Wird er in Süßwarengeschäften als Glücksbringer feilgebotenen, sind die Punkte meistens weiß, was den Marienkäfer in die Nähe des Fliegenpilzes rückt, eines anderen Glücksbringers und Sonnensymbols. Aus dem himmlischen Born, wo sich die Seelen der Ungeborenen befinden, schafft der Marienkäfer im Wettbewerb mit Storch und Schwan die kleinen Kinder zu ihren Müttern, indem er sie durch den Schornstein in ihren Schoß plumpsen lässt.

Ein herrlicher Juni-Morgen begrüßt uns. Die Sonne scheint angenehm warm. Nur wenige Wolken stehen am Himmel. Am Frau Holle Teich ist es still und ruhig. Der Sage nach sitzt Frau Holle dann am goldenen Spinnrad und webt. Man sieht nur wenige Menschen. Ein älteres Ehepaar grüßt. Sie kommen aus dem Gebiet der ehemaligen DDR. Die Frau erzählt: „Ich besaß als Kind ein Buch. Da waren Geschichten um die Frau Holle drin. Es gab auch ein Bild vom Frau Holle-Teich. Ich wäre damals liebend gern mal hierher gekommen. Wir durften aber nicht. Jetzt fahren wir zu jeder Jahreszeit an diesen wunderschönen Ort.

Ein Fußpfad führt um den Teich. Lupinen blühen. Schilf und Sumpfdotterblumen fassen das dunkle Wasser ein. Seejungfrauen schweben darüber. Am Rand ist es sumpfig. Der Boden gibt nach. Alte wuchtige Buchen schirmen den Teich von der Straße ab. „Da", ruft meine Frau. Im Wasser tummeln sich viele Rotaugen. Sind das die Seelen der Kinder, die der Sage nach im Teich von Frau Holle darauf warten, dass sie ein freundlicher Marienkäfer oder ein gravitätischer Storch zu einer Schwangeren bringt?

Frau Holle-Teich

Auf dem hessischen Gebirge Meißner weisen mancherlei Dinge schon mit ihren bloßen Namen ein hohes Alter aus, wie die Teufelslöcher, der Schlachtrasen und sonderlich der Frau-Holle-Teich. Dieser, an der Ecke einer Moorwiese gelegen, hat gegenwärtig nur vierzig bis fünfzig Fuß Durchmesser. Die ganze Wiese ist mit einem halb untergegangenen Steindamm eingefasst, und nicht selten sind auf ihr Pferde versunken.

Von dieser Holle erzählt das Volk vielerlei Gutes und Böses. Weiber, die zu ihr in den Brunnen steigen, macht sie gesund und fruchtbar. Die neugeborenen Kinder stammen aus ihrem Brunnen, und sie trägt sie daraus hervor. Blumen, Obst, Kuchen, das sie unten im Teich hat, und was in ihrem unvergleichlichen Garten wächst, teilt sie denen aus, die ihr begegnen und zu gefallen wissen. Sie ist sehr ordentlich und hält auf guten Haushalt. Wann es bei den Menschen schneit, klopft sie ihre Betten aus, davon die Flocken in der Luft fliegen. Faule Spinnerinnen straft sie, indem sie ihnen den Rock besudelt, das Garn wirrt oder den Flachs anzündet. Jungfrauen hingegen, die fleißig abspinnen, schenkt sie Spindeln und spinnt selber für sie über Nacht, dass die Spulen des Morgens voll sind. Faulenzerinnen zieht sie die Bettdecken ab und legt sie nackend aufs Steinpflaster. Fleißige, die schon frühmorgens Wasser zur Küche tragen in rein gescheuerten Eimern, finden Silbergroschen darin. Gern zieht sie Kinder in ihren Teich, die guten macht sie zu Glückskindern, die bösen zu Wechselbälgen. Jährlich geht sie im Land um und verleiht den Äckern Fruchtbarkeit, aber auch erschreckt sie die Leute, wenn sie durch den Wald fährt, an der Spitze des Wütenden Heers. Bald zeigt sie sich als eine schöne Weiße Frau in oder auf der Mitte des Teiches, bald ist sie unsichtbar, und man hört bloß aus der Tiefe ein Glockengeläut und finsteres Rauschen.

Jacob und Wilhelm Grimm, Deutsche Sagen

Zwei ältere Herren zerstören unsere Träumereien. Sie haben auf dem Weg nach Eschwege, wo sie an einem Preiskegeln teilnehmen wollen, am Teich eine Pause gemacht. „Wenn ich einen Käscher hätte, hätten wir heute Abend was Gutes zum Grillen“, sagt der eine und starrt gierig auf die zutraulichen Fische. Ich weise freundlich darauf hin, dass wir uns in einem Naturschutzgebiet befinden. „Papperlapapp“, sagt der andere, „hier sieht uns doch keiner“. „Doch“, sagt meine Frau, „die Frau Holle“. Die Männer lachen verlegen und gehen zu ihrem Auto.

Zum Wald hin steht eine drei Meter hohe hölzerne Skulptur, aus einem Ulmenstamm geschaffen von den aus Russland stammenden Künstlern Ilja und Viktor Donhauser 2004 aufgestellt von der Werra-Meißner-Touristik. Die Figur löste heftige Diskussionen aus. Die einen erinnert sie an ein Modell oder eine Lolita und gar nicht an eine alte weise Frau, andere sehen statt einer mächtigen Gottheit

Um die Frau Holle-Figur, geschnitzt aus einem Ulmenstamm, gab es viel Aufregung. Foto: Wolfgang Bauer

Eine Rose als Opfergabe für Frau Holle.
Foto: Wolfgang Bauer

nur eine Kissen schüttelnde Mutti. Die Frauenbeauftragte des Kreises monierte, dass eine solche Sichtbarmachung das Geheimnisvolle des uralten Kultplatzes zerstöre. Die braune Gestalt mit einem Kissen in der rechten Hand fügt sich, mittlerweile von Pflanzen umwuchert, gut ein. Sie passt zu dem dunklen Wasser. Eine Rose schwimmt als Opfergabe vor ihr.

Der Göttin Blumen zu schenken, hat Tradition. Die Don Kosaken haben einmal am Teich gesungen und Frau Holle, im Gedenken an die russische Waldfrau und Urmutter Baba Yaga, mit Hunderten von Blüten ein spektakuläres Blumenopfer dargebracht.

Begeistert vom Frau Holle-Teich war vor den Brüdern Grimm schon der Freiherr von Münchhausen. In seinem Bericht „Der Meißner – in Hinsicht auf mythisches Alterthum" aus dem Jahre 1800 verglich er das Frau Holle-Heiligtum in seiner Bedeutung mit dem Heiligtum der Göttin Nerthus, dem Gebiet um den Herthasee auf Rügen (Kollmann 2005: 32).

Wie es wohl bei Nacht hier zugeht? Auf dem Eulenstieg, einem Rundweg um den See hinauf zur Kalbe, gesäumt von Waldmeister, lesen wir auf einer Tafel, dass es im Hohen Meißner-Gebiet noch viele Eulenarten gibt. Tagsüber huscht der Sperlingskauz durch das Gebüsch, nachts streifen der Uhu und andere Eulenvögel durch die Bäume.

Der romantische Kalbepfad.
Foto: Wolfgang Bauer

Blick auf den Frau Holle-Teich
mit der Frau Holle-Figur.
Foto: Wolfgang Bauer

Baba Yaga

Ihr Zauberhäuschen steht im tiefen Wald auf einem Hühnerbein, bewacht von einem schwarzen Kater. Es ist eingezäunt von Pfählen, auf denen Totenköpfe stecken. Ihr Haus ist ein Ort der Wandlung. Von hier gelangt der Held in die Anderswelt, jungen Frauen lehrt sie magische Fertigkeiten. Sie gilt als Hüterin der Wasser des Lebens und des Todes. Die Menschen fressende, in den tiefen Wäldern Russlands beheimatete Baba Yaga ist in manchem vergleichbar mit Frau Holle. A. N. Afanasjew sammelte Märchen über sie, Iwan Bilibin malte sie über Fliegenpilzen schwebend und Modest Mussorgsky setzte ihr mit einem Klavierstück ein musikalisches Denkmal.

Die vielen kleinen Basaltbrocken, welche die Hänge am Weg zieren, sind der Sage nach der Sand, der sich von den Schuhen von Frau Holle löst, wenn sie durch ihr Reich geht. Wie mögen dann erst die Hollensteine aussehen, Steine, die sie im Schuh bei einer Wanderung gedrückt haben und die sie herausholte und zu Boden warf?

Auf den Basaltsteinen um den Frau Holle-Teich
bildet das Moos zwergenhafte Figuren.
Foto: Wolfgang Bauer

Mitten auf dem Weg um den Frau Holle-Teich entspringt eine kleine Quelle. Foto: Wolfgang Bauer

Der Eulenstieg führt vom Frau Holle-Teich zur Kalbe. Foto: Wolfgang Bauer

Die Hollensteine

Das Dorf Hollstein, in einem Seitental des Flüsschens Wehr gelegen, wirkt an diesem Samstagnachmittag wie ausgestorben. Kein Mensch zeigt sich. Wo mögen die Steine sein? In der Ortsmitte gehen wir einen Weg am Bach entlang. „An den Hollensteinen" steht auf dem Straßenschild. Wir landen im Hof eines großen Fachwerkhauses. Auch hier sehen wir niemand. Erst eine Straße, die zum Ort hinausführt („Am Chattenberg"), erweist sich als richtig. Zwischen zwei Häusern eingeklemmt stehen die drei Steine auf einem Hügel. Der größte fünf Meter, der mittlere drei Meter hoch. Den kleinsten kann man sich gut als Tisch für ein Picknick von durchreisenden Hexen vorstellen. Kleine Erdgeister, die der Frau Holle dienstbar sind, sollen in und unter den Steinen wohnen. Vom größten Stein führt ein kleiner Steg zur Tür eines Kinderzimmers im nächstgelegenen Haus. Gehen die Wichtel bei Nacht hier ein und aus?

Holunder

Der Holunder ist der Frau Holle („Hollerfrau") heilig. Auch über den Holunder kann man in ihr Reich hinabsteigen. Er gilt bis heute als die „Medizinkiste" der Landbevölkerung. In der Volksmedizin werden alle Teile genutzt. Man reimte:

„Rinde, Beere, Blatt und Blüte.
Jeder Teil ist Kraft und Güte,
jeder segensvoll."

Der Holunder schützt Haus und Familie und bietet den Menschen Hilfe, er steht aber auch mit den Hexen in Verbindung. In Irland fliegen sie auf Holun-derästen durch die Luft. Auf Gräber gepflanzt, ist Holunder ein Symbol der Wiedergeburt.

Auch die Straßenschilder in den Dörfern geben einen Hinweis darauf, dass man sich im Frau Holle-Land befindet. Foto: Wolfgang Bauer

Lebensbaum und Lebensquelle

Die Linde, ein weiterer Baum, der Frau Holle heilig ist, wurde gern im Zentrum von Ansiedlungen am Dorfbrunnen gepflanzt. Lebensbaum und Lebensquelle bildeten den Lebensmittelpunkt der Gemeinschaft. Die Linde steht sinnbildlich für Güte, für werbende Liebe, für die Sehnsucht nach der Heimat und stellt ein Symbol der Treue, der Geborgenheit, der Gerechtigkeit und des Friedens dar. Die Linde bot den Liebenden, den Schwachen, den Wehrlosen Schutz. Unter Linden zu sitzen, „gibt Heilung und Kraft“ (Marianne Beuchert).

Die Hollensteine. Foto: Wolfgang Bauer

Um die Steine wurde das Gras zum Rasen geschoren. Aber am Zaun zum Nachbargrundstück haben sich Holunderbüsche gehalten und würzen die Luft mit dem üppigen Duft ihrer Blüten.

Unterhalb der Felsen entspringt eine Quelle, die schon immer als guter Brunnen von den Bewohnern des Dorfes geschätzt wurde. Wilhelm Grimm spazierte am 24. Juli 1821 hierher. In seinem Tagebuch schrieb er: „Mittags ging ich nach einem Brunnen spazieren, wo schöne Felsen stehen, nach Art der Externsteine.“

Ein Katzenkopf, der aus einem der Steine auf der östlichen Seite herausgemeißelt wurde und vermutlich aus der Zeit des Mittelalters stammt, legt einen Zusammenhang zum Kult um die Katzenmutter Holle nah. Eine Schlangenlinie, die auf der westlichen Seite angebracht ist, lässt sich als Abwehrzeichen gegen böse Geister, aber auch als Hinweis auf einen alten Quellkult deuten (Krollmann 2005: 48). Nur 50 Schritte entfernt stehen in der Ortsmitte zwei Linden. In einem der Bäume sieht man eine eiserne Halsfessel eingewachsen. Unter ihnen steht ein steinerner Teich mit zwei Eckbänken. Ein Ort, der einlädt, nieder zu sitzen und sich in vergangene Zeiten zu träumen, als die Linde der Frau Holle heilig war. Unter Linden fanden Versammlungen statt, es wurde Recht gesprochen und Hochzeitsriten durchgeführt.

Totenkirche und Frau Holles Todstein

Die junge Frau im Supermarkt von Abterode weiß nichts von einer alten Kirche mit Grabsteinen aus der Zeit des Barock. Ein Mann, der Getränke einkauft, hat meine Frage gehört. Er denkt lange nach. „Das könnte am Ortsausgang sein. Da gibt es eine Kirchenruine und da war auch mal früher ein Friedhof."

Bäume, darunter uralte Linden, umstehen den Platz und scheinen mit der gotischen Ruine der Totenkirche verwachsen. Der Altarraum ist noch intakt. Vom Mittelschiff aus aber schaut man in Baumwipfel und in den Himmel. Auf einem der alten Grabsteine sieht man stolze Eltern zusammen mit ihren 12 Kindern abgebildet. Ein eingemeißelter Satz „Dies sind die schönen Gaben Gottes" weist auf die neun Knaben und drei Mädchen der Familie hin. „Wisse hier in dem schwarzen Grab und bey dieser steinernen Pforte liegt eingesenckt der ehrsame Nicolaus Mentz, geboren Marti 1692", heißt es über den stolzen Familienvater, mit dem es die Kindermutter Frau Holle besonders gut

Barocker Grabstein auf dem alten Friedhof der Totenkirche in Abterode. Foto: Wolfgang Bauer

gemeint hat. Beim Weggehen sehen wir auf einer nahen Anhöhe den Todstein (heute: „Bär"). Frau Holle soll diesen Stein auf dem Daumen hierher gebracht haben. Der in Eschwege tätige Historiker Karl Kollmann zur einstigen Bedeutung des Steines:

„Er war eine vorchristliche Stätte, an der im Frühjahr das Ende des Winters und der Beginn des Frühjahrs – zu Ehren von Frau Holle – zeremoniell begangen wurde. Das Abbrennen des Osterfeuers auf der Anhöhe direkt über dem Felsen ist ein Beleg dafür, dass diese Tradition auch heute noch lebendig ist. Und auch sonst ist der 'Bär' noch in Abterode präsent, ist doch nach ihm ein Kräuterschnaps benannt, den man zu besonderen Gelegenheiten am Ort erhalten kann" (2005: 146).

Der Hohlstein oder Hollestein

Seit einer Stunde suchen wir den Weg zum Hohlstein. Obwohl wir uns ganz genau an die Beschreibung halten, die uns Clemens Zerling gegeben hat, finden wir den Zugang nicht. In Kammersbach sprechen wir in einem Hof drei Männer an, die einen Rasenmäher reparieren. „Die Hilgershäuser Höhle suchen Sie? Die gibt es nicht", sagte der eine der Männer und macht eine beziehungsvolle Pause. „Ich kann Ihnen aber sagen, wo sie die Kammersbacher Höhle finden!" Es stellt sich heraus, dass ein Trupp Naturschützer dort einen Krötenweg gebaut und vergessen hatte, das Schild mit dem Hinweis wieder aufzustellen. In einer Kurve finden wir schließlich den Weg. Erst nach 20 Metern sagt ein Schild die Höhle an. Wir wollen in der Höhle den

Quellteich fotografieren. Das Wasser des Teichs gilt als Wunsch erfüllend. Frauen badeten darin, wenn sie ein Kind haben oder wenn sie auch noch im Alter schön sein wollten. Bei einem Besuch im Vorjahr hatte Clemens Zerlings Taschenlampe nicht funktioniert. „Unbedingt eine starke Taschenlampe mitnehmen und Fotos machen", hatte er uns angeraten.

Für die Taschenlampe habe ich extra Batterien neu gekauft. Sachkundig setzte ich sie ein. Nichts. Ich probiere es andersherum. Nichts. Keine Kombination führt zum Funktionieren. Wir gehen ohne Licht in die Höhle. Kälte umfängt uns. Wir hoffen, die Augen werden sich an die Dunkelheit gewöhnen. Wir kommen nur ein paar Schritt weit. Dann wird es pechfinster. Eine der weniger gemochten Gaben von Frau Holle, fällt uns ein, besteht im Pech.

Die Höhle und ihre Umgebung sollen einmal eine altheidnische Kultstätte der Erd- und Muttergöttin Holle gewesen sein. Die Auswertung einer Grabung im August 2001 bestätigte die kultische Nutzung der Höhle schon vor 2000 Jahren. Immer wieder wurden Menschenknochen gefunden, auch das Skelett eines Mädchens. Schaudernd denke ich an die Stelle im Märchen, wo es der Goldmarie angst und bange wird, als sie die überaus großen Zähne der Frau Holle sieht.

Der Frau Holle-Forscher Karl Kollmann fragt sich denn auch: „Was war das für ein Kult? Gerade die VerehrerInnen Frau Holles in der Gegenwart sehen im Frau Holle-Kult etwas Lichtes, Positives, Weibliches und stellen den Gegensatz zum aggressiven, dunklen, negativen Männlichen gern heraus. Ob dies wirklich so war, mag auf Grund einiger, wenn auch schwacher Hinweise bezweifelt werden. Gerade die vier authentischen Orte sind es, bei denen diese Zweifel aufkommen: Menschliche Knochen im Hohlstein, möglicherweise ein Schädelfragment am Frau Holle-Teich, zwei nicht belegbare Erzählungen zu Knochenfunden an den Hollsteinen und bestimmte Aspekte der Überlieferung am Todstein geben doch zu denken. Hat die Göttin des Lebens und der Erde nicht nur gegeben, sondern auch genommen? Und bestanden ihre Opfergaben auch aus Fleisch und Blut" (2005: 165)?

Gut versteckter Hinweis auf den Weg zum Hohlstein.
Foto: Wolfgang Bauer

Das schaurig klingende Plitsch-Platsch der Wassertropfen, die von der Decke in den Teich fallen, macht unseren Aufenthalt nicht angenehmer. Wir streben dem Ausgang zu und sind froh, wieder ans goldene Licht der Sonne und in die Wärme zukommen.

Der Eingang zum Hohlstein mit dem „Opferstein" davor
Foto: Wolfgang Bauer

Wenige Meter vom Eingang zur Höhle entfernt steht ein allein stehender Fels. Ein Mädchen, das aus Liebeskummer hier herab sprang, fiel in den darunter liegenden Teich und wurde in eine Nixe verwandelt. Auf dem Teich tanzen Sonnenstrahlen. Frau Holle kämmt sich gerade mal wieder die goldenen Haare und schaut ganz unschuldig drein, als könne sie kein Wässerchen trüben.

Kinderbrunnen

Die Rolle von Frau Holle als Hüterin der Seelen der noch ungeborenen Kinder ging mit dem Christentum auf die Muttergottes über. Diese spielt mit den Kleinen im Brunnen, hütet sie und nährt sie mit Brei, bis die Zeit gekommen ist, wo eine Hebamme sie aus dem himmlischen Gewässer herausfischte und in einer Tasche zu ihren Müttern brachte. Häufig trifft man Kinderbrunnen vor Liebfrauenkirchen an.

Kinderbrunnen haben in Deutschland eine weite Verbreitung. Auch der „Oasbrunnen" (Oas von: Ost), in dem hiesigen Hohen Meißner benachbarten Reinhardswald, zwischen Vaake und Veckerhagen gelegen und 1913 als erste Quelle des Waldes gefasst, ist sowohl ein Kinderbrunnen, der vom Storch als Kinderreservoir benutzt wird, wie auch eine von der Bevölkerung geschätzte Trinkwasser- und Heilquelle.

In der romanischen Kirche St. Kunibert, Köln, im 7. Jahrhundert, hervorgegangen aus einer Schifferkapelle am Rhein, liegt in der runden Krypta der Kunibertpütz (Pütz = Brunnen). Sein Schacht öffnet sich nach oben im Chorgeviert vor dem Hochaltar. Dieser Fruchtbarkeitsquell – vermutlich ein vorchristliches Mutterheiligtum (Krämer 1985: 42) – galt das ganze Mittelalter hindurch als Lebensborn, aus dem die Kölner Kinder kamen. In seiner Tiefe sitzen die Ungeborenen bei der Jungfrau Maria. Noch heute reimt der Volksmund:

Us däm ahle Kunibääts-Pötzche
(Aus dem alten Kunibertpütz ...)
Kome mer all ohn Hemp un Bötzje
(kommen wir alle ohne Hemd und Höschen)

Und im Brunnen des Balkhäuser Tales unweit Jugenheim an der Bergstraße (Rheinhessen) sitzen Maria und Johannis der Täufer bei den ungeborenen Kindern, spielen und geigen mit ihnen (Weinhold 1999: 21).

Tanzendes Paar auf einem alten Dorfbrunnen. Foto: Wolfgang Bauer

Als mich vor Jahren eine Kollegin, die verzweifelt war, weil sie nicht schwanger wurde, um Rat fragte, erinnerte ich mich an die Erzählung einer Tante. Sie hatte mir einmal erzählt, dass ihre Schwester, die als Hebamme arbeitete und öfter von Frauen gefragt wurde, was sie tun könnten, um endlich ein Kind zu bekommen, dazu riet, im Wasser der Quelle von Bad Karlshafen zu baden. Den Tipp hatte sie wiederum von ihrer Mutter, ebenfalls einer Hebamme, bekommen. Vier Monate später rief mich die Kollegin überglücklich an. Sie habe in Karlshafen eine Thermalwasserkur gemacht. Sie sei jetzt tatsächlich schwanger.

Wunschbrunnen

In Erzählungen über Frau Holle zeigt sich auch der uralte Glaube, dass an Quellen, Brunnen und Teichen Wünsche erfüllt werden können. Was mögen sich beispielsweise die germanischen Söldner gewünscht haben, die im 2. Jahrhundert nach Christus römische Goldmünzen in den Frau Holle-Teich geworfen haben?

Einen der berühmtesten Wunschbrunnen suchen Ströme von Touristen jedes Jahr in Rom auf. Wer in den Trevi-Brunnen mit der rechten Hand über die rechte Schulter eine Münze wirft, kann damit rechnen, ganz bestimmt wieder nach Rom zurückzukehren. Wer dies ein zweites Mal tut, lernt alsbald eine feurige Römerin, einen galanten Römer kennen. Mit einem dritten Münzwurf besiegelt man die Heirat mit der oder dem Liebsten. Die Denkmalbehörde kassiert aus diesem überaus beliebten Brauch immerhin einen jährlichen Zuschuss von rund 200.000 Euro. Die Quelle des Trevi-Brunnens befindet sich 26 km von Rom entfernt in den Sabiner Bergen. Ihr Wasser wird in einem Aquädukt, das Konsul Marcus Agrippa 19 v. Chr. erbauen ließ, nach Rom geleitet. Agrippa soll den Ort der Quelle von einer geheimnisvollen Jungfrau gezeigt bekommen haben.

Hohe Akzeptanz haben *wishing-wells* in englischsprachigen Ländern. Im Internet zeigen Tausende von Hinweisen auf Wunschbrunnen den starken lebendigen Glauben an übernatürliche Kräfte und Schicksalsweiser. Auch der Verkauf von Wunschbrunnen als Souvenir für die Vitrine oder als Requisit für den Vorgarten floriert.

Jungbrunnen

Das Motiv des Jungbrunnens taucht in Sagen, Märchen und Liedern bis in unsere Tage auf, auch in Verbindung mit Frau Holles Quellteich in der Höhle im Hohlstein. Frauen, die sich in der Osternacht schweigend zwischen elf und zwölf Uhr in dem Quellwasser wuschen, behielten ihre Jugendlichkeit bis ins Alter.

Ein altes volkstümliches Lied singt:

Da fleußt ein Brünnlein kalt,
Wer des Brünnleins tut trinken,
Der jungt und wird nicht alt.

Die Vorstellung eines Jungbrunnens steht in Verbindung mit der Mythe vom Urdbrunnen, der unter einer der drei Wurzeln der Weltesche fließt. Aus diesem Brunnen schöpfen die Nornen das alles verjüngende Wasser. Jeden Tag begießen sie damit den Weltenbaum, der dadurch immer grün bleibt und in ewiger Jugend prangt.

Im 12. Jahrhundert war in einem Brief an den Kaiser Emanuel von Konstantinopel die Rede von einem Jungbrunnen. Wer von einer reinen Quelle am Fuße des Olymps dreimal nüchtern trinkt, werde in sein 32. Lebensjahr zurückversetzt und altere nicht mehr.

Gern lockten Ärzte Menschen mit der Kunde vom verjüngenden Wasser in die Badeorte. Im 16. Jahrhundert erlebte der Brunnen von Pyrmont einen bis dahin ungekannten Ansturm alter, kranker Menschen, die darauf hofften, Jugend und Gesundheit durch eine Wasserkur im berühmten heiligen Gesundbrunnen zu erlangen. Noch 1840 sah sich der regierende Graf genötigt, Gesetze zu erlassen, die das abergläubische Treiben der Badegäste regulierte. Darin verbot er, dem Brunnen weiterhin göttliche Ehre zu erweisen.

Der Dichter William Morris (1834 – 1896) ließ in dem Roman „Die Quelle am Ende der Welt“, eine der ersten Fantasygeschichten überhaupt, seine Helden Ralph und Ursula nach einem solchen Jungbrunnen suchen. Anschaulich beschreibt er den Moment, in dem die beiden Liebenden ihn nach langer, mühevoller Suche finden. Interessanterweise spricht der Brunnen auf einer Schrift die Warnung aus, es sich gut zu überlegen, ob man sein Leben wirklich verlängern will!

„Doch direkt unterhalb der Stelle, an der sie standen, direkt vor der Klippe, stand ein Steinkreis von Menschenhand, der an die sieben Fuß hoch war, und der Steinklotz innerhalb dieses Kreises mochte etwas vierzig Fuß Durchmesser haben, und dieser nämliche Steinklotz enthielt die Wasser einer Quelle, welche wie es sie dünkte, direkt aus der Klippe strömte, wenn sie auch von dort oben den Ursprung nicht erkennen konnten, das Wasser rann aus dem Stein zum Meer und bildete einen breiten Strom durch den schwarzen Sand des Strandes: Doch das riesige Becken füllte sich immer schneller, als es sich leerte, so dass es an allen Seiten über den Rand floss und über die riesigen Quadersteine einen Schleier von Wasser legte. Der Tag war hell und klar und windstill, abgesehen von leichten Brisen aus Westen, und alles glitzerte und blinkte in der Sonne. Ralph blieb einen Moment still stehen, und dann streckte er die Arme aus und schlang sie mit einem lauten Schluchzen um den Körper seiner Liebsten und zog sie an den Busen und murmelte: ‘Die Quelle am Ende der Welt.’ Sie aber weinte vor Freude, als sie sich an ihn drängte und zerrte mit den Händen an seinem Körper. Als sich ihre freudige Ekstase etwas gelegt hatte, machten sie sich bereit, die Felsentreppe hinab zu steigen. Und zuerst legten sie die Rüstungen und Waffen ab, und als sie nackt waren, zogen sie die hellroten Gewänder aus dem Haus der Zauberin an, und so angekleidet betraten sie die in den Fels gehauene Treppe. Ralph ging zuerst, falls es gefährliche Stellen gäbe, doch die schwarzen Steinstufen zeigten keinen Makel, und sie gelangten sicher auf den Felsengrund, von wo aus sie die Flanke der Klippe sehen konnten und wie die Wasser der Quelle aus einer Höhlung darin herausgesprudelt kamen in einer großen Welle so klar wie Glas, und die Sonne glitzerte darauf und bildete um die Ränder einen Lichtbogen. Aber oberhalb der Wasserlinie war der Stein von Menschenhand gehauen, und darauf waren ein Schwert und ein Zweig eingraviert und die Worte:

IHR, DIE IHR EINEN LANGEN WEG GEKOMMEN SEID, MICH ZU SEHEN, TRINKT VON MIR, WENN ES EUCH DÜNKT, DASS IHR STARK GENUG SEID IN EUREM SEHNEN, EURE TAGE ZU VERLÄNGERN: ANDERNFALLS TRINKT NICHT, ABER ERZÄHLT EUREN FREUNDEN UND DEN KINDERN DER ERDE, DASS IHR EIN GROSSES WUNDER GESEHEN HABT“ (Morris 1981: 415 f.).

Seelenfahrt und Seelenbad

Frau Holles Teich fungiert auch als Seelenbad. Wenn die Seelen Verstorbener dorthin zurückkehren, fahren sie durch das Wasser des Teichs und reinigen sich.

Die Seelen der Menschen waren nicht ohne weiteres fähig, in einen menschlichen Körper zurückzukehren. Sie benötigten erst das Bad der Erneuerung, die Verjüngung im Brunnen der Wasserfrau Holle.

Bis in die Neuzeit lebte der alte Glaube vom Seelenbad vielerorts weiter wie der Volkskundler Werner Danckert zeigt: „Nach böhmischem Ritual stellte man ein Glas Wasser, ein Handtuch und ein brennendes Licht an das Sterbebett, damit sich die Seele waschen könne, ehe sie vor den ewigen Richter tritt. In Russland hängt man an vielen Orten nach einem Todesfall ein Leinenhandtuch aus dem Fenster, damit die Seele, die sich täglich wäscht, sich auch abtrocknen könne. Am vierzigsten Tag wirft man vielerorts dieses Linnentuch in den Fluss. In Schwaben nennt man das Waschwasser das Seelenbad. Mancherorts stellt man unter das Bett des Toten ein Gefäß mit Wasser, um, wie man heute glaubt, die Luft zu reinigen. Die Wasserschüssel unter dem Totenbrett, die man heute noch in Teilen Niederdeutschlands und Osthollands kennt, ist keine Vorstufe des Seelenbades (am Fenster), sondern dieses selbst. Ein sinnentleertes Überbleibsel des Seelenbades zeigt sich, wenn man in manchen Gegenden das Leichenbrett (in Bayern: Rebrett) über einen Bach legt. In katholischen Gemeinden schüttet man wohl heute noch hie und da bei Todesfällen, unmittelbar nachdem jemand verschieden ist, das Weihwassergeschirr im Wohnzimmer und den Wasserzuber in der Küche aus, denn des Verstorbenen Seele ist drüber gekommen" (1979: 82).

Wolfgang Bauer

Besuchsinformationen:
Das *Naturfreundehaus* Meißnerhaus auf 650 m Höhe am Südwesthang des Hohen Meißners, des Hausbergs von Frau Holle, bietet eine herrliche Aussicht, Übernachtungen für Einzelreisende, Paare und Gruppen und ist Ausgangspunkt für viele Wanderungen zu sagenhaften Frau Holle-Plätzen.

Auskünfte:
Das Fremdenverkehrsamt für das Werra-Meißner-Land in Eschwege versendet Infobroschüren und Wanderkarten zum Naturpark Hoher Meißner, vermittelt Unterkünfte und Führungen zum Thema Frau Holle.

Quellen der Weissagung

Redlicher und unredlicher Rat am weisen Born

Wie ein unbeholfener, weil schwer gepanzerter Drache wälzt sich das Heer der Burgunder nach Osten, zum Königshof der Hunnen. Ihre königlichen Führer samt Ritter sind eingeladen zur Hochzeit von Attila (oder Etzel) mit der Burgunderin Kriemhild, Witwe des von Hagen heimtückisch ermordeten Helden Siegfried. Vor der mächtigen Donau muss der Heerbann stoppen. Als Vorhut reitet der Tronjer in die Niederung des Stromes, sucht Furt und Hütte des Fährmanns, die irgendwo in der Nähe sein soll.

Plötzlich hört Hagen Wasser rauschen. Er steigt von seinem Ross und bahnt sich einen Weg durch die Büsche. Da sieht er nicht weit vor sich in einem „schönen Brunnen" so „manch weises Meerweib" (*wisiu merwîp*). Um sich zu kühlen, haben diese fast transparenten Wesen ihre berückend weißen Schwanengewänder abgelegt.

Der Nibelungen Not

Hagen, in voller Rüstung und vermutlich mit übergehenden Augen, pirscht sich leise näher. Nicht leise genug. Sie erblicken ihn und fliehen wie aufgeschreckte Vögel. Er aber bemächtigt sich unsensibel und gnadenlos ihrer Kleider. Da fleht eines der Meerweiber, die junge, schöne Hadburg: Wenn er ihnen ihr Gewand zurückgebe, würden sie ihm die Zukunft weissagen. Hagen interessiert eigentlich mehr der Weg zum Fährmann. Wie sie aber schwammen gleich Vögeln „schwebend auf der Flut, da däucht ihn ihr Wissen von den Dingen gut." Hadburg legt nun ihre ganze Überzeugungskraft in die Prophetie und zirpt:

Ihr mögt wohl reiten in König Etzels Land:
Ich setz' euch meine Treue dafür zum Unterpfand:
Niemals fuhren Helden noch in ein fremdes Reich
Zu so hohen Ehren: in Wahrheit, ich sag' es euch.

Zufrieden über solchen Bescheid reicht der Nibelunge ihnen die herrlichen Schwanengewänder und bleibt ungeniert stehen. Als sie alle umgezogen sind, vernimmt er allerdings von einer anderen Wasserfee die ungeschminkte Wahrheit.

Ich will dich warnen, Hagen, Aldrianes Kind.
Meine Muhme hat dich der Kleider halb belogen:
Und kommst du zu den Heunen [Hunnen], so bist du übel betrogen.
Wieder umzukehren, wohl wär' es an der Zeit,
Dieweil ihr kühnen Helden also geladen seid,
Dass ihr müsst ersterben in der Heunen Land:
Wer da hinreitet, der hat den Tod an der Hand.[5]

So weissagt sie Hagen von Tronje. „Es muss nun so geschehn, keiner wird von euch allen die Heimat wiedersehn!" Ungefragt liefern sie zusammen noch weitere düstere Aussichten, erklären ihm aber auch den Weg zum Fährmann, dessen Herberge – an einem Ort der Prophetie vielleicht nicht ungewöhnlich – „überm Wasser" steht.

An den verwunschenen Quellen der Kels

Unterschiedliche literarische Fassungen des Nibelungenliedes liefern auch unterschiedliche Ortsangaben und Details, je nachdem, wo der Schreiber lebte. Die um 1200 am Hof des Bischofs von Passau

5 in der Übertragung von Karl Simrock, Berlin 1919

Undinen warnen Hagen; der Maler versteht allerdings, dass sämtliche Weissagungen einer Quelle in Hagen selbst entstammen, verkörpert in der „verschleierten“ Alten hinter ihm. Johann Heinrich Füssli (1707 – 1782), Zeno, gemeinfrei

niedergeschriebene Fassung kennt sich recht gut in bayerischen Gefilden aus. Im zweiten Teil der 39 Aventiuren (Abenteuer) erreicht das Heer der Burgunder zwischen heutigen Markt Pförring und Großmehring die Donau. Pförring hieß noch im 9. Jahrhundert Faringa, das wiederum auf Ferge = Fährmann zurückgeht.

Durch diesen Ort fließt der geruhsam dahin rinnende Kelsbach zur Donau und gab dem Kelsgau seinen Namen. Am westlichen Ortsende von Ettling, das zum Markt Pförring gehört, einem kleinen Weiler mit etwa 200 Einwohnern, wird die Kels in einem weiherartigen Quelltopf von mehreren Quellen gespeist. Allerdings rauscht und raunt hier nichts. Nur ab und zu kringelt es auf der Wasseroberfläche. Luftblasen dringen nach oben. Den weissagenden Aspekt muss man wohl in einer anderen Dimension suchen.

Der Zugang zu diesem Quelltopf führt über Privatgelände, den Hof des Bauern Batz. Dort kommt uns eine ältere Bäuerin auf dem Fahrrad entgegen. Wir fragen, ob wir die Quellen der Kels besichtigen dürfen. Sie mustert uns eindringlich interessiert, nickt dann und weist uns hinter dem Wohnhaus auf einen kleinen hölzernen Steg. Ein niedriges, hölzernes Gatter ist nur angelehnt. Wir überschreiten einen gut anderthalb Meter breiten grünklaren Wasserlauf – und befinden uns gleich in einer verwunschenen Märchenlandschaft. Vor uns erheben sich die spärlichen Reste einer Wasserburg aus dem 11. oder 12. Jahrhundert. Längst hat die Natur sich dieses Terrain zurückerobert. Ein Ritter von Oettling oder Ettling ließ sie einst auf einer künstlichen Insel erbauen.

An der Südmauer der Wasserburg breitet sich die Kels zu einem kleinen See aus, in dem offensichtlich weitere Quellen sickern. Dichter Baumbewuchs am Ufer schafft ein mystisches Dunkel und fängt das Sonnenlicht nur auf der Wasseroberfläche ein. Sanddornbüsche müssen sich gewaltig in die Schräglage bringen, um die Strahlen aufzufangen. Fischschwärme fliehen aufgeregt, als wir uns nähern. Ihnen muss der Mineralgehalt des Wassers gut bekommen. Sie vermehren sich reichlich. Einmal im Jahr, an Karfreitag, werden sie mit Netzen herausgefischt.

Diese ungewöhnliche Häufung von Quellen nahe den traditionellen Donauübergängen von Pförring und Mehring veranlasste 1924 den Heimatforscher Leo Weber, im Kelsbachteich nahe der Wasserburg Ettling den „schönen Brunnen" zu lokalisieren, an dem Hagen die Wassernixen getroffen haben soll. Allerdings zogen die Burgunder nie zu den Hunnen. Es war leider umgekehrt. Hunnen drangen über den Rhein, rieben im Jahre 437/38 fast das gesamte Burgunderheer auf und vernichteten dieses Reich – ungefähr ein Jahrzehnt bevor Attila an die Herrschaft gelangte.

Als der Schreiber am Hof zu Passau die passende Landschaft für seine Dichtung suchte, ließ er das Heer vernünftigerweise entlang der alten Route reiten und bei Pförring die Donau passieren. Kannte er eine lokale Überlieferung von einem Orakelheiligtum nahe der Furt, dass er die Begegnung mit den Schwanenfrauen hierhin verlegte? So weiß eine hiesige Sage von einem Heiligtum der keltischen Vindeliker an den Kelsbachquellen. Druiden „verkündeten hier ihre Geheimlehren"

Quelltopf der Kels – ein romantischer Ort.
Foto: C. Zerling

(Berndt 1974: 157). Noch als die Römer im heutigen Pförring auf der Flur mit dem keltischen Namen „Biburg" ihr Kastell Celeusum errichteten, hätten die Soldaten hier Rat bei den Parzen gesucht, den weissagenden Schicksalsgöttinnen. Bei der außerordentlich hohen Achtung, die Kelten, Germanen und auch Römer Quellen entgegenbrachten, ist ein altehrwürdiges Heiligtum an einer so auffälligen Häufung von Quellen nicht unwahrscheinlich. Noch im Mittelalter sollen Orakelsuchende nach Ettling gepilgert sein. Allerdings wurden unsere Sagen nicht nur in der Romantik gesammelt: Die meisten entstanden auch erst in dieser Zeit.

Warum aber verbanden alle frühen Völker sprudelnde Quellen mit Orakel und Weissagung?

Unverzichtbares Ambiente für Prophetie

Wasser als Symbol für die Urmaterie haben wir bereits kennen gelernt. In Erregung versetzt, assoziieren Wellen auf der Wasseroberfläche, die von einem Zentrum ausgehen und sich radial erweitern, geradezu Vibrationen eines schöpferischen Prozesses. Plutarch, griechischer Gelehrter und Apollonpriester in Delphi (um 45 – ca. 126 n. Chr.), berichtete in seiner Biographie Caesars (Kap. 19) über die Seherinnen des Suebenfürsten Ariovist, die auf die Wirbel der Flüsse schauten. Aus deren Lauf und den damit verbundenen

Ambiente im Bereich des Quelltopfs der Kels.
Foto: C. Zerling

Geräuschen schöpften sie ihre Weissagungen. Unterschiedliche Witterungen lassen die Stimme der Flussgottheiten anschwellen, drohen, donnern und dann wieder lieblich säuseln. Ohnehin quillt Wasser aus der Tiefe der Erde, der Unterwelt, dort wo man alles Schicksal und Zukünftiges kennt. Selbst Okeanos, der gemäß antiker Vorstellung die Erde als Scheibe umfloss, spülte seine Wellen an das dahinter liegende Jenseits. Persephone, Herrscherin dieses Schattenreichs des Todes, lugte als graue Eminenzia hinter den Schicksalsgöttinnen hervor. In einer anderen Ausdrucksform, der dreiköpfigen Hékate, herrschte die Allwissende über den natürlichen Kreislauf des Werdens: Wachsen, Blühen und Verwelken, Schöpfung, Erhaltung und Zerstörung, Geburt, Leben und Tod, Himmel, Erde und „wogendes Meer". Nie zählte Hékate zu den Göttern des Olymp. Ihr umfassender Herrschaftsbereich hätte dessen Dimensionen gesprengt (Kerényi 1966: 1, 35).

Mit klarem Wasser assoziieren wir Erkenntnis, „die reine Wahrheit" im Sinne von Ursprünglichkeit und Unbelastetheit durch verfälschende Wahrnehmung. Manchmal verlieh schon ein Trunk davon die Kraft eigener Schau und Imagination. An bestimmten Tagen aber schenken manche Brunnen und Quellen Weisheiten aus der Tiefe der Natur. Im Krimmelloch zwischen Ranis und Pöseck im Voigtland holten sich die Menschen Rat bei einer „Weißen Frau", die offensichtlich dort mit Ketten angeschlossen war (Weinhold 1999: 22). In „König Karl und die Friesen", DEUTSCHE SAGEN der Gebrüder Grimm, suchten beide Seiten Rat bei einem Brunnen. Aus diesem Born vermittelte den zwölf Asegen (Richter) der freien Friesen ein 13. Asege sogar Rechtsgrundlagen und Rechtsbelehrungen.

Im Rheinland und in der Oberpfalz zogen Mädchen in den Nächten zu Frühlingsbeginn an eine Wunderquelle oder vor einen „Wunschbrunnen", auf dessen Wasseroberfläche ihnen der Mond den zukünftigen

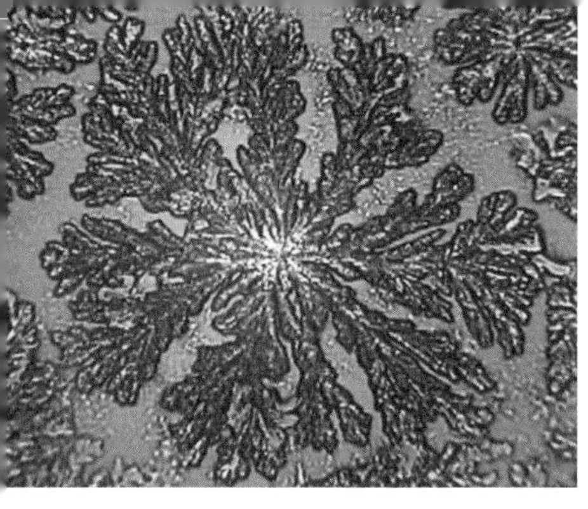

Quellwasser auf La Palma, 400fach vergrößert. Hochwertiges Wasser weist typische 60-Grad-Winkel-Strukturen auf und sternförmige Kristalle. Aus: Schulz, Andreas 2003: WASSER KRISTALL WELTEN.

Bräutigam spiegeln sollte. Einmal sei deswegen ein alter oberpfälzischer Schulmeister, der sich in eine junge Maid verliebt hatte, in einer solchen Nacht auf einen Baum geklettert und weiter auf einen Ast, der genau über einem solchem Orakelbrunnen hing. Er hoffte, dass sich im Mondschein sein Antlitz vorteilhaft im Wasser spiegeln werde. Unter der Last brach der Ast aber. So plumpste der Schulmeister in den Brunnen und vermochte nur mit Mühe gerade noch den Kopf über Wasser zu halten. Da kam in diesem Augenblick die junge Schöne zum Brunnen gepilgert. Wie sie dort den Schulmeister gewahrte, lief sie umgehend davon und klagte, dass ihr nun dieser alte Kerl zum Manne bestimmt sei. Und sie heiratete ihn tatsächlich (Friedreich 1859: 16). Denn wer will schon das Schicksal herausfordern, wenn man dessen Rat und Weisheit eigens gesucht hat.

Wasser als Informationsträger

Jeder weiß, wie sehr Licht das Wachstum von Pflanzen beeinflusst. Sein Einfluss auf Wasser ist kaum bekannt. Zwar setzte man schon in der Antike Wasser für einige Zeit dem Sonnenlicht aus, um es bekömmlicher zu machen. Beweise für eine solche Qualitätsverbesserung scheinen allerdings erst in den letzten Jahrzehnten geliefert worden zu sein. Sie harren aber noch der allgemeinen wissenschaftlichen Anerkennung. Wasser mit farbigem Licht oder Sonnenlicht „behandelt", weist eine Veränderung von Kristallstrukturen auf, die sich denen von Wasser hoher Güteklasse angleichen (Schulz 2003: 111).

Viel Diskussionsstoff lieferten Versuche, mit mentaler Beeinflussung die Qualität von Wasser zu ändern. Segnungen und Gebete am oder über Wasser vermochten „offensichtlich so deutliche Veränderungen hervorrufen, dass das Wasser, zumindest auf der informativen Ebene, zu seinem geistigen Ursprung zurückgeführt werden konnte". Ähnlich positive Wirkungen scheint Beschallung mit klassischer Musik auszulösen (Schulz 2003: 115 ff.). Hier bedarf es noch seriöser Untersuchungen. Aber schon Apollon, griechischer Gott des zeugenden Lichts und „objektiver Geist unserer Seele", offenbarte sich bei Anrufung oder Gebet gern im weiblich besetzten Quellgrund.

Wasser zieht Licht an. Mitunter tanzen glühende Funken wie lichttrunken auf der Wasseroberfläche und wechseln dabei ihre Farben. Ähnlich vermag unser Unterbewusstsein Informationen zur Oberfläche unseres Bewusstseins spiegeln, als unerwartete Intuition oder als gesuchte Information durch meditative oder divinatorische Techniken. Jeder Prozess von Widerspiegelung verschafft naturgemäß Verdopplung und Reflektion. Deshalb wird Wasser mit der Zwei und der Periodizität des Mondes in Verbindung gebracht. Frau Luna reflektiert, indem sie das Sonnenlicht auf sich lenkt und wieder zurückwirft. Sie schafft somit Wechselbeziehungen, symbolisiert die Qualität von Assoziationen und erzeugt steten Wandel. In allen Aktivitäten, die mit Wachstum, Entwicklung, Vervielfältigung zu tun haben, wirkt das Prinzip von Rhythmus und Periodizität, ebenso im Prozess gedanklicher Kreativität und Vorstellungskraft.

Die raunende Stimme des Schicksals

So liefert jede natürliche Quelle, jeder Brunnen, auch jedes runde Gewässer einen aufnehmenden Bereich und öffnet zugleich einen Zugang zur Unterwelt der irdischen Lebensmächte, ein Tor zur Großen Göttin des Lebens. Aus klaren Quellen wurde meist schweigend geschöpft,

Arnim der Cheruskerfürst sucht Entscheidungshilfe bei einer Wahrsagepriesterin im Heiligen Hain am Seeufer oder an einem Quellteich. Nach einer Originalzeichnung von Ferdinand Leeke (1859 – 1937), aus: BILDERSAAL DEUTSCHER GESCHICHTE, Stuttgart – Berlin – Leipzig, 1890.

wie sich tiefe Erkenntnis auch nicht unbedingt in Worten ausschöpfen lässt. Eine Quelle selbst aber ist oft alles andere als ruhig. Es sprudelt, blubbert oder brodelt. Unregelmäßiger Druck erzeugt weitere undefinierbare Laute. Noch heute möchten sensitive Menschen im suggestiven Murmeln von Quellen, Bächen oder im Rauschen von Strömen die raunende Stimme des Schicksals vernehmen. Aber auch ruhig dahinfließende oder wild wogende und schäumende Flüsse regen neue Assoziationsmuster an. „Euch dank' ich redlichen Rat!" ruft Brünnhilde in Richard Wagners GÖTTERDÄMMERUNG den grün schimmernden nornenhaften Rheintöchtern zu, deren Haare lang wallen und ineinander überzuwellen scheinen.

Schon in ältester Zeit muss sich das Geräusch von sprudelnden Quellen unlösbar mit dem verbunden haben, das später – so z. B. in der Bibel – das WORT oder Logos genannt wurde: schöpferischer Klang und Gedanke, geleitet und übertragen von „lebendig gewordenem Wasser". So liefert in der walisischen Dichtung HANES TALIESIN (= Geschichte Taliensins) eine Quelle direkt „bardische Inspiration". Sie sprudelt glucksend aus Ceridwens (walisische Große Göttin) Kessel auf, in dem Wissen und Kreativität brodeln. Er hängt über einem Feuer, das neun Musen entfacht haben und unterhalten. Als drei siedendheiße Tropfen auf Taliesins Daumen spritzen, steckt er diesen rasch in den Mund, um ihn zu kühlen – und damit beginnt seine Karriere als unsterblicher Barde und Dichter.

Ursprünglich dürften Frauen Sehertum und Weissagung allein beherrscht haben, die Gesamtheit der aus dem Unbewussten sprudelnden Weisheit. War es so, dann herrschten sie auch über alle Magie, den beschwörend rhythmischen Gesang und schließlich die Dichtung. Denn je weniger entwickelter das Bewusstsein, in desto höherem Maße bleibt die Menschheit „auf die Orientierung durch das Unbewusste, die transpersonalen Mächte, angewiesen“ erklärte Erich Neumann. Selbst noch in heutiger Zeit ist der männliche Schamane und Seher in hohem Maße weiblich, indem er von seiner Anima-Seite abhängt. Früher trug er häufig Frauenkleidung. Als inspiratorische Kraft kann die Seherin einzeln, in der Dreiheit und wie in ihrer Vervielfachung (neun) auftreten. Chariten, Nymphen, Nixen, Musen, Grazien, Moiren, Nornen und unzählige entsprechende Figuren charakterisieren „die singenden, tanzenden und verkündenden Kräfte dieses inspiriert-inspiratorischen Weiblichen, bei dem, wenn die Not drängt, das ursprungsentferntere Männliche Weisheit sucht“ (Neumann 1978: 279 f.).

Weniger musische Orakel am Agnesbründl in Wien

Niemand weiß mehr so recht, wie es begann. Vermutlich verbreitete sich zu Beginn des 19. Jahrhunderts das Gerücht von einer heiligen Buche am Hermannskogel in Wien-Sievering, nahe dem Gasthaus „Jägerwiese“, aus der ein Marienbild herauswachse. Phantasiebegabte wollten direkt das Gnadenbild aus dem berühmten Wallfahrtsort Mariazell erkennen. Wundersam sprudelte direkt neben der Buche eine Heilquelle. Dieses *Jungfernbründl* war allerdings schon seit unbekannt langer Zeit von Augenleidenden aufgesucht worden. In Windeseile verbreitete sich die neue Nachricht und zog fromme Pilger in Scharen an.

Irgendwer sichtete hier dann überirdische Erscheinungen, andere plötzlich ebenfalls. Es erhöhte den Marktwert des Ortes sichtlich. Wallfahrtsprozessionen strömten selbst aus Mähren, Böhmen und

An einer verträumten Stelle rinnt aus einer kurzen Röhre ein dünner Wasserstrahl in ein rechteckig eingefasstes Becken. Noch vor zwei-hundert Jahren umlagerten sonntags bis zu 20.000 Pilger dieses ehemalige „Jungfernbründl". „Das magische Becken", © Austria-forum. ABC zur Volkskunde Österreichs

Ungarn heran. Marktbuden schossen wie Pilze aus dem Boden. „Während die Abergläubischen auf dem nassen Boden knieten und beteten, winkten feile Dirnen zur Wollust in die Gebüsche", klagte der zuständige Regierungspräsident. 1817 ordnete Fürst Metternich an, „den Unfug" umgehend abzustellen.

Obwohl die Behörden das Gnadenbild in die nahe Weidlinger Pfarrkirche verbannten, tat dies dem Zulauf keinen Abbruch, im Gegenteil. Demonstrativ ließ Metternich deshalb den heiligen Baum samt Wurzel ausreißen und abtransportieren, die Quelle sorgfällig verschütten. „Und da zeigte das Jungfernbründl zum ersten Mal seine ganze Wunderkraft", folgerte Karl Lukan (1989: 14). Es suchte sich nämlich einfach einen anderen Weg und trat alsbald unverdrossen wieder ans Tageslicht. Jetzt sprudelten auch die geistigen Quellen wieder. Unmittelbar neben Wasser und Buche sollten zwei Zaubergestalten wohnen: Karl und Agnes, häufige Sagengestalten der Alpen, hinter denen sich einst vermutlich Odin und Frigga verbargen. Bald kursierten „uralte" Überlieferungen von archaischen Opferkulten am Hermannskogel. Weiß verschleierte Priesterinnen hätten hier die weissagenden Runen geworfen. Weit hergeholt waren solche gedanklichen Ausflüge nicht.

Zwischen Lotterieschwestern und Kartenlegerinnen

Denn im Zuge der von Maria Theresia eingeführten Lotterie hieß es bald: Im sanft vom Wind bewegten Wasser der Quelle, die neuerdings Agnesbründl hieß, ließen sich die richtigen Lotterienummern erschauen. Eine Übernachtung neben der Quelle aktiviere das Traumleben. So genannte Lotterieschwestern halfen bei der Entschlüsselung der Träume und übersetzten diese gegebenenfalls in Zahlenwerte. Im nahen Gasthof „Zur Agnes" hatte ein geschäftstüchtiger Wirt wasserfleckige Bilder von Karl und Agnes aufgehängt. Sie lieferten Sensitiven – jedenfalls nach einem Vaterunser – ebenfalls Glücksnummern. Wem sie sich versagten, der konnte sich im Gasthof einem Glücksspielautomaten hingeben oder das Hausbackwerk kaufen. In seinem Innern barg es Nummernzettel – auf Kosten der an dieser Stelle einst üblichen süßen Marmelade (Bauer-Zerling 2004: 18 f.).

In Die schönsten Sagen aus Wien (o. J.: 76) lieferte ein Beobachter ein eindrückliches Zeitgemälde: „Geht man zu Mittag oder zu Mitternacht zum Bründl, so soll dies die günstigste Zeit sein. Es gibt sogar Leute, die im Wald übernachten und mit einer geweihten brennenden Kerze darinnen umhergehen. … Beim Bründl selbst hängen Bilder an den Bäumen, Weiber blättern in Planetenbüchern, und ringsherum stehen Tische mit Würfeln, die zum Glücksspiel einladen. Nach der Zahl der Augen, die beim Wurfe fallen, wird die Zukunft des Spielers vorhergesagt. Andere Leute drängen sich zum Bründl hin und schauen mit der größten Neugierde und Erwartung ins

Agnesbründl, Lithographie von 1817; Bezirksmuseum Döbling

Agnesbründl,
unbekannter Künstler;
Bezirksmuseum Döbling

Wasser. Sie hoffen, darin Nummern zu entdecken, die sie in der Lotterie setzen könnten. Hat jemand von ihnen eine solche Nummer entdeckt, wie sie der Schlamm oder die Steine auf dem Grunde bilden, so wäscht er sich mit dem Wasser die Augen und schreibt die Ziffern auf. … Andere Weiblein erzählen geheimnisvoll von dem grünen Tor, das unter dem Bründl zum Kristallpalast führe. Es können aber, so sagen sie, nur solche Leute den Eingang finden, die auch an die wundersame Wirkung des Bründls glauben."

Nach dem 2. Weltkrieg geriet das Orakel in Vergessenheit, vorübergehend auch das Glücksspiel. Letzteres wurde aber schnell wieder entdeckt. Erst seit den letzten Jahren erfreut sich auch die Agnesquelle erneut über viele achtungsvolle Besucher. Lottozahlen gibt sie leider nicht mehr preis.

Clemens Zerling

Von Heidenlöchern und Schöpfbrunnen

Begegnung mit der Tiefe

Während seiner Rheinreise gelangte der französische Dichter Victor Hugo 1840 auch nach Heidelberg-Handschuhsheim und erstieg zu nächtlicher Stunde den Heiligenberg. Was ihm dabei begegnete, berichtete er in eindrücklichen Bildern: "Wie ich so über den Bergrücken ging, bemerkte ich, wenige Schritte von dem kaum erkennbaren Pfad entfernt, unter Dornengestrüpp eine Art Loch, zu dem ich mich begab. Es war eine ziemlich große rechteckige Grube von zehn bis zwölf Fuß Tiefe und acht oder neun Fuß Breite, in die sich rötliche Brombeersträucher senkten, durch deren Gestrüpp einzelne Mondstrahlen drangen. Am Boden erkannte ich undeutlich ein Pflaster aus breiten Platten, auf denen Regenpfützen standen, und an den vier Wänden sah ich ein mächtiges Mauerwerk aus gewaltigen Steinen, das unter den Gräsern und dem Moos unförmlich und hässlich geworden war. Ich glaubte, auf dem Grund ein paar grobe Skulpturen inmitten von Trümmerwerk zu erblicken und unter diesen Ruinen einen dicken runden Block, der leicht ausgebaucht war und in der Mitte ein kleines quadratisches Loch hatte; es konnte ein keltischer Altar oder ein Kapitell aus dem 10. Jahrhundert sein. Allerdings gab es keine Treppe, um in die Grube hinab zu steigen.

In diesem Augenblick höre ich, wie eine tiefe, schwache Stimme hinter mir das Wort *Heidenloch* ausspricht. Obwohl ich nur wenig Deutsch kann, kenne ich dieses Wort. Ich drehe mich um. Niemand auf der Heidefläche; der Wind weht, und der Mond scheint. Nichts weiter. Allein, mir scheint, dass da hinten am Wald, etwa dreißig Schritt entfernt, zwischen dem Mond und mir, etwas Dunkles aufragt, ein hohes Buschwerk, das ich bisher nicht bemerkt hatte.

An einsam gelegenen Orten und zu so wunderlichen Nachtstunden neigt der Mensch zum Aberglauben, und ich muss zugeben, dass mir alle Sagen vom Rhein und vom Neckar einzufallen begannen und sich wie eine Rauchwolke meines Geistes bemächtigten, als der übernatürliche Busch sich auf einmal umdrehte. Was vorher im Schatten gelegen hatte, war nun dem Mond zugewandt, und ich erblickte eine kleine Alte, die bis zum Kinn über einen Knotenstock gebückt war und unter einem großen Reisigbündel fast verschwand, das an allen Seiten hervorragte, hinter ihr den Boden fegte und auf höchst phantastische Art und Weise über ihrem Kopf schwankte. Sie sah mich mit ihren grauen Augen an und wiederholte: *Heidenloch*! *Heidenloch*!" (zitiert nach Moers-Messmer 1987: 88 f.).

Heiligenberg mit Heidenloch, Kupferstich von Matthäus Merian, 1645

Heiliger Eingang zur Unterwelt oder schäbige Abraumgrube

Wie Torpfeiler zur Anderswelt bewachen die beiden Kuppen des Heiligenberges am Neckar die letzten Ausläufer des Odenwaldes. Ein ganzes Bündel von Sagen und Überlieferungen verhalfen dem Berg zum Flair einer eigenen Zauberwelt mit unendlich tiefen Höhlen, verruchten Heidenaltären, geheimen Hexentreffpunkten und vergrabenen Schätzen. Doch Irrlichter hätten alle Schatzsucher unweigerlich ins Verderben geführt, zumindest die, die nach falschen Werten suchten.

Auf dem vorderen Gipfel des Heiligenberges hatte ein Klausner im Jahre 1090 eine Kapelle errichtet, die vier Jahre später zum Kloster St. Stephan erweitert wurde. Wenige Schritte von seinen spärlichen Resten nach Westen liegt eine Örtlichkeit, die seit Jahrhunderten die Phantasie der Menschen beschäftigte: das Heidenloch. Schon in der Klosterzeit unter diesem Begriff bekannt, muss es sich um eine bereits damals sehr altertümliche Anlage gehandelt haben. Eine Sage berichtet um 1600, man habe eine weiße Gans in das Loch gelassen. Sie sei beim einige Kilometer entfernten Kloster Neuburg am Neckar wieder herausgekommen, aber nun völlig schwarz. Ähnlich dem dreiköpfigen Höllenhund Cerberus am Eingang zum griechischen Hades hausten am Grund dieses Loches zwei schwarze Hundeungeheuer, an große mit Eisen beschlagene Kisten angekettet. Satan selbst habe hier ein Domizil, von wo aus er seine trügerischen Weissagungen verkünde (Moers-Messmer 1987: 87). Handelt es sich beim Heidenloch um einen mittelalterlichen Schöpfbrunnen, um eine in „undenklicher Zeit" angelegte Orakelstätte, ein Heiligtum für die Erdgöttin oder gar eine Opferstätte für die chtonische Welt? Oder nur um eine ganz gewöhnliche mittelalterliche Abraumgrube?

Mittlerweile ist das Heidenloch durch eine Überbauung gesichert.
Foto: C. Zerling

1936 beschloss die Heidelberger Stadtverwaltung, der Sache und dem Schacht auf den Grund zu gehen. Was bei der Grabung zu Tage trat, wirft bis heute noch viele Fragen auf: Bei einem konstanten Durchmesser des Schachtes von drei bis vier Meter endete bei 26 Meter Tiefe der Abraum der Klosterzeit. Dazu gehörten sogar Säulenreste, Kapitelle, andere größere Steinreste und eine ungewöhnliche Anzahl von Waffen, wie es sich nicht „mit einem entrückten Klostermilieu vereinbaren lässt“ (Ludwig / Marzolff 1999: 100). Bei 52 Meter Tiefe stieß man auf die Oberkante eines Brunnenmantels und nach weiteren 2,10 Meter auf eine abschließende Bodenplatte. Damit schien die Funktion geklärt. Die Steinmetztechnik in der Tiefe wird auf etwa 1100 datiert. Im Gegensatz dazu stehen aber römische Ziegel und Mörteltechnik. An einigen Stellen glaubte man, kleine in die Wand eingehauene Reliefs entdeckt zu haben, sogar ein geheimnisvolles Frauenportrait, und schloss auf ein ehemaliges Brunnenheiligtum (Moers-Messmer 1987: 90 f.), das später zur Müllhalde degradierte. Heute gelten diese Portraits als zufällige Steinverwitterungen.

Zu Victor Hugos Zeiten war das Kloster St. Stephan fast in Vergessenheit geraten, nicht aber dessen geheimnisvollster Bau. Er notierte bei seinem Besuch weiter: ”Ich gebe zu, dass ich eine ganze Weile an diesem Ort geblieben bin und das Heidenloch beobachtet habe, das vielleicht das offene Grab eines Riesen ist, vielleicht auch ein Druidenzimmer oder der Schacht eines Römerlagers oder das Sammelbecken

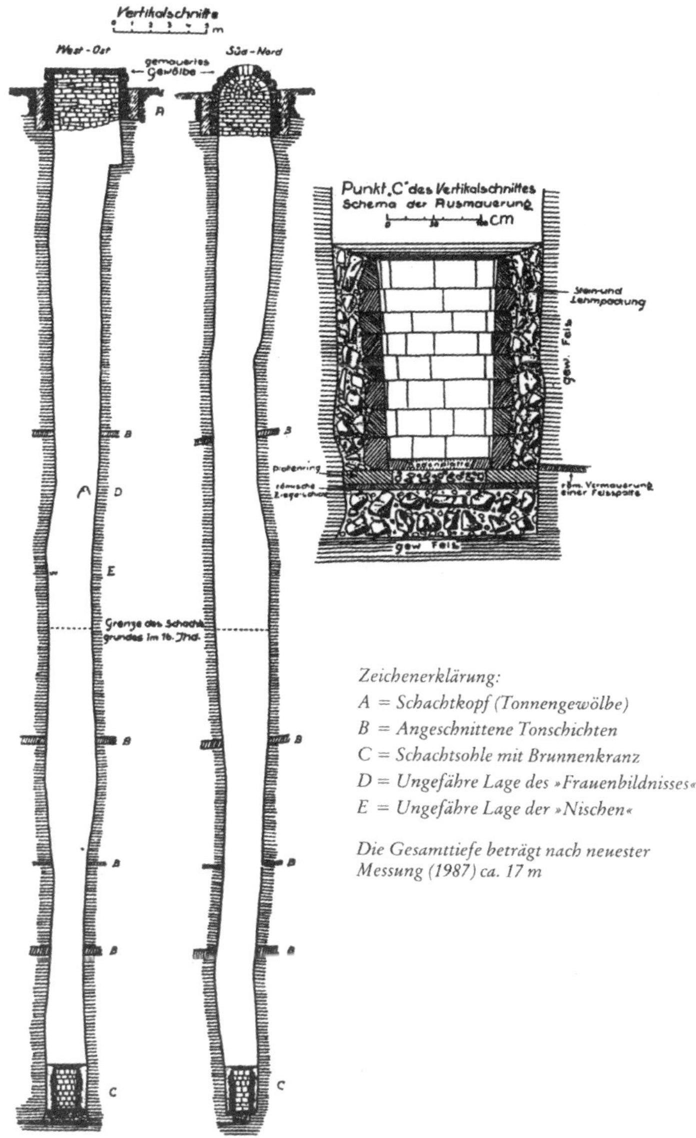

Schnitt durch den Schacht: Ritualschacht, Brunnenheiligtum, Eingang in die “Anderswelt” oder in eine Abfallgrube?

für Regenwasser eines verschwundenen byzantinischen Klosters oder der hässliche Beinkeller eines zerstörten Galgens; die schweigenden Wände sind vielleicht mit Menschenblut getränkt, voll Skelette geschüttet oder vom Sabbattanz betäubt worden, der um die Gruft vollführt wurde; und nun ist es ein finsteres Loch, in das der Mond heute einen bleichen Strahl und eine alte Frau ein dunkles Wort wirft" (Moers-Messmer 1987: 89).

Unergründliche Tiefe der Wirklichkeit

Im Dämmerlicht kühler, feuchter Brunnenstuben – hölzerner oder gemauerter fensterloser Verschläge über dem Quell- oder Brunnenzugang –, in das nur ein schmaler Lichtschein durch die geöffnete Türe drang, wähnte man sich nicht mehr „im Draußen". Erst musste sich das Auge an die Dunkelheit gewöhnen. Oft drangen ungewöhnliche und kaum definierbare Geräusche von unten. Gurgelte oder gluckste es nicht? Jeder Tropfen Kondenswasser, der von irgendwoher hinunterklatschte, verursachte einen unheimlichen Hall, der aus dem gähnenden Schlund nach oben drang. Es ließ einen wirklich leicht schaudern in solcher Atmosphäre.

Brunnen bieten eine symbolische Pforte oder einen Übergang zwischen dem Licht des Tages und der Finsternis der Nacht. Eingänge in diese Unterwelt als grundlose Tiefe und Tor zur Unendlichkeit umwob Volksphantasie mit einem zauberhaften Netz aus Relikten vorchristlicher Vorstellungen, angereichert mit mittelalterlichen Schreckgespinsten der Hölle. Gemäß unseren Sagen versammeln sich dort nächtens Truden, Hexen und Heiden, tummeln sich lichtscheue Geister und chtonische Ungeheuer. Lindwürmer, seegrünberockte Erdmännli und düstere Wesen mit Pferdefuß lauern in diesem schicksalhaften Grenzbereich gierig auf Beute. Smaragdgrüne Wasserfeen schlingen in unbedachten Augenblicken ihre glitschigen Arme wie saugende Tentakel um uns, ziehen und

Abstieg zur Sophienquelle, Rosenthal-Bielatal, Sächsische Schweiz; sie einst Teil der Kaltwasserheilanstalt Schweizermühle © Wandern-Sächsische-Schweiz.de

drücken uns hinab in die Bodenlosigkeit. Aber auch hilfreiche Tiere der Großen Göttin Natur hausen am Grund des Wassers. Doch selbst sie jagen uns eine „Gänsehaut" über den Nacken: Gänse hörte man schon unten schnattern, Enten und Hühner gackern, Forellen pfeifen, Schlangen zischen … In Ried bei Petersbrunn nahe München grub man einen Brunnen so tief, dass die Arbeiter den Hahn krähen hörten. Offensichtlich wähnte man sich auf der anderen Seite der Erde. Der Eschersbrunnen im schlesischen Kreutzendorf aber war so grundlos und unergründlich, dass er sich nicht mehr zuschütten ließ (Bächtold-Stäubli 1929/30: II, 1679 f.).

Jahreszeitliche Feiern am Brunnen

Am symbolischen Eingang wie Austritt zur Welt der schöpferischen Prozesse und Neugeburten war auch der richtige Platz, daran teilzuhaben und sich direkt via Nachvollzug in solche Vorgänge

Chtonische Schlangen mit gierig geöffnetem Schlund neben dem Dorfbrunnen unterhalb von Burg Hanstein, Thüringen. Ein Eimer hängt am wahrhaft teuflischen Haken. Foto: C. Zerling

hinein zu begeben. Wer sich aber bewusst in den Fluss des Lebens stellte, konnte zum Mitschöpfer werden. Im magischen Naturbild spielten dabei die zyklischen Feste im Jahreskreislauf eine wesentliche Rolle. Sie spiegelten die Große Ordnung der Natur. Wenn sie aus der Bahn zu gleiten drohte, schien der Weltuntergang nah. So erwuchsen aus ursprünglich magischen Ritualen eine Fülle von Brauchtümern, die junges oder sich verabschiedendes Leben sinnreich begleiteten.

Petri Stuhlfeier am 22. Februar blieb im Norden Europas lange der Termin des Frühlingsbeginns, an dem regional auch das Gesinde wechselte. Seit dem 4. Jahrhundert ist dieses Fest nachweisbar, mit dem die christliche Kirche das sehr volkstümliche und fröhliche Fest der antiken Caristia ersetzte. An dieses schloss sich im alten Rom das neuntägige Totenfest der Parentalia an. Reste einer Totenfeier und Speisungen der Toten erhielten sich ebenfalls bis in christliche Zeit. An Petri Stuhlfeier erwachten die Quellen zu neuem Leben, und „es erklang in ihnen ein eigentümliches Klingen und Brausen" (Bächtold-Stäubli 1934/35: VI, 1532). Regional tanzten die Kinder dreimal um jeden Brunnen, um dann als Opfergeste Obstscheiben, andere Früchte oder Münzen hinein zu werfen. Mancher Orts suchten Heranwachsende oder Einsame an den Quellen sehnsüchtig den Spruch eines Liebesorakels.

Zu Beginn eines neuen Zeitabschnitts wie Neujahr, Sommer- und Wintersonnenwende, der Tag-und-Nachtgleichen, an Fasnacht, Ostern oder zu Pfingsten sollte fließendes Wasser von Quellen oder Brunnen höchste magische Qualität aufweisen. Gerade dort, wo es unmittelbar aus dem Schoß der mütterlichen Erde quillt, liefert es besonders heilkräftiges Wasser, mitunter sogar mit Wunsch erfüllenden Eigenschaften. Wer genau zu Mitternacht oder bei Sonnenaufgang schöpfte, in feierlicher Stille oder unter beschwörendem Gebet,

Osterbrunnen am Florianiplatz in Bad Reichenhall mit 5000 ausgeblasenen und von Hand bemalten Eiern. Foto: B. Aigmüller

vermochte die Qualität vor Ort noch anzureichern. Wer echt „stilles" statt „Plapper-Wasser" mit nach Hause tragen wollte, beachtete auf dem Hin- und Rückweg keinerlei Anrede oder Gruß. Wallfahrer hatten manche Quellen oder Brunnen an solchen Terminen dreimal, sechs-, neun- oder zwölfmal im Sonnenlauf gemessen zu umschreiten oder mit dem Pferd zu umreiten. Oft beteten die Pilger drei Vaterunser dabei und nahmen den Mund dreimal voll Wasser (Bächtold-Stäubli 1929/30: II, 1683). An Ostern, dem christlichen Frühlingsbeginn, entwickelte sich ein besonders tief verwurzelter Kult um das Wasser und seine Brunnen.

Osterwasser, im Dunkeln geschöpft

„Im Dunkel der Nacht [des Ostermorgens] brechen die frommen Seelen auf von Eckfeld und Gilenfeld, von Manderscheid und Pantenburg und von noch weiter her … Sie alle wollen Osterwasser schöpfen aus dem Quell, der neben der Kirchtür unter uralten Buchen quillt. Es ist heiliges Wasser. Wer bei den ersten Strahlen der Ostersonne schöpft und trinkt, dem rinnt ein neuer Lebensquell durch Mark und Bein. Sie schöpfen mit der hohlen Hand, sie schöpfen auch in Krügen und bringen es mit heim; der Priester in der kleinen Kirche nimmt das Entgeld und spricht den Segen." So berichtet die Eifelschriftstellerin Clara Viebig (1860 – 1952) in ihrer 1914 erschienenen Erzählung vom Osterquell im ehemaligen Benediktinerkloster Buchholz.

Als Osterwasser wird in der katholischen Kirche das gesegnete Taufwasser, aber auch das österliche Wunderwasser bezeichnet. Mit einem Segensgebet, das an die heilsgeschichtliche Bedeutung des Wassers erinnert, taucht der Priester die geweihte Osterkerze als Symbol Christi und des Heiligen Geistes dreimal in das Tauf- oder Weihwasser. Mit Krügen oder Flaschen stehen die Gläubigen bereit, schöpfen das geweihte Wasser, tragen es nach Hause, gießen damit die Obstbäume und füllen die Weihwasserbecken. Solche kleinen Behälter schützten früher in jedem Zimmer Hab und Gut, Mensch und Tier, Leib und Seele, und waren meist nahe dem Lichtschalter angebracht. Zur doppelten Absicherung steckte meine Mutter noch einen Zweig geweihten Buchs hinter die Schale.

Ostern richtet sich als bewegliches Fest nach dem Mond und fällt auf den ersten Sonntag nach Vollmond nach dem Frühjahrsäquinoktium. An diesem Termin kulminiere alle Kraft von fließenden Quellen, klaren Bächen und Brunnen, überliefert die Volksweisheit. Wasser, „vor Sonnenaufgang stromabwärts und stillschweigend am Ostertag geschöpft, verdirbt nicht, verjüngt, heilt Ausschläge und kräftigt das Vieh" (Friedreich 1859: 7). Tatsächlich habe sich im Vergleich von Kristallproben aus einer Quelle im Elsass beim „Osterwasser" gegenüber anderen Terminen eine wesentlich bessere Wasserqualität gezeigt (Schulz 2003: 118 f.). Lohnt es sich also doch, im Morgengrauen am Festsonntag aufzustehen und natürliches Quellwasser aufzusuchen?

Reinigung, Schutz und Frevel: Am Brunnen pulsiert das Leben

Alle Sinnbilder des Lebens und für Schutz des Lebens verbinden sich mit dem Motiv der Reinigung. Sie heilen, beugen dem Tod vor, desinfizieren vor den Einflüssen einer scheinbar bösen, bedrohlichen, zerstörerischen oder zumindest zwielichtigen Unterwelt.

Unter dicker Lade gesichert warten Schöpflöffel und geweihtes Wasser; Kirche Maria Saal im Kärntner Zollfeld. Foto: C. Zerling

Reinigung ermöglicht zugleich Erneuerung und Neubeginn. Einst gehörten noch Frühjahrskuren mit purgierendem Kräutergemüse zum selbstverständlichen Bestandteil der eigenen Gesundheitsvorsorge. Erhalten hat sich bei mancher Hausfrau ein Frühjahrsputz als generalisierende Maßnahme gegen Staub und andere Eindringlinge in ihre Haushaltsordnung.

Als ursprünglich wichtigster und existentieller Teil einer Siedlung erforderten Quellfassungen und Brunnen ohnehin, für ihren Schutz und ihre Reinhaltung zu sorgen. Zu Ostern, wenn der Frühling die Brunnen vom Eis befreit hatte, feierte man rauschende Brunnenfeste im Rahmen der „Brunnenfege". Eigentlicher Termin für die Reinigung von Brunnen und Wasserlauf des Dorfes samt Putzen der Schöpfgeräte war aber gewöhnlich Pfingstsamstag. Meist oblag es den unverheirateten Mädchen, allen Schlamm und Dreck zu entfernen. Bis zum Sonnenaufgang musste die Arbeit getan sein. Hinterher schmückten sie die Brunnen mit frischen Kränzen, Bändern und seidenen Tüchern, sangen und tanzten um sie herum (Wuttke 1925: § 12, 608). Regional legten sie eine mit Eiern und anderen Fruchtbarkeitssymbolen garnierte Girlande um den Brunnenrand, steckten Lampen oder Kerzen in nahe Bäume und zündeten sie an. Besaß ein Dorf mehrere Wasserspender, so zog das „Reinigungspersonal" von Brunnen zu Brunnen und bat unterwegs vor den Häusern um Gebäck und Semmeln. Vielerorts gehörte es sich aber ohnehin, die reinigende Jugend hinterher zu bewirten.

Kein Mann und keine „Gefallene“ durfte allerdings zugegen sein, wenn die Mädchen der Dörfer Svetica bei Duschnik, Rucka bei Draheliz und Kelta bei Auhoniz (heute Tschechien) die Brunnen unter Gebet und Gesang reinigten, sollte der Wasserreichtum selbst in trockenen Jahren nicht ausgehen. Die strikte Abwesenheit des männlichen Geschlechts unter Drohung des Versiegens der Wasserquellen könnte auch darauf beruhen, dass diese kultische Handlung ursprünglich die Nacktheit der Mädchen forderte (Weinhold 1999: 25). Jenseits der Donau von Tulln im niederösterreichischen Waldviertel wählten die Dörfer bei Dürre drei Jungfrauen aus, die drei um den Ort liegende Quellen vom Schlamm befreien mussten. Bis um 1700 geschah dies tatsächlich noch in völliger Nacktheit, wobei allerdings ein „altes Weib“ wie ein Wachhund aufpasste, dass sich kein lüsternes Mannsbild im Gebüsch versteckt hielt. „Nachher“ – zumindest irgendwann nachher – „hat’s dann immer geregnet“ (Lukan 1996: 131).

An den gefahrvollen Tagen von Übergangszeiten, wie an den Sonnenwenden, aber auch bei Sonnen- und Mondfinsternissen und in den zwölf Raunächten, sicherten schwere Platten die Brunnen ab. In manchen Gegenden warf man in der Christnacht Feuerbrände, Stahl oder Feuerstein in den Brunnen zum Schutz vor Hexen und Blitzeinschlag, oder ließ ein nacktes junges Mädchen ins Wasser hinab (Wuttke 1925: § 68, 78). In Mecklenburg schoss ein Jäger mit einem Gewehr in den Schacht, um unholde Wassergeister zu verscheuchen.

Bei Strafe war es verboten, in öffentliche Trinkquellen oder – brunnen hinein zu spucken, hinein zu pinkeln oder Steine hinein zu werfen. Absichtliche Brunnenverunreinigung oder gar – vergiftung gehörten allerdings im dörflichen Kleinkrieg unter Nachbarn zu üblichen Kampfmaßnahmen. Abgewiesener Landstreicher und Bettler rächten sich wohl gelegentlich ebenfalls mit solcher Tücke (Rein 1912: 9). Mit manchen Quellgeistern konnte man es sich auf ewig verderben, ließ man Tiere im Born baden oder warf tote Tiere hinein. Der Gesundbrunnen bei Dünschenberg (Mecklenburg) hatte den Ärzten einen solch geschäftlichen Abbruch getan, dass sie einen Schäfer zwangen, seinen Hund hineinzuwerfen; da hörte die konkurrierende Heilkraft endlich auf (Bächthold-Stäubli 1929/30: II, 1673, 1681 f.).

Erhardibrunnen an der Erhardikirche unterhalb des Nonnberges, Salzburg; 1688 gefertigt, stand er im Ruf, heilsames Wasser zu liefern. Erhard, ein französischer Heiliger, soll bei seinen Klostergründungen stets erfolgreich auch wasserreiche Brunnen ergraben haben. Foto: C. Zerling

Blumen für Frau Holle

Bereits 1267 wird die Karsthöhle am 80 Fuß hohen Kalksteinfelsen, dem Hohlstein, nahe Hilgershausen, an der von Großalmerode nach Allendorf führenden Straße, als *Holenstein* oder *Hollenstein* erwähnt. Gleich hinter dem Eingang öffnet sich ein etwa 40 m langer, ca. 21 m breiter und 8-12 m hoher Raum. Im vorderen Bereich liegt ein kleiner

Quellteich, dessen klares, kaltes Wasser im Ruf stand, Wünsche zu erfüllen. Außerhalb der Höhle, fast zugewachsen, trotzt ein zweiter Tümpel dem Verlandungsprozess: der Hexen- oder Nixenteich.

In der Mainacht oder am Weihnachtsabend badeten einst junge Frauen in der Höhle, wenn sie ein Kind erhofften. Wenn sie sich aber in der Osternacht schweigend zwischen elf und zwölf in dem Höhlenwasser wuschen, behielten sie noch lange ihre jugendliche Frische und Schönheit. Doch verlangte Frau Holle, Herrin dieser Gewässer, offensichtlich ein Blumenopfer. „Alljährlich am zweiten Ostertage gehen die Burschen und Mädchen von Hilgershausen und Kammerbach hierher, steigen in die Höhle, legen einen Strauß von Frühlingsblumen als Opfer hinein, trinken von dem klaren Wasser des Teiches und nehmen mit Krügen für die Ihrigen davon mit nach Hause. Schon hat die Sitte sehr nachgelassen, denn früher wurde das Blumenopfer für so heilig gehalten, dass sich, auch zu anderer Zeit, ohne ein solches niemand hinabgewagt hätte“ erzählt Otto Werner (o. J.: 97).

Als wir im Mai 2005 den Ort besuchten, stieg gerade eine Mutter mit Kind aus der Höhle und leitete ihren Nachwuchs an, vor dem Stein am Eingang einen selbst gepflückten Frühlingsstrauß abzulegen.

Clemens Zerling

Blumenopfer vor dem Eingang der Kammerbacher Höhle. Foto: C. Zerling

Anfahrt zur Kammerbacher Höhle:
A 4, zwischen Kassel und Göttingen, Abfahrt Werratal auf der B 80 in Richtung Eschwege, Abzweig B 27 bis Bad Sooden-Allendorf, rechts abbiegen bis Kammerbach; von dort in Richtung Hilgershausen. Die Höhle liegt rechts neben der Straße in einer Kurve. Ein Holzschild weist auf den „Parkplatz Hohlstein“. Taschenlampe nicht vergessen!

Opfer an brodelnder Quelle und ungebärdiger Strömung

Alte und moderne Beschwichtigung von Gefahren flutenden Wassers

„In Westfahlen, nahe der Stadt Lüdge, in der Paderborner Diözese, ist auch eine Quelle, die der Hyllige Born [*fons sacer*] genannt wird", berichtete der Dominikanermönch Heinrich von Herford († 1370) von dem heutigen Bad Pyrmont. „Daselbst ist noch eine andere Quelle, die der Brodelbrunnen [*fons bulliens*] heißt. Dieser ist ziemlich quadratisch, von vier Seiten gleich, jede Ecke 12 Fuß lang, und der Grund unten ist blass-rötlich. Es fließt nichts hinein noch heraus, aber es brodelt darin unablässig. Und so laut, dass man es auf Armbrustschussweite hören kann." Im Jahre 1789 behauptete ein J. Kühn, der Brodelbrunnen mit seiner „ausnehmenden Gewalt" sei bis auf 50 Schritte hörbar, wobei seine Geräuschkulisse einer „kochenden Bratpfanne" gleiche (Teegen 1999: 7, 9).

Durch Verwerfungen und Erdverschiebungen dringen im Pyrmonter Tal, unterstützt durch tiefenvulkanische Kohlensäure, 15 Mineralquellen an die Oberfläche. Sie sorgen für den Wohlstand der sich mondän gebenden Badestadt und sind seit 1854 unter Schutz gestellt. Schon 1556/57 eilte die Kunde von ihnen und ihrer Heilkraft wie ein Lauffeuer durch die Lande, wurde sie doch auch in einen Zusammenhang mit dem Auftreten eines Kometen gebracht. Er scheint in jenen Jahren, nach zwischenzeitlicher Versiegung, erneut entsprungen zu sein. Etwa 10.000 Menschen aus ganz Europa strömten herbei, um die wundertätige Quelle zu erleben (Lilge 1992: 54 ff.). Wilhelm Raabe widmete diesem sog. „Pyrmonter Wundergeleuft" (Wundergeläuf) 1862 seine Erzählung Der heilige Born.

Ein Opferhort am Quellgrund, im Wurzelwerk einer mächtigen Linde

Im Jahre 1863, nach dem Ende der Kursaison, beschloss die Pyrmonter Verwaltung, ihr Bad zu sanieren und die Hauptquelle neu einzufassen. Dazu leitete der berühmte Geologe und Quellenspezialist Rudolf Ludwig den Brodelbrunnen ab. Er konnte dabei nicht nur dessen Quelle in der Tiefe verfolgen, sondern noch zwei weitere ehemalige Quellen entdecken. Umgesunkene mächtige Linden und Laub hatten sie aber längst verstopft. In einer Tiefe von knapp vier Meter stießen die Arbeiter dann auf einen sensationellen Depotfund. Es scheint sich um etwa 320 metallene Fundstücke gehandelt zu haben. Davon sind 253 bekannt und 228 noch vorhanden: zumeist Broschen (Fibeln), runde Gürtelschnallen (Ringfibeln), drei römische Münzen, eine prachtvolle und emaillierte Schöpfkelle. Sämtliche Fundstücke lagen in einer dicken Torf- und Moosschicht an den Wurzeln eines der Lindenbäume und müssen in einem Zeitrahmen zwischen Christi Geburt und 400 oder 450 n. Chr. geopfert worden sein. Für den Opfercharakter spricht auch ihre Gleichartigkeit. Ihre Herstellungsherkunft weist in das römische Rheinland, das Niederelbegebiet (Altmark bis Mecklenburg) und nach Böhmen. Zwei hölzerne Schöpfgefäße, die sich erhielten, könnten ebenfalls einem kultischen Zweck gedient haben.

An der Stelle des heutigen Kurzentrums von Pyrmont dürfte der Hyllige Born zur Zeit der Opfertätigkeit noch nicht gesprudelt haben, aber der Brodelborn. Ob der allerdings bereits in kaiserlich-römischer Zeit geräuschvoll brodelte, bleibt ungewiss, liegt jedoch nahe. Dann muss sein ungewöhnliches Tosen die machtvolle Stimme einer Gottheit assoziiert haben, vielleicht die von Donar oder Thor, dem germanischen Donnergott.

Fibelfund von Pyrmont, Stadtmuseum im Schloss Pyrmont

Auf jeden Fall sprudelten im lichten Wald neben dem Brodelborn zwei weitere Quellen und schufen einen sumpfigen Untergrund. Niemand scheint hier in die Natur eingegriffen zu haben, denn die sorgfältigen Untersuchungen von 1863 brachten umgestürzte Bäume und ihre Stümpfe zu Tage. Dazwischen wucherte Feuchtigkeit liebende Unterholzvegetation. In Quellnähe dürfte das stark eisenhaltige Wasser rostbraune Ablagerungen gebildet haben (Quellocker), schon in menschlicher Frühzeit ein Farbsymbol für Blut, Leben und Lebenskraft. Anlagen, Bauten und Kultbilder wurden nicht gefunden. Als Mittelpunkt des Hains muss die damals mehr etwa 200 Jahre alte, wuchtige Hauptlinde verehrt worden sein, unter der die Opfernden ihre Gaben ablegten. Sie warfen sie also nicht in den Quellgrund. Doch könnte das Wasser unter der Linde ein kleines Becken ausgespült haben, das die Opfer aufnahm.

Was geschah an diesem Ort? Tranken hier die Besucher aus kultischen Gefäßen heilendes Wasser? Pilgerten sie mit bestimmten Anliegen hierher, boten der Gottheit des Ortes dafür mit den emaillierten und hölzernen Schöpfkellen ein Trankopfer an oder opferten sie, wie die frühen Römer, den Nymphen Wasser und Milch? Besprengten sie Wurzeln und Stamm des Baumes, in Analogie zum Yggdrasil-Mythos,

Über dem Quellgebiet des Hylligen Born befindet sich seit ca. 1600 der „Brunnentempel“. Ansicht des Brunnenplatzes mit Trinkbrunnen im Brunnentempel und davor liegendem Badebrunnen, Kupferstich von 1784.

um das Rad des Schicksals positiv zu beeinflussen? Oder übergossen ansässige Priester oder Priesterinnen im Heiligtum Pilger und Gegenstände mit heiligem Wasser, das sie schützen und bewahren sollte?

Von der Schulter gleitend seh' ich dich entschwinden

Gasaustritt an der Quelle des „Brodelbrunnens“ muss den ungewöhnlichen und heiligen Charakter des Ortes verstärkt haben. Ob man bereits die medizinischen Wirkungen des Quellwassers erkannte und nutzte, bleibt ungewiss. Da die Fibeln vorrangig Frauengewänder assoziieren, kursierte schon die Theorie eines prähistorischen „Frauenbades“. Oder gehörten die Fibeln zur Ausstattung von Priesterinnengewändern? Im Brunnen des Vesta-Tempels von Rom fanden sich 13 Fibeln, die als Opfer der Tempelpriesterinnen gedeutet werden und mit oder ohne den dazu gehörigen Schleier versenkt wurden. Von wem die Pyrmonter Gewandnadeln auch immer stammen mögen: Vielleicht legten Opfernde sie tatsächlich mit der Kleidung ab, und der Verwesungsprozess ließ nur das Metall übrig. Allerdings warfen auf der Insel Wright im Frühmittelalter noch frisch vermählte Paare nur ihre Sicherheitsnadeln in einen Brunnen. Es sollte Fruchtbarkeit und Glück bringen (Teegen 1999: 349, 381).

Über dem Brodelbrunnen, etwas südöstlich des Brunnentempels, erhebt sich eine gläserne Pyramide, unter der die gezähmte Quelle „schäumend kristallklare Wellen von höchst angenehm rein-säuerlichen Geschmack empor wirft“.

Bei einer fast 500 Jahre währenden Kontinuität an diesem Ort drängt sich sogar die Vermutung einer ständigen Priesterschaft auf, vielleicht sogar eines Orakels. Gerade der Brodelbrunnen könnte als göttliche Stimme Weissagungen geliefert haben. Römische und fränkische Quellen erwähnten eine Reihe wohl überregional bekannte Seherinnen zwischen Rhein und Weser, die in Wassernähe lebten und orakelten. Jedenfalls animierten die Pyrmonter Funde Romantiker, Heimatforscher und Poeten. Um 1930 veröffentlichte die Pyrmonter Zeitung die in Verse geschmiedete Schau des Heimatdichters Carl Friedrich Hauck:

Kleine schön gezierte Nadel,
Lag auf dir das warme Blau
Eines Auges Seelenadel
Einer blonden deutschen Frau?
Löste sie sich sonder Zaudern
Von der Schulter zartem Rot,
Weihte dich in frommen Schaudern
Einem göttlichen Gebot?
Gleitend seh' ich dich entschwinden
In der Quelle heil'gem Schaum.
In dem Wurzelwerk der Linden
Schlieffst du einen langen Traum. ...

Im germanischen Kulturkreis könnte das Heiligtum in Pyrmont durchaus eine zentrale Stellung und Funktion eingenommen haben. Die relativ hohe Fundzahl und geographische Verbreitung der Opfergaben verraten zumindest eine Bedeutung über das Weserland hinaus. Es lag in der frühen Kaiserzeit mit einiger Sicherheit im Einflussbereich der germanischen Cherusker. Vielleicht geht auf sie der Beginn der Opfertätigkeit an den Pyrmonter Quellen zurück. Ab dem 5. Jahrhundert siedeln erste Sachsen im Pyrmonter Raum.

Wolf-Rüdiger Teegen schließt in seiner wissenschaftlichen Studie zum Quellopferfund von Bad Pyrmont nicht aus, dass es sich hier um den lang gesuchten Ort handeln könnte, den Tacitus erwähnte (Teegen 1999: 354, 378): Rechts der Weser, im Gebiet der Cherusker, liege ein dem Hercules (Donar) geweihter Heiliger Wald, berichtete der römische Historiker in seinen ANNALEN (II, 12). Dort versammelten sich im Jahre 16 verbündete germanische Stämme und brachten vor der Schlacht mit den Römern ihre Opfer.

Als der Hyllige Born zur Mitte des 16. Jahrhunderts neu sprudelte, entdeckten Anhänger rasch, dass er nun besondere Heilkräfte aufwies. Es zog eine Reihe von Ärzten an, die diesem Phänomen auf den Grund gehen wollten. So urteilte Jacobus Theodorus Tabernaemontanus (um 1522 – 1590), ein berühmter Arzt, Apotheker und Professor für Medizin: Das Pyrmonter Wasser enthalte „Ocher und Bergprats, rothes Operment oder Feuerschwefel oder Rauschprals, Vitriol und Alaun“. Bei äußerem Gebrach helfe es gegen Verstopfung der Leber und Milz, gegen Wassersucht, Geschwülste, Geschwüre, Fisteln, Krebs, Hautkrankheiten, Gebärmutterleiden u. a. m. Sein Zeitgenosse, Doktor Johann Jakob Huggelius, hielt es heilsam bei Überbeinen und anderen Gewächsen, Gelbsucht, Gicht, Podagra, Augenleiden, Taubheit, Stummheit, sogar bei Besessenheit (Lilge 1992: 55 f.). Ein gleichzeitig einsetzender katholischer Wallfahrtsdrang dorthin, das sog. Wundergeläuf, brachte für die Pyrmonter Grafschaft, die gerade (1551) die Reformation eingeführt hatte, aber eher in religionspolitische Nöte. Nicht nur, dass an einer Linde am Brunnen wohl plumpe Holzkrücken und Stangen baumelten, die Lahme nach offensichtlicher Heilung dort als Dank oder Opfer zurückgelassen hatten. Zu allem Überfluss muss wohl zwischenzeitlich ein katholisches Kirchlein in Brunnennähe entstanden sein, deren Reste 1680 noch zu sehen waren – eine wachsend unhaltbare Situation in einem protestantischen Lande (Lilge 1992: 55 f.).

Die weitere Geschichte wollen wir nicht verfolgen. Pyrmont gedieh jedenfalls in den nächsten Jahrhunderten zu einem mondänen Staatsbad. Bis heute besitzen seine Heilquellen, nachweislich aufgrund regelmäßig durchgeführten chemischen Analysen und mikrobiologischen Untersuchungen, „hervorragende Qualität".

„Man verspürt, dass hier Göttliches haust"

In der antiken Welt genossen alle rinnenden Gewässer eine mitunter überschwängliche Verehrung, besonders ihre Quellursprünge. Gewöhnlich sprudelten sie ja auch an idyllischen Orten, die selbst in sengender Hitze noch schattige Kühle verbreiteten. So dichtete der Römer Ovid (43 v. – ca. 17 n. Chr.) in seinen Amores (III, 1–4):

Uralt und von der Axt seit Jahr und Tag nicht gelichtet
Ragt da ein Hain. Man verspürt, dass hier Göttliches haust.
Mitten darin ein heiliger Quell, eine Grotte von Tropfstein,
Und von überall her klagen die Vögel so süß.

In Rom zählte der große, bärtige Fontus (fons = Quelle) zu den ältesten einheimischen Göttern der Italiker. Gewöhnlich trägt er einen Schilfstängel wie ein Szepter in der rechten Hand. Jährlich am 13.

Liebliches Treiben am Wasserfall, Zeichnung von 1924, unbekannter Künstler

Oktober feierte man ihm zu Ehren das allgemeine Quellenfest, Fontinalia genannt. An diesem Tag wanden die Römer Kränze und Blumen um die Brunnen oder warfen sie samt Münzen in die Quellen. In Fons oder Fontus verehrten sie aber nicht einen einzelnen Quellgott, „sondern den Inbegriff aller Quellen, der namenlosen, wie derjenigen, die einen individuellen Kult besaßen" (Muthmann 1975: 26).

Als Töchter des Fons repräsentierten das *numen* der Quelle die Lymphae: Kräfte der Geburt, Fruchtbarkeit, Gesundheit, Weisheit und Inspiration in der unsichtbaren Natur. Sie verschmolzen mit der Zeit mit den aus griechischem Kulturkreis stammenden Nymphae und traten meist in der Mehrzahl auf. In ihre unmittelbare Nähe rückte die Göttin Diana.

In Mittelitalien wurde die vielleicht ursprünglich etruskische Iuturna als ausgesprochene Quellgöttin an den Iuturna-Quellen verehrt. Am Stiftungstag (11. Januar) ihres „Staatstempels" auf dem Marsfeld nahe der städtischen Wasserleitung feierten alle diejenigen, die im Bauhandwerk mit Wasser zu tun hatten. Aus dieser Quelle schöpften die Priester das Wasser für alle staatlichen Opferriten (Ovid: Fasti, I, 463 f.). Iuturna zur Seite stand Feronia, in Aquileia als Quellgöttin bekannt, in Rom Göttin eines Staatskultes, der über Ackerbau, Getreideernte und von daher über Gewässer sowie Quellen wachte (Tölle 1990: 15).

Äußerte sich die Liebe und Verehrung der alten Griechen zu den Quellen vor allem in Literatur und Dichtung, manifestierte sie sich bei den Römern zudem auf künstlerischem Gebiet, in Architektur und Zeremonial. So forderte die Quelle Petronia, über die der Weg führte, wenn ein Magistratsbeamter sich vom Capitol aus nach dem Marsfelde in die Vollversammlung begeben wollte, jedes Mal ein Auspicium (Vogelschau-Orakel, in diesem Falle hieß es *peremnia*). Ohne diesen „Aufmerksamkeitserweis" durfte er das Wasser nicht überschreiten (Friedreich 1859: 19). An manchen Quellen entwickelten sich beliebte regionale Kulte. Bei starkem Zulauf konnten mit den

Sakrallandschaft. Kupferstich nach einem pompejanischen Wandbild, unbekannter Künstler

Opferspenden, wie später an christlichen Wallfahrtsorten, Tempelchen erbaut werden oder gar prunkvollere Architektur. Vor allem in der Spätzeit des Römischen Reiches entstanden um bedeutende Quellen und Brunnen künstlerisch gestaltete Sakrallandschaften, manche mit verspielten Wasserkünsten, wie wir sie heute noch in Villenparks aus der Renaissance bewundern können. Architektenvater Vitruv forderte sogar, alle Tempel „in gesunder Lage" bei einer Quelle zu erbauen (Muthmann 1975: 31). An Stellen, an denen einst eine Quelle sprudelte, dann aber versiegte, stellte man oft Kennzeichen auf, um die Erinnerung wach zu halten.

Von dieser verfeinerten Quellverehrung drangen Einzelheiten nach Mitteleuropa und beeinflussten die Naturreligiosität von Kelten und Germanen. Eine römische Sage weiß aber noch, dass schon der Heros Herkules die jährlichen Menschenopfer an den sich oft ungebärdig gebenden Tiber durch Binsenpuppen ersetzt habe. An jedem 15. Mai warfen Vestalinnen 24 solcher Binsenmänner in den Fluss (Weinhold 1999: 31). Das klingt, als lägen solche Praktiken weit zurück und gehörten einer mythischen Urzeit an. In Wirklichkeit verschwanden zwar Menschenopfer seit dem 2. Jahrhundert v. Chr. mehr und mehr aus öffentlichen Kulten. Doch ließen sie sich im römischen Volk auf dem Lande noch bis ins 2. Jahrhundert n. Chr. nachweisen (Davies 1981: 48 ff.).

Kultschächte und Opferbrunnen: archaische Kulte nördlich der Alpen

Im Grauen vor der Macht und dem scheinbar kaum nachvollziehbaren Lauf des Schicksals suchte der Mensch bereits früh nach Möglichkeiten, die dafür als zuständig geltenden Unterweltgötter günstig zu stimmen. Seit der jüngeren Steinzeit lässt sich Quellverehrung durch gegenständliche Opferniederlegungen in Europa nachweisen. Wer das persönliche Wohlwollen der Götter suchte, opferte am besten das Wertvollste, was seine Habe hergab: darunter Metall und Beutegut. Ausgrabungen förderten aus Quellen und Brunneneinfassungen Wagen, Räder und Pferdegeschirr, Werkzeuge und Waffen, Helme, Schmuck, vor allem Spiralringe, Haarzöpfe und Tongefäße zu Tage. Meist waren sie bewusst beschädigt: Halsringe zerbrochen, Wagen zerlegt, Schwerter verbogen. Es minderte den Anreiz für Diebe und doch hatte man das Gelübde erfüllt. Wer aber seine Waffe hergab, lieferte sich ganz der Gottheit aus. Gelegentlich fanden sich auch kleine Idole und beachtlich viele Münzen, die ja oft Götter oder deren Attribute abbildeten. Aber auch plumpe Falschmünzen entdeckten die Archäologen, die dem Besitzer mit Sicherheit als Fälschungen klar gewesen sein müssen – ein bigotter Betrug? Bis heute werfen Menschen gern Münzen in Brunnen, Schächte oder Taufbecken. Oft handelte es sich vor der Umstellung auf die Euro-Währung dabei um wertlos gewordenes Kleingeld aus dem Urlaub in Nachbarländern.

Keltische Stämme pflegten wohl eine besonders intensive Beziehung zu den Gottheiten der Tiefe. In den letzten Jahrzehnten entdeckte man in Südfrankreich und im süddeutschen Raum bis nach Böhmen eine Fülle keltischer Kultschächte, die von einem halben Meter bis in ansehnliche Tiefen reichten, mit Brunnenfunktion oder als reine Opfergrube. In den zahlreichen Viereckschanzen, deren Vielfalt ihre Bestimmung oft im Unklaren lässt, scheinen solche Schächte neben Brunnen obligatorisch gewesen zu sein (Demandt 2002: 39 f.). Auf zumeist sorgfältige Weise deponierte man an ihrem Grund neben den üblichen Weihegaben auch Speise, Tiere und Reste von offensichtlichen Kultmahlen. Gallorömische Schachtanlagen bargen auffällig häufig Terrakotta-Statuetten von Muttergottheiten. In etwa 30% gallischer Brunnenschächte fanden sich zudem verbrannte oder unverbrannte menschliche Knochen, die an Menschenopfer denken lassen (Haffner 1995: 38–41).

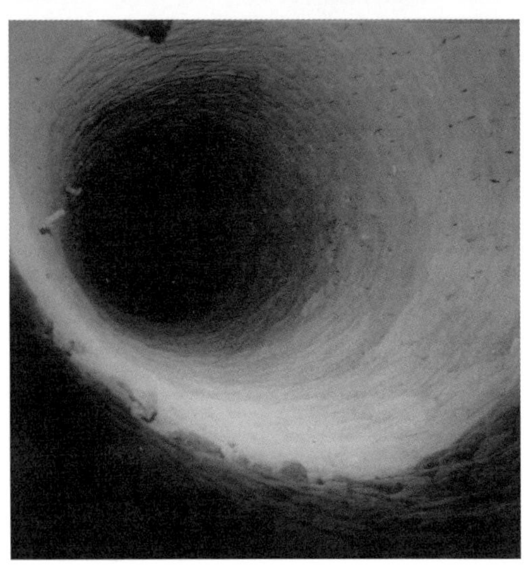

Zugang ins Unergründliche, Brunnen im Kloster Sponheim, Hunsrück.
Foto: C. Zerling

Gellendes Lachen aus der Tiefe kündet die Forderung nach einem Opfer an

Menschenopfer sind also bezeugt, aber selten an Quellen. In aller Regel gehörten sie zu den beschwichtigenden Gaben an die ihren Tribut fordernden Gottheiten der reißenden Ströme mit ihren Strudeln, der Flussmündungen, tiefen Seen und weglosen Moore. Unsere Märchen und Sagen wissen noch davon.

Gellendes Lachen oder schrilles Pfeifen eines Nix kündet die Zeit an, wann er sein Opfer fordert. Gelegentlich locken unwiderstehlich dumpfe Rufe aus der Tiefe, aber auch hell klingendes Glockengeläut. Weiß verschleierte Mumen tauchen huldvoll oder herrisch heranwinkend aus den Wellen. Jüngere Fischer und Wassertierjäger werden eher von dürftig oder gar nicht bekleideten Undinen unwiderstehlich angezogen. Frivol einladend neigen sie den Kopf … Dann stürzen sich die Kerle, plötzlich von Todessehnsucht oder Lebensüberdruss überwältigt, in die gurgelnde Tiefe. Manche Seen fordern jährlich ein Opfer, begnügen sich aber auch mit Nachbildungen, verlangen allerdings wohl stete Anerkennung ihres Rechtsanspruchs. Wenn regional noch der Pflingstl oder Pfingslümmel als

Ein bayerischer Pfingstlümmel wird ins Wasser gezerrt, aus: Das Buch für Alle, 1893

Vegetationsdämon oder der personifizierte Fasching als Strohpuppe an Aschermittwoch in den Fluss oder Brunnen geworfen wird, erinnern solche Bräuche an alte Frühlingsopfer.

Nach der Sommersonnenwende verlängern sich die Nächte mit jedem Tag, und in glühbirnenloser Zeit brach zu Mittsommer die Herrschaft der Dunkelheit an, mit all ihren begleitenden Gefahren. Johannes der Täufer wachte als Schutzpatron über diesen gefährlichen Übergangstermin. An Johanni (23. Juni) nämlich bot die Nacht viele Wunder und Prophezeiungen, sie konnte ebenso die Schrecken der Zukunft vorwegnehmen. Fischer fuhren nicht zur See, weil diese sich dann gern ein Opfer holte, regional wagte niemand deswegen im Fluss zu baden. An Johanni beruhigte man besser das Wasser der Flüsse, Brunnen und Quellen mit „Fütterungen" von Brot, eigens dafür gebackenen Kuchen und frisch gepflückte Früchte. Wenn heute Menschen Enten mit angetrocknetem Brot und altem Kuchen versorgen, ahnen sie wohl nicht, dass sie im Grunde einem Relikt alter Opfer an den Geist des Wassers frönen.

Magische Vorstellungen in scheinbar unverdächtig naivem Gewand

Spätestens im 5. Jahrhundert n. Chr. waren die öffentlichen Opferkulte nördlich der Alpen aufgegeben worden. Im Privaten lebten sie vereinzelt fort. Christliche Missionare und Geistliche ereiferten sich immer wieder gegen solch heidnische Bräuche an Quellen, Brunnen und Wasserläufen. Noch zu Beginn der Neuzeit zollte die ländliche Bevölkerung in abgelegenen Gebieten dem Element bei drohender Gefahr gelegentlich blutigen Tribut. Vielleicht finden diese Arten von Opfer vereinzelt und im Geheimen bis heute statt.

Zahllose heilige und Heil-Brünnlein, an denen kleine Wallfahrtskirchen entstanden und neue Kapellen entstehen, demonstrieren, dass alte Vorstellungen oft nur unter dünnem christlichem Firnis weiterleben. Im Alpenbereich opfern Frauen, wenn auch selten geworden, noch Kleidungszierde, gestickte Handarbeiten, manchmal sogar Teile ihrer Haare, meist aber Votive aus Wachs. Geschnitzte christliche Heilige oder Madonnenfigürchen haben die alten Götteridole ersetzt. Wenn unfruchtbare Frauen bis heute an dafür „zuständigen" Quellen Kerzen hinterlegen, dürfte deren phallischer Charakter einst die Auswahl des Opfers mitbestimmt haben. An manchen Quellen reicht schon ein frischer Trunk für Kindersegen. In den letzten Jahren rückte ein solcher Wunsch allerdings etwas aus dem Vordergrund.

„Himmelbrotschutzer" oder christliches Opfer an launische Flussgeister

Einst weckten Böllerschüsse an Fronleichnam bereits um vier Uhr in der Früh die Bevölkerung von Oberndorf im Lande Salzburg. Heute zieht erst um etwa sieben Uhr morgens eine Musikkapelle mit klingendem Spiel durch die Straßen. Sie führt die Schiffer an, die in festlicher Formation und mit ihren Fahnen zur Kirche marschieren, unter ihnen die vier „Himmelbrotschutzer". Vor Beginn der Messe weiht der Pfarrer vier Hostien, die er jeweils einem der Himmelbrotschutzer überreicht. In einem Schutztuch tragen diese das „himmlische Brot" feierlich zur Festzille (Schifferboot).

Nach dem Ende der Messe formiert sich die Fronleichnamsprozession der Gemeinde und marschiert zur Brücke über die Saalach, die Oberndorf und Laufen verbindet, Österreich und Bayern. Genau in der Mitte der Brücke nimmt der Pfarrer Aufstellung. Nach einem Gebet der Menge hält er jetzt die Monstranz hoch. Gleichzeitig nähert sich gemessen die Zille, und die Himmelbrotschutzer werfen (schutzen) die vier Hostien samt einem Kranz aus

Himmelbrotschutzer von Oberndorf, aus: Das Buch für Alle, 1893

Fichte in den Fluss. Während Schiff, Kranz und Hostien sanft unter der Brücke hindurch gleiten, erteilt der Pfarrer dem Wasserlauf mit der Monstranz seinen Segen.

Von einem „uralten Brauch" spricht die Schiffergarde von Oberndorf. Denn an Fronleichnam, dem höchsten Festtag der Schiffer, gedachten sie immer derjenigen, die in Ausübung ihrer gefährlichen Arbeit und als Nichtschwimmer auf der einst wilden Salzach ums Leben gekommen waren. Seitdem sich der Fluss bei Hochwasser in den letzten Jahren wieder mächtig Respekt verschafft hat, soll das Himmelsbrotschutzen als Opfer zugleich vor den Fluten schützen.

Einst oblag nur den ältesten Schifferfrauen von Oberndorf die Aufgabe des „Schutzens", berichtet eine alte Frau am Rande des Festtages im Jahre 2006. Rudern zur Flussmitte durfte diese aber nur jemand, der nachweislich nicht schwimmen konnte. Die Frauen wollten sicher gehen, bei diesem Kult nicht selbst Opfer und damit zugleich „entsorgt" zu werden.

Clemens Zerling

Wiedergeburtrituale im Markt- oder Dorfbrunnen

Metzgersprung, Zunft- und Ehefähigkeitstaufen

Im Jahre 1331 ergeht vom Rat der Stadt Erfurt das Verbot, „dass niemand zu Ostern, zu Pfingsten, noch zu einer anderen Zeit den anderen in das Wasser tragen oder werffen soll“ (Dold u.a. 1999: 203). 1483 und noch einmal 1496 versucht die Münchener Obrigkeit mit einem öffentlichen Aufruf für den Aschermittwoch sicher zu stellen, „dass man niemandt in den prunnen werff“ (Mezger 1996: 369). Was geht da vor?

Schon im 14. Jahrhundert kommt vor allem im süddeutschen und alpinen Raum die Sitte auf, an Dorf- und Stadtbrunnen, ohnehin beliebter Mittelpunkt für Feste, Spiel und Spaß, närrische Strafgerichte abzuhalten. Scheinbar gehen die Teilnehmer dabei nicht unbedingt zimperlich vor. Selbst im Rahmen der Fasnacht sind es aber nicht nur Narren oder die Narrheit (ursprünglich gleichgesetzt mit Gottesferne) selbst, die an Aschermittwoch (innerlich wie äußerlich) symbolisch ersäuft werden und zur „Hölle fahren“ sollen.

Läuterung und Erneuerung im fließenden Wasser

Okeanos, Ursprung aller Götter und für alles Leben, stellten sich die frühen Griechen als einen unaufhörlich fließenden Urstrom vor. Er umkreiste die Welt, sie mit seinem Wasser erhaltend, aber auch immer wieder auflösend. In späterer Spekulation als männlich beschrieben, gehörten zu seinen Töchtern Nereiden und Okeaniden, also die Meernymphen, aber ebenso Najaden, die Nymphen der Quellen. Für den Dichter Homer konnte ohne den „geordneten (kosmischen) Ein-Fluss“ des Okeanos nichts bestehen und „zur Fülle wachsen“. Als ältester Gott „kümmert er sich jedoch nicht um aktuelle Realisierungen

Okeanos. Ältere Bildnisse zeigen ihn mit Stierhörnern, um seine unwiderstehliche Wildheit zu betonen.
Römisch-Germanisches Museum, Köln

des Geschehens, mag dieses Geschehen auch von einiger Bedeutung für die Evolution sein" (Günter Dietz in SYMBOLON 1997: 35, 39). Alles erhielt durch dieses Ur-Element Belebung, Wiederbelebung und ständige Erneuerung, weil Okeanos selbst der unaufhaltsame Kreislauf war: gnädig in seiner Verteilung, ohne irgendjemanden oder irgendetwas auszuschließen; furchtbar in seiner unbeeinflussbaren Entscheidung, jedem Werden zur gegebener Zeit ein unausweichliches Ende zu setzen.

Leben und Tod können aufgrund solcher Vorstellungen nicht weit voneinander entfernt oder getrennt sein. Selbst nach materialistischer Anschauung bedingen sie einander. Quellen und Brunnen liefern als Uterussymbol seit je her einen Zugang zur Öffnung und Schwelle zwischen diesen beiden Daseinsebenen. Sie führen zugleich zu unseren verborgenen Grundlagen und Ressourcen, zu unserer wahren Natur mit all ihren Potenzen, neues Sein in die Welt zu setzen. So vermag ein Abstieg in diese Unterwelt die Bedeutung einer Fahrt „ins Jenseits aller bisherigen Erfahrungen" annehmen. Im Märchen von Frau Holle (etwa: die Verborgene) finden sich zwei Töchter einer Witwe durch einen Sprung in den Brunnen auf einer anmutigen Wiese wieder. Hier strahlt die Sonne und lässt zahllose schöne Blumen unterschiedlichster Art

Höllenbrunnen mit dem Seelen fressenden Luzifer. Kupferstich zu Dante Alighieri: Divina Commedia, Florenz 1477, Biblioteca Nazionale Florenz

blühen. Je nach Verdienst werden die Töchter mit Gold oder Pech überschüttet und wieder „auf die obere Welt" entlassen. Psychologisch betrachtet, verlässt Goldmarie im Märchen von Frau Holle mit dem Brunnensprung „ihr altes Selbst, um auf einer höheren Bewusstseinsstufe wiedergeboren zu werden" (Lurker 1990: 49).

Brunnen und Quellen haben es also „in sich", und mit einem gewagten Sprung in ihr Wasser geraten wir mitunter sogar direkt hinein in die Seelentiefe der Natur, in den Furcht erregenden Bereich ungefilterter, ungeschliffener Vitalkräfte: einem lodernden Höllenfeuer. In der Geheimen Offenbarung des Johannes „tut sich [dann] der Brunnen des Abgrunds auf". Aus ihm qualmt Rauch wie aus einem großen Ofen, und heuschreckenartige Ungeheuer krabbeln aus diesem Schreckensschlund (9, 2–3). Mittelalterlich visionäre Vorstellungen beschrieben die Hölle als Hort der verdammten Seelen durchweg als Mischung zwischen qualmendem Ofen und kochendem Brunnen. Zwischen Feuer und Wasser pendelt unser Leben, beide vermögen gleichzeitig eine Läuterung einzuleiten. Brodelnde Wasserbehältnisse als ambivalentes Motiv zwischen Verdammnis, Strafe, Reinigung und Buße wurden noch bis im 15. und 16. Jahrhundert gern in der Kunst aufgegriffen (Mezger 1996: 363). Sie haben ihre Bedeutung bis heute im Brauchtum bewahrt, obwohl sie ihr wahres Gesicht unter mancherlei Masken verborgen halten.

Mit einem kultischen Reinigungsbad vermochte und vermag der Mensch sich zu suggerieren, das Leben verändern zu wollen. Wie die Taufe bietet es eine Möglichkeit zur völligen Erneuerung. Ursprünglich verlangte dieser Ritus ein vollkommenes Untertauchen im „Lebenswasser", um eine solche Verwandlung zu vollziehen. Hinterher wechselte der Täufling seine Kleidung und zog häufig ein weißes Gewand über, Symbol wieder gewonnener Reinheit und Unschuld. „Das Eintauchen ins Wasser ist zum Symbol der Rückbildung ins Vorformale geworden, des Vergehens von alten Formen, und das Auftauchen wiederholt wiederum das kosmische Geschehen der Formwerdung" (Marianne Mathhes in Symbolon 1997: 97).

Gesellenerhebung im kalten Wasserbad: der Münchener Metzgersprung

Alle drei Jahre, am Faschingsmontag um 10 Uhr morgens, setzte sich in München ein Festzug von der „Metzgerherberge" beim „Kreuzbräu" aus in Bewegung, berichtete ein Beobachter 1893. Als erstes Ziel steuerte man die Peterskirche an, um gemeinsam am Hochamt teilzunehmen. Nach dem Segen bewegte sich der Zug weiter zur königlichen Residenz, wo eine Deputation des Metzgergewerbes dem bayerischen Prinzregenten huldigte.

Metzgersprung in München, kolorierte Lithographie um 1860

Dem Zug voran marschierte ein Musikcorps, dem zu Pferde vierzehn kleine „Metzgermeistersöhnchen" folgten, im Alter von drei bis sechs Jahren. Sie trugen die altherkömmliche Tracht mit roten Röcken, grünen Bänderhüten, schwarzen Kniehöschen und langen Sporenstiefeln. Neben ihnen zogen im Zug die „freigewordenen" Lehrlinge besondere Aufmerksamkeit auf sich, dreizehn an der Zahl, in roten Jacken und langen schwarzen Hosen.

Endgültiges Ziel des Zuges war der Rathausplatz mit dem Metzgersprungbrunnen. Während alle Beteiligten vor dem Rathaus Aufstellung nahmen, vertauschten die Lehrlinge ihre Festtagsgewänder mit einem „drolligen Aufzug" aus lose angehefteten Tierschwänzen (andere Überlieferungen sprechen von einem Lammfell, u. a. Symbol der Unschuld, aber auch der Zeit des Weidens). Ein Altgeselle mit Weinglas in der Hand begann eine langatmige Reihe von Hochrufen: auf jedes anwesende Mitglied des königlichen Hauses, die Behörden, die Stadt und die im Metzgergewerbe Beschäftigten. Danach wurden die Lehrlinge „freigesprochen". Dieser Begriff aus dem Spätmittelalter bedeutet, den Lehrling von seinen Pflichten freizusprechen und ihn zum Gesellen zu erklären.

Münchener Schäfflertanz am Rindermarkt, 2012:
Foto: Bbb, wikimedia gemeinfrei

Während der Altgeselle nun einen Korb Äpfel über den Platz schüttete, sprangen die Lehrlinge in den Brunnen und schütteten aus weißblauen Gelten über jeden eifrig Wasser, welche die Äpfel auflesen wollten. Den Abschluss des Tages krönten Festmahl, Musik und Tanz (Werner 1990: 21). Nach dem 2. Weltkrieg lebte der Brauch zunächst nicht wieder auf. Erst 1995 reaktivierte ihn die Innung.

Ursprünglich wurden die Lehrlinge bei solchen Veranstaltungen mitsamt ihrer Kleidung gepackt, unsanft in den Brunnen getaucht und von oben noch einmal mit Wasser begossen, bevor ihnen der Zunftmeister unter manch salbungsvollem Spruch den Gesellenbrief überreichte. Obwohl man das Spektakel vom ursprünglichen Aschermittwoch vorverlegte, blieb der Ursprung der Idee, nämlich am Ende der Fasnacht aller Narrheit ein Ende zu bereiten, „unterschwellig präsent“: „Mit dem Wasserbad ersäuften die Nachwuchshandwerker nämlich sinnbildlich alle Torheiten ihres vorangegangenen Junggesellendaseins“ (Mezger 1996: 371).

Mit dem Metzgersprung gehört auch der Schäfflertanz zu den ältesten Brauchtümern in der bayrischen Landeshauptstadt. Hier wie anderen Orts scheint dieses Fasnachtsgaudi aus einem Zunftbrauch hervorgegangen zu sein. Der Schefflertanz wird bis heute noch alle sieben Jahre durchgeführt. Er zählt zu den Traditionsveranstaltungen, mit denen München international um Touristen wirbt und deren Klischees von Bayern verfestigt. Auf ihrer offiziellen Webseite bietet der Fachverein der Schäffler (www.schaefflertanz.com) eine von allerdings mehreren kursierenden Ursprungsüberlieferungen an. Im Jahre 1515 habe in München einmal wieder die Pest grassiert. Niemand wagte sich mehr auf die Straße, selbst als man die Epidemie 1517 wieder in den Griff bekommen hatte. Da fasste „ein wackerer Bürger aus der Schäfflerzunft“ (auch Küfer- oder Böttcherzunft genannt) den Plan, den Bann zu brechen und die Münchener durch ein lustiges Schauspiel aufzuheitern. Alle Schäffler machten mit, und auch die Metzgerzunft schloss sich an.

„Während die von der Pest Verschonten bleich und abgemagert, vom Elend zusammengekauert, in peinlicher Furcht noch immer in verschlossenen Stuben saßen, erscholl eines Tages auf einmal fröhliche Musik in den Straßen. Alles eilte an die schon lange nicht mehr geöffneten Fenster und siehe da, die Schäffler zogen in aufgeputzten Scharen nach dem Marktplatze, wo sie mit grün belaubten Reifen einen Rundtanz aufführten. … Nachdem die Schäffler ihren Tanz beendet hatten, sprangen die Lehrlinge der Metzger in den Fischbrunnen zum Zeichen, dass die Luft und das Wasser rein seien.“

Geldbeutelwaschen am Fischbrunnen

Als Münchner „Metzgersprungbrunnen“ diente der Fischbrunnen am alten Schrannenplatz (zentraler Markt), dem heutigen Marienplatz. Hier hatten die Bürger an der Nordostecke (in alter Richtungssymbolik Sphäre von Tod und Transformation vor einem Neubeginn) einen Brunnen gebohrt, der sein Wasser über ein Rohrsystem aus den Quellen der Isar im Süden der Stadt erhielt. Er trug seinen Namen, weil früher die Fischhändler ihre lebende Ware in Körben in den Brunnen hängten.

Münchener Fischbrunnen, 1862–65 geschaffen. Zwei Metzgergesellen entleeren ihre Eimer im Brunnen. Foto: O. Raupach, wikimedia gemeinfrei

An jedem Aschermittwoch wäscht der Oberbürgermeister, häufig zusammen mit dem Stadtkämmerer, im frischen Wasser des Fischbrunnens seine leere Geldbörse. Angeblich führe sich dieser Brauch bis auf das Jahr 1426 zurück. Jedenfalls soll diese Prozedur sicherstellen, dass im nächsten Jahr die Stadtsäckel wieder gefüllt werden und gravierende Geldsorgen ausbleiben. Nach ihnen folgen die Münchener, deren Geldkatze nach den ausgiebigen Freuden des Karnevals ebenfalls dringend einer Wiederauffüllung bedarf.

Der Tag, „an dem man die größte Anzahl von Törichten in der Welt sehen kann",

ist nach dem Munderkinger Sterberegister der erste Tag der schwäbisch-alemannischen Fasnet. Hier, in diesem kleinen Städtchen an der Donauschleife, hatten sich die Bürger ihren Marktbrunnen 1570/72 als Laufbrunnen angelegt und sein Wasser vom Brunnenberg, einem mutmaßlichen Quellheiligtum aus alemannischer Zeit, über hölzerne Rinnen hergeleitet. 1935 feierten die Munderkinger 700 Jahre Brunnensprung, weil der örtliche Heimatforscher auf eine Urkunde von 1235 hingewiesen hatte, die er aber nie vorlegen konnte. Nach dieser hätten zwei Ortsadelige den Brauch aus Wien mitgebracht und in der Heimat eingeführt. Ein Eintrag in den Totenbüchern der Pfarrei St. Dionysius von Munderkingen lieferte eine verlässlichere Quelle. Dort hielt der Pfarrer 1742 geringschätzig fest, dass nach einem „schlechten, törichten und geschmacklosen Brauch" zwei Jünglinge – er spricht von Wasserschauspielern – am Aschermittwoch im Brunnen untertauchen (Dold u. a. 1999: 207).

In den Anmerkungen zu SÄMMTLICHE GEDICHTE IN REINDEUTSCHER UND SCHWÄBISCHER MUNDART, Reutlingen 1860, beschrieb der Heimatdichter Carl Borromäus Weitzmann den Vorgang: „Unter allen den uralten und wunderbarlichen Gebräuchen der Munderkinger, die

Munderkinger Brunnensprung 1932, Archiv Trommgesellenzunft Munderkingen

noch so rühmlich das Andenken der olympischen Spiele erhalten, ist das so genannte Brunnenspringen am Aschermittwoche das vorzüglichste Spektakel. Die Trommelgesellen halten an diesem Tage ihren letzten bacchanalischen Konvent. Die Trommel steht in ihrer Mitte, und der Würfel muss darauf entscheiden, wer aus ihnen der erste und dann der zweite zum Brunnenspringen bestimmt sei. Das Kostüm dieses Helden besteht in einem grünen seitwärts aufgestulpten Hute, einer breiten weißen Fätsche [Bauchbinde] um den Leib und weißen Beinkleidern. Ein stattlicher Blumenbusch, rosenrothe Armbänder, und Maschen von derselben Farbe an den Beinkleidern sind seine Zierde, und so lenkt sich der festliche Zug mit ihm unter klingendem Spiele an den Marktbrunnen, den er dreimal umkreiset, dann wird Halt gemacht, und der jauchzende Arkadier tanzt mit seiner bleiernen Phyllis drei Staatstänze, schwingt sich dann auf das Brunnengestell, auf dem er in komischer Haltung ebenfalls dreimal einen Umkreis hüpft, und bleibt endlich, sein Gesicht gegen das Rathaus gewandt, in feierlicher Attitüde stehen, trinkt mit lautem Vivat auf die Gesundheit des Kaisers, auf das Glück des weisen Magistrates und endlich auf das Wohl seines Liebchens, wirft das Glas in Luft und springt in den Brunnen, aus dem ihn, sobald er sich wieder zur Oberfläche geschwungen, zwei Pagen herausziehen.“

„Oh, dass sie es doch einsähen und sich um die letzten Dinge kümmerten!"

Im 19. Jahrhundert kam der Brauch mehrmals zum Erliegen und wurde erst ab 1930 wieder regelmäßig aufgegriffen. Doch nun verlegte man ihn auf den Fasnetsonntag oder -dienstag. Ursprünglich fand er ebenfalls an Aschermittwoch statt, also zu Beginn der Fastenzeit. Vermutlich hatten sich hier Elemente des alten Ertränkens der Narrheit und sündigen Zeit im kalten Brunnen mit dem Lossprechungsritual der Junghandwerker verbunden. Immer aber startet ein Neuanfang in einer Art Persiflierung des christlichen Sakraments der Taufe, die einem Wieder- oder Neugeburtsritual entspricht. Dann hätte der Autor der Sterberegesten unrecht, zu klagen: „Oh, dass sie es [die Narrheit] doch einsähen und sich um die letzten Dinge kümmerten!" Die Munderkinger tun es nur nicht ganz in der christlichen Wertehütern gewohnten und gemäßen Form.

„Maischer setzt an, maischt auf!" ruft der Obermaischer heute, und seine Maischgesellen bringen das eiskalte Brunnenwasser in Wallung. Die Springer, ledige junge Männer, begeben sich auf den Brunnenrand und erhalten von einer Trommelmaid einen Becher heißen Wein. Damit bringen sie ein Hoch auf, werfen die Gläser gegen das Munderkinger Stadtwappen an der Brunnensäule und springen dreimal in den Brunnen. Nach vollbrachter Tat steht ihnen von alters her das Recht zu, jedes Mädchen aus dem Kreis der Zuschauer zu küssen und mit dem eiskalten aber reinen Brunnenwasser nass zu spritzen. Hinter diesem weit verbreiteten „Spritzbrauch" könnte sich wiederum ein verballhorntes Segensritual verstecken.

Munderkinger Brunnensprung heute, Archiv Trommgesellenzunft Munderkingen

... und zappelte dabei wie ein Barsch

Alljährlicher Höhepunkt im Fachbereich Druck- und Medientechnik bildet bis heute das traditionelle Gautschfest als Abschluss nach bestandener Prüfung. Bei dieser „Freisprechungszeremonie" und „Zünftigmachen" der Buchdrucker, die aber in dieser Branche nicht vor Mitte des 19. Jahrhundert belegt ist (Oschilewski 1988: 43), wird ein Lehrling zwangsweise und meist unsanft ins Wasser getaucht. Ursprünglich bezeichnete der Begriff Gautschen das erste Auspressen der nassen Papierbahn zwischen zwei Walzen.

Auf den Ruf des „Gautschmeisters" „Packt an!" ergreifen – im quasi umgekehrten Arbeitsvorgang – zwei „Packer" den „Gäutschling" an Armen und Beinen, schleppen ihn zum Brunnen, zu einer mit Wasser gefüllten Wanne, Bütte oder zu einem Fass. Während sie versuchen, ihn hineinzuwerfen und unterzutauchen, hat das Opfer das Recht, sich tapfer zu wehren. Er tut es gewöhnlich auch verzweifelt, denn die Packer kennen kein Erbarmen. Mancherorts greifen jetzt Zuschauer und „Ehrengäutschlinge" ein. Sie begießen den Lehrling solange von oben, bis alles Wehren ohnehin sinnlos wird. Während ihm das Wasser aus Ohren, Mund und Nase trieft, hageln salbungsvolle Ratschläge und Ermahnungen auf ihn ein. Jedenfalls soll der Körper so nass werden, dass die schlechten Gewohnheiten aus der Lehrzeit quasi aufweichen und abgewaschen werden können. Zeugen (Kollegen) beurkunden das erfolgreiche Gautschen durch den

„Gautschbrief“, einer gewöhnlich humorig abgefassten Urkunde. Darin ist die Taufe „schwarz auf weiß“ festgehalten und er „freigesprochen“. Mancherorts muss der Lehrling dafür aber noch einen Freitrunk spendieren.

In vereinfachter Form wird der Täufling auf einen mit nassen Schwämmen ausgestatten „Korrigierstuhl“ gesetzt. Dem „Schwammhalter“ obliegt dabei die Aufsicht und Sorge für die gehörige Nässung des *corpus posteriorus* (Kehrseite, Po) des Gäutschlings.

In einem 1884 in Bern ausgestelltem Gautschbrief heißt es (Oschilewski 1988: 44):

Den alten Kunstgebrauch zu ehren,
Thät er sich weder sträuben noch wehren.
Erhielt die üblichen drei Stöße auf den Arsch
Und zappelte dabei wie ein Barsch.
Darauf bezahlte er blank und bar
Das altbekannte Gautschhonorar.

Gautschtaufe in Salzburg; Foto: wildbild (mit freundlicher Genehmigung)

Bräuteln, Wasserweihe für Frischvermählte oder Nachhilfe für Ehemuffel

Unter großer Beteiligung, mit deftigem Klamauk und persiflierten Ermahnungen wurden im Schwarzwald regional einst frisch Vermählte in den Brunnen geworfen. In Hohenzollern, um Sigmaringen, traf es an Silvester oder am Fasnachtsmontag die im voran gegangenen Jahre Neuvermählten. Dabei schleppten vermummte „Bräutler“ vornehmlich den Bräutigam ab und ließen ihn nach dreimaligem Umgang in den Rohrbrunnen plumpsen. „Dass die Gebräutelten in Haigerloch bei ihrem Ritt um den Brunnen [heutzutage] vor die Wahl zwischen Wasser und Wein gestellt werden, mag – so es sich nicht wie in vergleichbaren Fällen um einen schieren Strafbrauch handelt – durchaus einst bedeutet haben, einen jeden Jungverheirateten die Entscheidung für ein Leben nach dem Fleische oder nach dem Geiste abzuverlangen“ (Dold u. a. 1999: 158). In entschärfter Form tragen (bräuteln“) ledige Burschen heute nur noch frisch vermählte Ehemänner auf einer gepolsterten Stange unter schräger Musik und allerlei düsteren Androhungen um den Dorfbrunnen. Von der nassen Prozedur können die „Reiter“ sich dann freikaufen, was in aller Regel geschieht.

Bräuteln in Sigmaringen, nach einem Originalholzstich von 1891

Über die Entstehung dieses Brauchs kursieren ebenfalls unterschiedliche Mutmaßungen. Vielleicht brachten ihn wandernde Handwerksburschen als Zunfttaufe aus Bologna mit, wo er heute ebenfalls noch stattfindet. Oder wandelte das Bräuteln nur die verbreitete Sitte ab, die angehenden Gesellen und damit Heiratsfähigen grob in den Brunnen zu werfen, was im Ländchen Hohenzollern die Obrigkeit 1672 untersagt hatte? Nach anderer Überlieferung sollte dieser Spaß nach Not, unsagbarem Leid und drastischer Dezimierung durch den Dreißigjährigen Krieg wieder das Heiraten ankurbeln und damit der Bevölkerung Lust auf Leben vermitteln.

Oder liegt der Hintergrund dieses Treibens ursprünglich überhaupt in einem „Nötigungsbrauch für Unverheiratete“, der unter vielen Spielhandlungen in der Fasnacht auftaucht, wie der Volkskundler Werner Mezger vermutet? „Fasnacht galt als derjenige Zeitpunkt, an dem vor Beginn der vierzehntägigen Abstinenz noch einmal die fleischliche Begierde, die sexuelle Triebhaftigkeit zu ihrem Recht kommen durfte und sollte. Wer diese Gelegenheit nicht wahrnahm, wer in der Fasnacht – dem wie wir wissen herausragenden Heiratstermin des Jahres – ohne Sexualpartner blieb, der zog sich den im Brauch ritualisierten Spott der Öffentlichkeit zu“ (1991: 384). Und der gehörte ins alles wieder regulierende Brunnenbad.

Clemens Zerling

Geselliges Miteinander in mittelalterlichen und bäuerlichen Badestuben

Nackt wie Gott sie schuf

„Unmittelbar nach dem Schlaf, der sich häufig bis in den Tag hinein ausdehnt, waschen sich die Germanen öfter warm, da ja bei ihnen der Winter den größten Teil des Tages ausmacht. Nach dem Waschen nehmen sie dann das Frühstück ein ...“, behauptete der römische Historiker Tacitus in seiner GERMANIA (Kap. 22). Auch andere römische Autoren rühmten die intensive Reinlichkeitspflege der Germanen. Dabei liebten diese Völker auch das gemeinschaftliche Baden in Flüssen und Seen, in ungezwungener Freizügigkeit. Nahtlos gingen dabei sicherlich körperliche Säuberung und kultische Reinigung an bestimmten Tagen ineinander über. Keltische Stämme nutzten zum Baden besonders gern Heil- und heiße Quellen. Während des Mittelalters badeten in Nord- und Mitteleuropa nur Wallfahrer, Büßer und Fastende nicht (Bächtold-Stäubli 1927: I, 798). Noch lange hieß es auf dem Lande, es zieme sich nicht, am Freitag (dem alten Fastentag) zu baden.

Verdächtig heidnisches Treiben zu Mittsommer

In großen Scharen strömten bei Sonnenuntergang des Abends vor Johanni die Kölner Frauen ans Rheinufer, berichtet der Dichter Petrarca 1330 in einem Brief an Kardinal Colonna. „Das ganze Ufer war mit einer langen Reihe von Weibern bedeckt. Ich stieg auf einen Hügel, um eine bessere Aussicht zu gewinnen. Unglaublich war der Zulauf. Ein Teil der Frauen war mit wohlriechenden Kräuterranken geziert, mit zurückgeschobenem Gewande fingen Weiber und Mädchen plötzlich an, ihre weißen Arme in den Fluss zu tauchen und abzuwaschen. Dabei wechselten sie in ihrer mir unverständlichen Sprache lächelnd einige Sprüche miteinander. Man antwortete mir, dass dies ein uralter Brauch unter der weiblichen Bevölkerung Kölns sei, die in der Meinung lebt, dass alles Elend durch die an diesem Tage bei ihnen gewöhnliche Abwaschung im Flusse weggespült werde und gleich darauf alles nach Wunsche gelinge. Es sei also ein jährliches Reinigungsfest, welches von jeher mit unverbrüchlicher Pünktlichkeit gefeiert werde“ (Grimm 1875/78: I, 489 f.).

Die Hauptzeiten unserer alten Wasser-, Quell- und Brunnenkulte deckten sich mit denen antiker Kulte: neben Märzen-, Oster-, Maien-, Pfingst- und Walpurgisbädern galt vor allem der Vorabend vor Johanni als wichtigster Badetermin. Johannes, der als Einsiedler und Täufer am Jordanufer lebte, stand ohnehin mit dem fließenden und ganzheitlich heilenden Wasser in Verbindung. Im christlichen Heiligen Jahr verehrte man ihn aber zugleich als Wächter und Patron der Mittsommerzeit. Schon der Heilige Augustinus (354 – 435) hatte gegen die heidnischen und „abergläubischen Bäder“ in Quellen, Teichen und Flüssen am Vorabend zum 24. Juni gewettert (Grimm 1875/78: I, 490). Im Mittelalter versicherten Chronisten allerdings, dass in der Nacht auf Johanni Männer und Frauen – häufig nackt – in Quellen, Seen, Flüssen oder im Meer baden, und zumindest manchen Orts störe dabei „kein unzüchtiger Gedanke“ den Vorgang (Bächtold-Stäubli 1927: I, 819). Doch stand die Säuberung nicht mehr unbedingt im Vordergrund. Ein „Johannisbad“ heilte, erhielt die Gesundheit das ganze kommende Jahr über und sollte bestimmte Vorteile verschaffen, „darunter das Recht, nicht zu ertrinken“. Zudem wappnete es gegen die Gefahren, die vor allem mit der zweiten Jahreshälfte eintreten konnten, in der die Sonne sich vor der um sich greifenden Finsternis zurückzog. Noch 1854 suchte der Straßburger Kirchenkonvent gegen den „abergläubischen“ Brauch der Johannisbäder einzuschreiten (Weinhold 1999: 23).

Erst mit den Mönchen, bei denen zumindest an bestimmten Tagen Badefreuden zur Ordnung gehörten, drang auch die Tugend der Reinlichkeit wieder stärker ins allgemeine Bewusstsein. Allerdings betonte die Regel des heiligen Benedikt aus dem 6. Jahrhundert unbedingte Mäßigung darin. Junge Leute sollten besser nur selten baden. Seit dem 13. Jahrhundert unterhielten Gastwirte in jeder Stadt von einiger Bedeutung öffentliche Badstuben, vor allem für Reisende und Händler.

Aber dann brach im 14. Jahrhundert in deutschen Landen plötzlich die Badewut aus, die im 15. Jahrhundert geradezu unvorstellbare Formen annahm. Ritter wie Bürger schienen die Hälfte des Tages in Bottichen und Bassins zuzubringen, mutmaßte Joachim Fernau. „Baden hatte ja schon den Germanen viel Freude gemacht. Das lag nicht nur an ihrem Reinlichkeitsbedürfnis. Es war für sie mehr als ein Samstagsabend-Abschrubben: Fluss und See waren ein Bestandteil, eine Ergänzung ihres Sportplatzes, ihrer Vogelwiese, ihrer Dorflinde. Der Unrat witternde Bonifatius hatte dem ein Ende gemacht. … Soweit ist noch alles erklärlich. Unerklärlich aber ist es bis heute geblieben, wie im 14. Jahrhundert das Baden plötzlich eine derartige Leidenschaft werden konnte, dass weder Verelendung noch Inquisition daran irgend etwas zu ändern vermochten“ (1958: 122 f.).

Herr Jakob von Warte im Wasserbad. Miniatur aus der Manessischen Liederhandschrift, um 1320

Badelustbarkeit, ein geselliges Vergnügen

Mit heiter entspanntem Gesicht liegt der Ritter im Holzzuber und lässt sich ausschließlich von „Weibspersonen" bedienen. Reicht ihm die rechte einen Kelch mit Wein, hält die mittlere einen Blumenkranz über seinen Kopf, von dem einzelne Blüten auf seinen Körper fallen. Ganz links scheint eine dritte Maid seinen Arm zu massieren, während am Boden eine vierte mit dem Blasebalg ein Feuer entfacht, das wohl nicht nur den darüber hängenden Wasserkessel zum Kochen bringt. Verräterisch biegt ein Baum seine Äste so weit hinunter, dass die herzförmigen Blätter bald in den Zuber tunken.

Was der Künstler dieser mittelalterlichen Handschrift nur vornehm andeutet, zeigen Holzschnitte aus dem 15. und 16. Jahrhundert weniger zurückhaltend. Hier lassen es sich Männlein und Weiblein zusammen gut gehen. Im Zuber sitzen nicht nur Ehegatten beieinander und begutachten die interessanten Geschlechtsunterschiede.

So richtig setzte sich überhaupt ein Badebetrieb mit all seinen „Vergnügungen" durch, als Paracelsus (1494 – 1541) ihn für die Volksgesundheit neu entdeckte und pries. Vor allen zu festlichen Höhepunkten wie Taufe, Hochzeit und bei Frühlingsfeiern zog es die Menschen ins Bad. Schon aus wirtschaftlichen Gründen blieb es nicht ratsam, eine Badestube für Einzelne zu heizen. So konnte Baden zu einem wirklich geselligen Ereignis werden, bei dem man schwatzte, schlemmte und sich gegenüber unsittlichen Scherzen offensichtlich nicht zimperlich zeigte. Jetzt störten nur noch kirchliche Ermahnungen von der Kanzel die Flut unzüchtiger Gedanken.

Holzschnitt aus: Der schapherders Kalender, Rostock 1523

Badelustbarkeit, Hans Wertinger, Landshut 1531; als bemalte Tischplatte, Bayrisches Nationalmuseum, München

Heilige und heilkräftige Quelle in der Krypta von St. Kathrein in Bad Kleinkirchenheim. © Tourismus Bad Kleinkirchenheim

Doch auch innerhalb der Kirche positionierten manche Pfarrer den Schwerpunkt ihrer Seelsorge neu. Im heutigen Bad Kleinkirchheim, am Rande des Nationalparks Nockberge im Nordosten Kärntens, liegt idyllisch am Hang auf etwa 1100 Meter das hübsche gotische Kirchlein „St. Katharina im Bade". Sie wurde 1492 über einer, zum primitiven Bauernbad ausgebauten, heißen Heilquelle („Augenquelle") errichtet, von der seit 1437 Urkunden berichteten. Ihre kryptaähnliche Unterkirche nahm die profane Badstube vorbehaltlos auf. Einem Bericht von 1672 zufolge feierte der Pfarrer täglich zur Verstärkung der Heilkraft über den Badenden die Heilige Messe, „während Herren und Frauen sich im Bade befanden", beschreibt der örtliche Kulturwanderweg-Flyer (o. J., Hrsg.: Denkmalpflege Bad Kleinkirchheim).

Badestuben: Herbergen der Leichtigkeit

Öffentliche Badstuben waren zwar gewöhnlich in städtischem oder gemeindlichem Besitz, bewirtschaftet aber von einem Bader. Bei dem damaligen Verständnis von Reinigung reichte es nämlich nicht, im warmen oder heißen Wasser herum zu plantschen. Mit dem „zur Ader lassen“ und Schröpfen regte ein Bader den Blutkreislauf an und befreite den Leib von verdorbenen Säften und Körperdünsten. Betuchtere erhielten obendrein von drallen Bademägden Massagen, bekamen Güsse verabreicht und einiges mehr. Baderstöchter und Badersmägden haftete wie Müllerstöchtern der Ruf von Dirnen an. Als Agnes Bernauer, eine Augsburger Baderstochter, sich in den Herzogssohn und bayerischen Thronfolger verliebte, der sich auch noch heimlich mit ihr vermählte, sah dessen Vater rot. Er ließ Agnes verhaften, wegen Zauberei verurteilen und 1485 in der Donau bei Straubing ertränken – ein Stoff, wie geschaffen für Opern, Theater und Romane.

Innerhalb der Badestuben kurierten Bader auch Brüche und Verrenkungen, schoren Bart und Haar. Ihr Beruf genoss wenig Achtung und stand im Ruf von Trunksucht und Geschwätzigkeit. So hieß es in Thomas Murners (1475 – 1536) NARRENBESCHWÖRUNG:

Dein Kind wird wohl ein Baderknecht / Und tut sonst Sachen, die nicht recht?

Da die Bader vor allem die Prozedur des Aderlasses gern mit allerlei Hokuspokus und angeblich geheimen Wissen würzten, sagte man ihnen auch Unehrlichkeit nach und falschen Nimbus. Doch steckten hinter der Herabsetzung solcher Berufe, wie auch der des Henkers, Abdeckers und Totengräbers – alle hatten mit dem Tod zu tun und mit der Vorbereitung zur Bestattung – vielleicht Reste einer scheuen Tabuisierung, die wir bis weit ins Altertum zurückverfolgen können.

Bader bei der Arbeit. Titelholzschnitt zum Baderbüchlin von Jost Amman aus: Paracelsus, Wund- vnd ArtzNey Buch, Frankfurt a. M. 1565

Jedenfalls kamen die mittelalterlichen Bäder, einst Orte der Hygiene, der Entspannung, Begegnung und Kommunikation, „als Herbergen der Leichtigkeit“ in Verruf. Ganz offensichtlich sanken sie gegen Ende des 16. Jahrhunderts zu Stätten erotischer Abenteueranbahnung, ausschweifender Sinnlichkeit und Zügellosigkeit herab. Pestepidemien und sich rasant verbreitende Geschlechtskrankheiten wie Syphilis ließen bald selbst unverdrossene Kundschaft von solchen Etablissements Abstand nehmen. Weltliche Verordnungen und strenger werdendes kirchliches Einschreiten gegen allgemeine Sittenverderbnis läuteten vorübergehend geradezu eine Badeunlust ein und bereiteten dem Sündenbabel den Garaus. Mit dem Ende des Dreißigjährigen Krieges waren die meisten öffentlichen Badestuben geschlossen oder gar zerstört und wurden auch nicht wieder aufgebaut. Das Handwerk des Baders ging in dem des Barbiers auf, der allerdings auch den schlechten Leumund erbte.

Brechlbäder, die bäuerliche Sauna

Nordgermanen und Slawen hatten sich auch schon immer in Dampf-(Schwitz-)Bädern gereinigt, wobei sie erhitzte Steine mit Wasser begossen. Gleichzeitig peitschten sie sich mit Ruten, zumeist aus Birke, um den Vorgang zu unterstützen. Als die mittelalterlichen Badestuben wegen vielfältiger Ansteckung in Verruf gerieten, lösten solche Heißluftbäder sie im Alpenbereich ab, vor allem im privaten Bereich, bis auch sie im ausgehenden 18. Jahrhundert verschwanden. Gründe für ihr Abklingen und schließlich fast völliges Abkommen – zuerst in den Städten und dann auch auf dem Lande – dürften in weiteren strengen Verordnungen „wegen Verstoßes gegen die guten Sitten“ gelegen haben, die jetzt jede gemeinschaftliche Reinigung beargwöhnten. Andererseits tadelten die Behörden solche Art von Körperpflege auch als „Holzverschwendung“. Schließlich hatte die Industrialisierung überall, wo sie Fuß fasste, wahren Raubbau an der Ressource Holz betrieben, und nur selten sorgten weitsichtige Landesherren für eine nennenswerte Wiederaufforstung.

Im Alpenbereich besaßen aber noch im 20. Jahrhundert manche Höfe ihre Badstube oder ihr „Brechlbad“. Wegen Feuergefahr lagen sie abseits von den Hauptgebäuden – kleine Holzgebäude mit einem Ofen und nur einer langen, grob gezimmerten Bank als Inventar. In seiner „amtlichen Erhebung“ über das „Aussterben der Bauernbadstuben in Salzburg“ aus dem Jahre 1793 bemerkte der Salzburger

Archivdirektor Hofrat Dr. Herbert Klein: Ihre einstige Bestimmung sei bereits in seiner Zeit derart in Vergessenheit geraten, dass man schon bestritten habe, ob sie überhaupt je Badezwecken gedient hätten (Ainring 1990: 270). Selbst Freiluftmuseen sprechen bei solchen Brechl-Bädern gewöhnlich nur von ihrer Bedeutung zum Dörren und zur Vorbereitung des Flachs-Brechens. Doch schien man im Salzburger Land zumindest noch vor den hohen Feiertagen bei „fast jedem Bauern“ in dieser traditionellen Art gebadet zu haben.

Im Rauriser Tal existierten 1793 noch gut hundert solcher Einrichtungen: „Der in solchen Schwitzhütten ganz gemauerte Ofen, worauf Kieselsteine von mäßiger Größe liegen, wird stark geheizt und das Hausgesinde, männlichen und weiblichen Geschlechts separiert, bereitet sich vorher durch Branntwein und Midrität [wenig seriöse Universalmedizin] zur Ausdünstung, stellt sich ganz nackend auf die darin angebrachte Bank. Dann wird warmes Wasser auf die erhitzten Kieselsteine des Ofens gegossen, welches einen unleidentlichen Durst verursacht … endlich der Körper des Badenden in die Züchtigung genommen, mit warmem Wasser begossen und derb herabgewaschen“ (Ainring 1990: 270).

Geselliges Wildbad, Federzeichnung von Peter Flötner aus dem 16. Jahrhundert

Aber trotz Wiederherstellung der „guten Sitten" hielten sich in eher unzugänglichen Gegenden der Alpen neben privaten auch noch lange öffentliche Bauernbäder an Gesund- und Heilbrunnen. Manche mauserten sich zu beliebten Wallfahrtsstätten. Heute dienen die Gebäude in der Regel anderen Zwecken oder verwahrlosen. Aber noch immer laden natürliche Freiluft-Felswannen, die von heilendem Quellwasser ausgewaschen wurden, zum Bad ein. Einheimische munkeln, dass in der Nacht zum ersten Mai und natürlich an Johanni sich bis heute an solchen Orten „Nackerte" zum Reinigungsbad einfinden.

Karlbad an der Nockalmstraße: Auch hier ist die Zeit stehen geblieben

Auf ungefähr 1700 Meter schmiegt sich nahe an der Grenze Kärntens zum Salzburger Land, in einer Mulde am Hang des Königstuhles, der kleine Bauernhof samt Gaststätte Karlbad, ursprünglich das „Heilbad in der Kar". Seit 300 Jahren betreiben wechselnde Besitzer in den bruchsteingemauerten Kellerräumen eine Badestube, und seit dieser Zeit hat sich „dort unten" auch sicher wenig verändert. Karlbad an der Nockalmstraße, im heutigen im UNESCO Biosphärenpark Nockberge, ist das letzte bekannte alte Bauernbad Österreichs, das noch geführt wird wie schon vor Hunderten von Jahren.

Bereitwillig reicht mir die Gastwirtin in ihrer Küche den Schlüssel, als ich ihr erkläre, ich möchte ins „Allerheiligste", um das alpine „Kurbad" in einem Buch vorzustellen. Vor dem Hauseingang führt eine Stiege zum Kellergeschoß hinab. Als ich die Türe öffne, schlägt mir feucht-kühle Luft entgegen. Wasser plätschert, dessen Geräusch sich mit dem des dicht am Haus von der steilen Höhe herabdonnernden Baches mischt, der gerade mächtig angeschwollen daherrauscht. Die offene Türe und ein kleines Fenster lassen genug Licht herein, um im ersten Raum vier urige, wannenartig hölzerne Tröge zu erkennen,

Jahrhundertalte Wannen aus Lärche im wahrhaft urigen „Karlbad“. Foto: C. Zerling

die fast zur Gänze mit Brettern abgedeckt sind. Auf einem steht noch ein Maßkrug, halbgefüllt mit Wasser. Vorsichtig versuche ich zu dem anschließenden Raum zu gelangen und stehe bald in knöchelhohem Wasser. Im Raum entspringt nämlich munter eine Quelle, und über altertümlich anmutende Grander rinnt ebenfalls Wasser von außen in den Raum, um die Tröge zu füllen, die längst überlaufen.

In „aller Herrgottsfrüh“ entfacht der Bademeister neben der Badestube in einem riesigen offenen Ofenraum mit gewichtigen Holzplanken einen „Scheiterhaufen“. Darin schmoren kugelige Bachsteine bei annährend 800–1000°. Mit einer Heugabel hebt er die fast glühenden Klumpen aus der Glut und in einem Molter (Holztragerl aus Zirbe) wuchtet er sie vorm Bauch in den Keller. Es zischt mächtig, wenn sie in das kalte Quellwasser der Lärchenholztröge plumpsen. Dort zerplatzen sie und geben Mineralstoffe ab. Wenn die Wassertemperatur in den Wannen auf etwa 40° Celsius angestiegen ist, fischt der Bademeister die Kiesel wieder heraus. Gegen 8 Uhr ruft er lautstark „boooadn“ zum Obergeschoß hinauf, wo die Kurgäste

Foto: Joadl, wikimedia gemeinfrei

logieren. Diese müssen übrigens in Kauf nehmen, dass es im ganzen bäuerlichen Anwesen keinerlei Elektrizität gibt. Selbst Handys verschaffen in diesem engen Kar keine Verbindung zur Außenwelt.

Mit einem Bademantel bekleidet klettern die Badegäste die über Jahrhunderte ausgetretenen Stiegen hinab, betreten das Gelass und suchen sich im dichten Dampf zu orientieren. Mitunter etwas unbeholfen steigen sie dann in die grob gezimmerten Wannen, oft unter Stöhnen oder direkten Schmerzenslauten. Liegen sie im kochend heißen Wasser „bequem", werden die massiven Bretter auf den Trögen so dicht verkantet, dass möglichst wenig von dem heilsamen Dampf entweichen kann. Ein kleines Loch für den Kopf bleibt offen. Es reicht auch noch gerade, um mit der Hand an den Wasserkrug zu gelangen, der in der Nähe postiert ist. Je nach Laune und Kondition beträgt die Badezeit 30 – 60 Minuten. Bewährt hat sich diese Bade- und Trinkkur besonders bei Gicht, Unterleibsbeschwerden, Hautkrankheiten, Nervenschwäche, Verdauungsproblemen und Gefühlen von Einsamkeit. Insgesamt 14 Badetröge sorgen nämlich noch immer für Möglichkeiten ungezwungener fröhlicher Geselligkeit, haben sich darin Liegende an die Hitze gewöhnt.

Clemens Zerling

Heilbäder: Jungbrunnen für Körper, Seele und Geist

Bad Orb, vom Heiligen Quell über den Gesundbrunnen zum Kurort

Wegen seiner Salzquellen war das im Spessart gelegene und von großen Wäldern umgebene Orber Tal schon früh bewohnt. Steinwerkzeuge, die 1936 und 1965 gefunden wurden, belegen die Anwesenheit von Menschen seit der Jungsteinzeit. Zuerst lebten in der Gegend Kelten. Sie verehrten alle Quellen als sichtbare Erfahrung mit dem Ursprung der Schöpfung. In ihren Mythen lebten dort holde und unholde Götter, Riesen (der Naturkräfte) und mitunter echte Monster (Gefahren durch überbordende Naturgewalten des Wassers). Höchste Verehrung genossen Salzquellen. Gerade die Ursprungskulturen der Kelten in den Zentralalpen (Hallstatt, Dürrnberg bei Hallein, Reichenhall) verbinden sich eng mit der Suche nach und der Förderung von Salz. Protektoren drangen in unwegsamste Gegenden vor, um neue Salzquellen aufzuspüren, Salzhändler bereisten schon um 800 v. Chr. Nord-, Ost- und Südeuropa (Demandt 2002: 33). Salz ließ sich vielfach verwenden und verschaffte vielfachen Reichtum. Manche Forscher vermuten, dass die Kelten, die unter diesem Namen um 500 v. Chr. erstmalig von sich reden machten, durch eine gesellschaftliche Revolution in die Geschichte eintraten: Dabei entmachteten sie wohl ihren Adel und vergesellschafteten die reichlich fließenden Erträge durch Förderung von Bodenschätzen, von Kunst- und Werkzeugherstellung sowie vom Fernhandel.

Geschenk der Erdgöttin

Auf dem Happesküppel westlich von Orb – auch Handlungsort einer Sage, die Adelbert von Herrlein aufgezeichnet hat – ist seit langem eine keltische Ringwallanlage bekannt. 2006 fanden dort neue

Ausgrabungen statt, die zu Wallrekonstruktionen geführt haben. Helga Koch, Bad Orber Heimatforscherin und Stadtarchivarin, fand dort eine wunderbar fein gearbeitete Spinnwirtel, die auf eine hohe lokale Kultur schließen lässt. Man darf davon ausgehen, dass die Orber Quellen zum Einflussgebiet der keltischen Bewohner gehörten, ähnlich wie auch der Keltenfürst vom Glauberg die Nauheimer Quellen beherrschte.

Im 4. Jahrhundert v. Chr. wurden die im Orber Tal lebenden Kelten von den Germanen nach Westen abgedrängt. Ihren Platz nahm der Stamm der germanischen Chatten ein. Bis zur Christianisierung der Chatten durch Bonifatius im 8. Jahrhundert kam den Salzquellen aber weiterhin göttliche Verehrung zuteil. Das Wasser von Quellen sahen auch unsere germanischen Vorfahren als Geschenk der Erdgöttin an. In Quellen vermutete man den Aufenthalt übernatürlicher, mütterlich nährender Kräfte. Besonders salzhaltige Quellen galten als Eintrittsorte in die Anderswelt, in das Reich der Geister und Ahnen.

Neben dem Heiligen steht meist, ebenso wichtig, das Nützliche. Salz war neben dem Räuchern die einzige Konservierungsmethode für Fleisch, deshalb entschied Salz über das Überleben. (Sprichwort mit drohendem Ton: „Du hast se noch bei mir im Salz liegen!“)

Eine Sage, die in Orb erzählt wird, zollt in dem, was sie vom Wilden Jäger berichtet, dem germanischen Gott Wotan Tribut, der nach dem alten Glauben im Herbststurm über die Wipfel der Wälder reitet. Er bestraft Waldfrevler und Wilddiebe. In anderen Sagen beschützen göttliche und magische Mächte die Frauen, selbst dann, wenn sie als zänkisch und böse geschildert werden. Diese ungewöhnliche Stellung und Achtung der Frau erklärt vielleicht, weshalb es in Orb nie zu Hexenanklagen und Hexenprozessen gekommen ist.

Zwar wissen die Orber den heiligen Martin zu schätzen, den Schutzheiligen der Stadt, insgeheim sympathisieren sie aber mit einem in der Zeit des 30-jährigen Krieges berüchtigten Räuber und Wilderer, Peter von Orb. Erst im 18. Jahrhundert wurde er zu einem der vom Volk sehr gefürchteten Räuber. Wilderer dagegen galten als Wohltäter, denn häufigerer Abschuss schützte Äcker und Wiesen der Bauern, deren Probleme den Adel als Besitzer der Jagdrechte selten interessierte. Am Eingang in die Altstadt haben sie Peter von Orb ein Denkmal gesetzt samt der Füchsin, die ihm einmal, als er zu todbringender Turmhaft verurteilt war, das Leben rettete; pikanterweise direkt vor der Raiffeisenbank. Mit dem Namen des Räubers schmücken sich heute ein Busunternehmen und eine Theatergruppe.

Der Märchenerzähler Ulrich Freund zu den Hintergründen der Sage: „Der Fuchs ist in vielen Sagen das Wandlungstier der Hexe (vgl. die Sage vom Fuchstanz im Taunus, wo in der Nacht vom 30. April zum 1. Mai, in der Walpurgisnacht, die Hexen in Gestalt von Füchsen tanzen). So mag auch in Peters zahmem Fuchs eine Hexe stecken, die ihm gefügig war und ihn aus dem Turm herausgezaubert hat."

Räuber und Wilddiebe gab es Ende des 18. und am Anfang des 19. Jahrhunderts noch überall im Spessart. Der Dichter Wilhelm Hauff verlieh ihnen mit seiner Erzählung vom „Wirtshaus im Spessart" edle Züge. Noch im 19. Jahrhundert befand es die bayerisch-königliche Regierung für nötig, eine Abteilung

Peter von Orb und eines seiner Opfer. Foto: Wolfgang Bauer

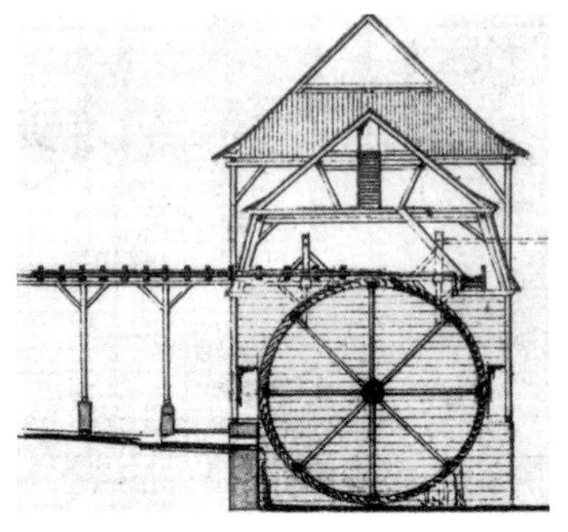

Radstube eines Orber Gradierwerks. Mit Hilfe solcher Wasserräder wurde die Sole auf 12 Meter Höhe gehoben (nach Schulze-Seeger)

Infanterie nach Orb zu legen, um dem Wildfrevel der Bevölkerung entgegenzutreten. Ein „Jägerskreuz“ erinnert noch heute an den Mord an einem Förster. Zum verträumten Wasserschloss Mespelbrunn, 1958 Drehort für die berühmte Verfilmung des „Wirtshaus im Spessart“ mit Carlos Thompson und Lieselotte Pulver, ist es nicht weit. Fahrten zum Schloss mit den romantischen Türmen, Erkern, Kuppeln, Bögen und Brücken gehören zum Standardprogramm der Reisebüros.

Salz, Krieg, Pest und Sole

Historische Persönlichkeiten wie der römische Kaiser Caracalla oder Kaiser Karl der Große, die auf der nahe gelegenen alten Birkenhainer Straße, die von Gemünden nach Hanau führt, vorbeizogen, beachteten die Gemarkung Orb und ihre Bewohner nicht. Unerwünschten Besuch erhielten die Orber aber im Dreißigjährigen Krieg. Von 1634 an bis zum Jahr 1650 erlitt die Stadt mehrfach Plünderungen. Geld, Vieh und anderes Hab und Gut wurde den Einwohnern abgepresst. Viele Menschen wurden getötet. Zu den marodierenden Truppen gesellte sich 1635 noch die Pest. Die Stadt starb bis auf 150 Personen aus. Die Leichen von 900 Einwohnern mussten auf einem Acker (als Pestacker bekannt) außerhalb der Stadt im Leimbachtal begraben werden, weil der Friedhof überfüllt war.

Im Freiluftinhalatorium im Kurpark von Bad Orb entsteht ein heilendes Mikroklima. Foto: Wolfgang Bauer

Orb ernährte über die Jahrhunderte eine beträchtliche Zahl von Ritterfamilien, die Burgen, einträgliche Güter und Ländereien unterhielten und ihr Geschlecht auf graue Vorzeiten zurückführten. Diesen Rittern kamen einflussreiche Ämter und viele Privilegien zu: Hutrechte und zum Teil auch die Befreiung von jeder Steuer „auf ewige Zeit“; andererseits waren sie Steuereinnehmer für die Mainzer Kurfürsten. Die Namen könnten einem Fantasyroman entnommen sein. Da tummelten sich die Herren von Fischborn, die Junker Faulhaber und die Ritter von Milchling. Die Junker Faulhaber starben 1609 aus, nachdem der letzte Sprössling der Familie, ein Mädchen, tragisch von Schäferhunden zerrissen worden war. Alte Urkunden des 14. Jahrhunderts berichten von Mord und Totschlag zwischen verfeindeten Familien. Auch die Namen mancher adligen Frauen klingen assoziationsträchtig. Wer säße schon gern mit der Füchsin von Kandenberg oder der Wölfin von Spanheim zu Tisch oder möchte gar das Bett mit ihnen teilen?

Metertiefe Rückstände, wie sie bei der Gewinnung von Salz aus Sole unter Einsatz beträchtlicher Mengen von Holz entstehen, die so genannte „schwarze Erde“, weisen auf eine konsequent betriebene Salzgewinnung schon in vorgeschichtlichen Zeiten hin. Urkundliche Erwähnung der Saline Orb findet sich in einer Schenkungsurkunde Kaiser

Die Ludwigsquelle in Bad Orb.
Foto: Wolfgang Bauer

Heinrich des IV. an Erzbischof Siegfried im Jahre 1064. Die Orber Sudanlage mit elf Salinen und einer Gesamtlänge von 2.050 Metern war bis 1899 in Betrieb. Ab 1767 hatte man in den Gradierwerken anstelle von Stroh oder Birkenreisern die effektiveren Schwarzdornzweige benutzt. Die Sole rieselte über die Reisigwände, wurde durch die Verdunstung eingedickt und von Mineralien gereinigt. Besitz und Ertrag der Salzsiedehäuser teilten sich Landesherr, Adel, Orden und Klöster. Auch die Orber Pfarrei und die in der Kirche an den Altären verehrten Heiligen besaßen Anteile an der Saline. Dem heiligen Andreas kamen ebenso wie dem heiligen Nikolaus, der heiligen Barbara und der heiligen Katharina je drei Brunnenteile zu, dem heiligen Laurentius zwei Brunnenteile.

Ein 1806 erbautes Gradierwerk hat sich als Technikdenkmal im Kurpark erhalten, 150 Meter lang, 12 Meter breit und 8 Meter hoch. Es dient jetzt als Freiluftinhalatorium und wird im Frühjahr gern von Menschen besucht, die den Winter über an einer hartnäckigen Bronchitis gelitten haben. Die Salzkristalle in der Luft und die Verdunstungskühle bilden ein Klima ähnlich dem an einem Meeresstrand.

Bachmüller / Wassermüller

Müller galten einerseits als Träger eines unehrlichen Berufs, andererseits genossen sie als mutmaßliche Zauberer und Hexenmeister geheime Verehrung. Ihre Nähe zur dämonischen Kornmutter und zu den unheimlichen Wassermännern und –frauen stattete sie mit magischer und heilkünstlerischer Potenz aus. Müller waren Eingeweihte in alte vorchristliche Künste und Praktiken. Wer, so glaubte man, in dem Wasser badete, das vom Mühlrad abspringt, dem sprangen alle Übel vom Leib. Die Mühlen, meist einsam außerhalb des Ortes gelegen, hielt man für den Aufenthaltsort böser Geister. Die Mühle war eine Stätte der Wandlung und Initiation. Das Korn wurde hier auf geheimnisvolle Weise in Mehl verwandelt. Das Knarren der Mühle deutete man als das grimmige Knurren eines unsichtbaren Tieres. Mehlstaubexplosionen, deren Ursache man sich früher nicht erklären konnte, schufen eine Verbindung zum Teufel, der hier seine höllischen Spiele trieb. In Mühlen verkehrten unehrliche Leute, Vaganten, Schausteller, Musikanten, freie Frauen. Mühlen waren auch Freistätten für flüchtige Räuber und Verbrecher.

Viel besuchtes Mühlchen am Quellbach an der Küppelsmühle. Foto: Wolfgang Bauer

Hexenhäuschen an der Küppelsmühlenquelle. Foto: Wolfgang Bauer

Der Name „Orb“ leitet sich ab von „Orbaha“. „Aha“ bedeutet im Althochdeutschen „Wasser“. „Orb“ stellt möglicherweise einen keltischen Namen dar, den der Bach trug, der durch den Ort fließt. Die Orb erhält ihr Wasser von dem nie versiegenden Kaiserborn 1 ¼ Stunden Gehzeit von der Stadt entfernt. Mit Wasser, süßem wie salzigem, ist Orb reich gesegnet.

In der Küppelsmühlenquelle besitzt Orb eine zweite starke, nie versiegende Quelle mit einem sehr weichen Wasser, die 50 m oberhalb der historischen Küppelsmühle (heute Teil einer Reha-Klinik) entspringt und ehemals das Rad dieser Mühle trieb. Ein kleines Mühlchen, um 1920 von dem Müller und Zimmermann Heinrich Geiss am Quellbach errichtet, ist ein Anziehungspunkt für Kinder und Kurgäste. Gebannt schauen sie auf ein Fenster des Mühlchens. Da – klapp – das Fenster öffnet sich ganz, ganz langsam. Der Müller erscheint, verbeugt sich und – klapp – schließt sich das Fenster auch schon wieder. Weitere Quellen entspringen im Leimbachtal und an der Haselruh am Marktberg. Der Haselbach trieb einmal vier Mühlen mit seinem Wasser. Seit 1899 eine Wasserleitung gebaut wurde, versorgen die Leimbachquelle und vor allem der Kaiserborn die Orber mit Trinkwasser.

Eine Stadt wird Bad

Im Sommer 1837 eröffnete der Apotheker Franz Leopold Koch eine „Solebadeanstalt". Da es an standesgemäßen Unterkünften fehlte, blieb die Zahl der Kurgäste gering. Bis zum Tod von Koch im Jahr 1860 überstieg sie nie die Zahl von 200. Erst als der Kunstmaler Müller, der das Bad 1859 gekauft hatte, ein Logierhaus für Gäste bauen ließ, erhöhte sich die Zahl der Benutzer. 1898 errichtete Heinrich Freund, der Besitzer der Küppelsmühle, eine Kaltwasserheilanstalt, die aber nicht lange Bestand hatte, da die im Wasser befindliche Kohlensäure immer wieder die eisernen Zuleitungsrohre zerstörte. Deshalb sprach Freund gegenüber seinen Verwandten nur noch von der „Wasserheulanstalt". Die Verwandlung der alten Salzsiederstadt Orb 1909 in das staatlich anerkannte Bad Orb war – dank dieser Pioniere – nur eine Frage der Zeit. Positiv ausgewirkt hatte sich auch die Errichtung eines Kurparks 1907 durch den Frankfurter Gartenbauer Siesmayer im Stile eines englischen Landschaftsgartens. Siesmayer hatte nicht vergessen, im Park auch einen romantischen Schwanenweiher anzulegen.

Der wichtigste Gesundbrunnen für den Kurort ist die Philippsquelle am Quellenring. Sie trägt ihren Namen nach dem Kurfürsten Philipp Karl Herr von und zu Eltz-Kempenich. 40 Meter vom Philipps-Brunnentempel entfernt – an der Stadtmauer gelegen – befindet sich der Brunnentempel der zweiten Mineralquelle. Benannt ist sie nach dem Mainzer Kurfürsten Ludwig, Pfalzgraf und Fürst von Neuburg. Beide Quellen sind kochsalzhaltig. Ihnen werden Heilwirkungen bei Erkrankungen des Bewegungsapparates zugeschrieben, aber auch bei Neurodermitis. Eine dritte Quelle (Martin) mit Glaubersalz wanderte bis in das Autal ab.

Der heilige Martin erhält einen Kelch mit Heilwasser. Archiv: Ulrich Freund

Auf einer alten Abbildung sieht man den heiligen Martin zu Pferd. Der Mann, dem er sich zuwendet, ähnelt mehr einem Druiden denn einem Bettler. Wissend reicht er dem Heiligen einen Kelch mit dem Orber Heilwasser.

Kurschatten *(männl./weibl.)*

Tritt, unabhängig vom Wetter, ausschließlich bei Kuren auf und wirft regelmäßig Schatten auf Gemüt und Familienleben. Erkennbar ist der Kurschatten schon nach ein paar Tagen Abstinenz an Schweißausbrüchen beim Anblick einer bestimmten Person, Erröten und Appetitlosigkeit. In der Anfangsphase befleißigt sich der Befallene krampfhafter Geheimhaltung, was aber lediglich zu wilden Gerüchten führt.

Kurort-Apothekenmuseum, Bad Schwalbach

Nach dem 2. Weltkrieg hatte Bad Orb seine Blüte. Badereisen waren gefragt und wurden problemlos von den Krankenkassen finanziert. Meine Mutter und all meine Tanten suchten wenigstens einmal im Jahr Orb für einen Urlaub oder zur Kur auf. Während meine Mutter sich bei Bauern im Leimbachtal ein Zimmer gemietet hatte und abends Anteil am Abendessen hatte, residierte meine Tante Dunzebach, eine in der Familie als Witwe eines Bahninspektors hoch geachtete Person, standesgemäß für Wochen im damals mondänen Hotel „Madstein“ direkt am Kurpark. Sie empfing uns im Café des Hotels. Ich bekam ein Stück Schwarzwälder Kirschtorte und danach einen Eisbecher spendiert. Meine Mutter plauderte derweil bei einer Tasse Hag über dies und das. Zum Abschied drückte mir die Tante noch ein Fünfmarkstück in die Hand, für das ich in den nächsten Tagen Hefte mit den Abenteuern des U-Bootkapitäns Rolf Toring am Bahnhofskiosk erstand.

Mit seinem Wildpark, einem Naturschwimmbad ohne jegliche chemische Zusätze, dem schönen alten Stadtkern mit vielen alten Fachwerkhäusern und vielen lauschigen Waldgaststätten ist Orb bis heute ein attraktives Wochenendziel für die Einwohner Frankfurts. Orb war nie ein mondänes Weltbad wie Bad Homburg, sondern präsentierte sich als Stadt mit Tradition, Herz und Charme und Genüssen, die für jedermann inklusive seinem Kurschatten erschwinglich waren. Ein Kaffee im beliebten Café „Sprudel“, ein Handkäse mit einem Glas unverwechselbar guten Apfelwein der traditionsreichen Kelterei Prehler oder ein Abendessen im beliebten Jagdhaus Haselruh. Würde sich der Kurschatten nicht „wie von selbst“ einstellen, würde so mancher Badearzt ihn per Rezept verordnen. Weiß er doch aus langer Erfahrung, dass die Beziehung zum Kurschatten sich positiv auf die Psyche und damit auf das körperliche Befinden auswirkt. Schon in der Antike gehörte der Kurschatten zum geschätzten Ambiente der Badeorte.

Besuch beim Froschkönig

An einem sonnigen Tag im März spaziere ich die vier Kilometer durch ein traumhaft schönes Waldtal zur Haselquelle. Mich begleitet Nicole, eine junge Frau aus den USA. Wir sind Gäste bei Ulrich Freund, Hypnotherapeut und Märchenerzähler, der für die jährliche Tagung der Milton Erickson Gesellschaft für klinische Hypnose (diesmal unter dem Motto „Hypnose und Märchen") das Beiprogramm organisiert. Kennen gelernt haben Nicole und ich uns beim Stühletragen und beim Aufbau der Dekoration, die aus vielen Figuren aus der großen Froschkönigsammlung des Märchenerzählers besteht, der 1999 auch eine Tagung der Europäischen Märchengesellschaft über den Froschkönig ermöglicht hatte. „Ich hoffe", sage ich, „dass wir den echten Froschkönig in der Quelle finden." „Oh", sagt Nicole, „ich könnte ihn mit meinem silbernen Froschring rufen. Ich habe ihn von meiner Großmutter geschenkt bekommen. Sie hat all ihren Enkelinnen einen solchen Ring geschenkt, sobald sie 13 Jahre alt waren."

Orb wirbt mit dem Froschkönig als Imagebringer.
Illustration von Hermann Vogel (1894)

Frosch, Froschkönig

In Verbindung mit dem Urwasser konnte sich in Froschgestalt ein um alle Abgründe und alles Künftige wissender Brunnengeist verbergen. Froschköpfige Geister der Wassertiefe, der germanische Mimir oder der aztekische Mam, personifizierten die im Unterbewusstsein archivierten kollektiven Erfahrungen, die dem Mond zugeordnet sind. Im weltweit bekannten Märchenmotiv vom Froschkönig lauert der Frosch bereits auf der Kante des Brunnens. Als der spielenden Prinzessin ihre Kugel (symbolisch: goldene Zeit der Kindheit) in diesen Brunnen plumpst, bietet der Frosch an, sie wieder heraufzuholen. Als Entgelt verlangt er allerdings verwegene Vertraulichkeiten bis hin zum Schlaf im gemeinsamen Bett. Der Frosch, der sich später als fescher Prinz entpuppt, ermöglicht dem Mädchen (symbolisch: „ein versiegelter Brunnen") das Aufbrechen des Eros und die Wandlung zur reifen Frau.

Ich erzähle von meinen Urlauben in Orb als Junge. Schmerzlich in Erinnerung geblieben ist mir ein Sturz in einen Stacheldrahtzaun. Am Bein entstand eine klaffende Wunde, die genäht werden musste. Die Narbe spüre ich bis heute, wenn das Wetter umschlägt. Nicole erzählt von einem Erlebnis bei ihrem Großvater, dem berühmten Hypnosearzt Milton Erickson. Als sie als Kind einmal zu ihm zu Besuch kam, fiel sie beim Spielen mit dem Kopf auf einen Stein und verlor einen Zahn. Ihr Großvater „verschrieb" ihr sofort für die Behandlung im Krankenhaus eine Schmerzunempfindlichkeit (hypnotische Anästhesie). Als sie sich im Alter von 15 Jahren in einem Krankenhaus auf einen kleinen Eingriff vorbereiten ließ, stellte man fest, dass die Schmerzunempfindlichkeit wunderbarerweise noch immer (und zwar in weiten Teilen ihres Körpers) bestand. Beim Zahnarzt brauchte sie keine Spritze, als einmal eine Wurzelresektion vorgenommen werden musste.

Die Haselquelle mit der Königin der Forellen.
Foto: Wolfgang Bauer

Wir sind am Ziel. Im Weiher, in dem das Wasser des Haselbachs gestaut wird, springen Forellen aus dem Wasser. Schlägt das Wetter um? Die Narbe an meinem Bein schmerzt. Vor uns liegt das Jagdhaus Haselruhe, das mit feinen Kuchen, leckeren Fischspezialitäten und urig Gegrilltem viele Gäste anlockt. Auf dem Weg zur Quelle kommen wir an einer großen alten Eiche vorbei. Ich sage: „Willst du sie nicht umarmen? Vielleicht erzählt dir der Baumgeist etwas!“ Nicole fährt mich an: „Ich gehöre doch nicht zu den verrückten Baumumarmern (*tree-hugger*) wie sie in den USA massenhaft rumlaufen. Wenn ich jemand umarme, dann meinen Froschprinzen.“

Wir kommen zum Quellbecken und stellen uns gegen das Licht, damit sich der Froschkönig nicht erschreckt, wenn er sich zeigen möchte. Nach einer Weile kommt aus dem überdeckten Quellzufluss eine riesige Forelle in allen Farben des Regenbogens und mit goldenen Streifen am Kopf hervor. Weitere, kleinere Forellen schwimmen dazu und bilden um ihre Herrin einen Hofstaat. Wir sind uns einig: Nichts mit Froschkönig, hier herrscht die Königin der Forellen.

Ich erzähle, dass die Geister der Quellen Wunsch erfüllende Fähigkeiten besitzen. Wie sie sich denn den „Froschprinzen ihrer Träume“ vorstelle? Begeistert skizziert Nicole ihn mit wenigen Worten. Ein Jahr später, bei der nächsten Tagung, treffe ich Nicole wieder. In ihrem Schlepptau befindet sich ein junger Mann. Sie hat ihn auf einem Segelschiff auf der Nordsee kennengelernt. Für mich wirkt er genauso, wie sie ihn im Jahr davor beschrieben hat. „Ja“, sagt sie, „du weißt ja nicht, wie oft ich ihn an die Wand werfen musste, bis er so wurde, wie er jetzt ist.“ (In Grimms Märchen wird der Frosch geworfen, um zum Prinzen zu wandeln, nicht geküsst wie bei Disney!)

Chinesische Luftschlösser

Seit den Tagen der Gesundheitsreform ging es in Orb allerdings bergab. Die Zahl der Übernachtungen, die in den 80er Jahren 1,4 Millionen im Jahr betrug, sank auf 500.000. Und drängelten sich früher im Leopold Koch-Bad, 1968 eröffnet, 1000 Gäste in den Becken, so waren es zuletzt noch 400. Alteingesessene Hotels, Apotheken, Geschäfte, Cafés und Restaurants mussten schließen. Das Hotel „Madstein“ wurde in eine Eigentumswohnanlage verwandelt. Eine kleine Eisenbahn, die den Kurort mit dem Bahnhof Wächtersbach verband und durch das romantische Aubachtal führte, musste stillgelegt werden. Eine Schmalspurbahn fährt aber noch jeden Sonntag in den Sommermonaten und wird von den Orbern liebevoll „Emme“ genannt. Das Bahnhofsgebäude, heute Gaststätte, steht unter Denkmalschutz. Anwohner und Kurgäste fahren die Strecke jetzt in einem schnöden Bus. Die Therme, ein Magnet auch für Wochenendbesucher, erwies sich als baufällig und war bis 2006 geschlossen. Am Schwanenweiher sitzen sich zwei ältere Herrschaften einsam auf den Bänken gegenüber. Sie wurden lebensecht von einem Erfurter Künstler aus Metall gegossen, um der Leere um den Teich etwas entgegenzusetzen. In der „Höll“, einem Loch in einer Wiese, wo der Leibhaftige schon so manchen, der sich ihm mit Leib und Seele verdungen hatte, hinuntergezogen hat, warfen verzweifelte Geschäftsleute Rechnungen und Mahnungen hinab, „damit sie der Teufel holt“. Meistens stand *ER* aber ein paar Wochen später in der Gestalt eines Gerichtsvollziehers unverhofft doch vor der Tür.

Warten auf den Exorzisten.
Foto: Wolfgang Bauer

Wasser-Kur nach Kneipp

Sebastian Kneip (1821 – 1897) erhielt die Anregung zu der von ihm entwickelten Wasserkur durch den alten Brauch in seiner bayerischen Heimat, am frühen Karfreitagmorgen in Bächen zu baden, um Krankheiten vorzubeugen. Als Theologiestudent erkrankte er an Tuberkulose. Da sein Arzt ihn aufgab, behandelte sich Kneipp selbst und schreckte auch vor Tauchbädern in der eiskalten Donau nicht zurück. Zu Kneipps Wasserkur gehören über 100 Anwendungen: Waschungen, Güsse, Voll-, Sitz- und Fußbäder. Sein Buch, 1884 als Pfarrer in Wörishofen geschrieben, Die WASSERKUR, wurde zum Standardwerk, erreichte Millionenauflagen und ist bis heute im Druck. Die Kneipp-Medizin ist mittlerweile von der Schulmedizin anerkannt und wird in Kurorten gern als begleitende Therapie eingesetzt.

Ein metallener Kurgast hält am Weiher die Stellung.
Foto: Wolfgang Bauer

Ein geheimnisvoller asiatischer Investor erbot sich, an der Stelle der Therme „ein chinesisches Kurparadies“ zu erbauen. Die Gemeinde stellte ihm das Badehaus, das Kurhotel und das Thermalbad sowie das Grundstück für einen Euro zur Verfügung. Für 23 Millionen Euro sollte unter Einsatz von 150 chinesischen Bauarbeitern bis 2008 ein Wellness-Center mit deutsch-chinesischer Heilmedizin und mit 2000 qm Wasserfläche unter einem Glasquader entstehen. In der Broschüre der Kurdirektion von 2007 ist das Kurparadies – ganz im Pagodenstil geplant – abgebildet. Geld aus China ist bisher nicht geflossen. Das Kurparadies blieb ein Luftschloss. Auf die Besichtigung der Baustelle durch Kurgäste, die 2006 für 199 Euro im Paket mit Übernachtung, Candle-Light-Dinner und chinesischer Massage im Kurprospekt angeboten wurde *(„Die Zukunft schon heute erleben: buchen Sie unsere 'Bau'-schale zum Sonderpreis und erleben Sie die Entstehung des einzigartigen Projekts hautnah mit“)*, wird seither verzichtet.

Die Wirtin eines Kellerlokals, nachdem sie seufzend Käsewürfel und ein Glas Wein vor mir abgestellt hatte, unkte angesichts der geplatzten Träume: „Und dann kommt es soweit, dass sie uns noch das Prädikat 'Bad' im Ortsnamen streichen.“

Die Kurdirektion buk derweil mit tibetischer statt chinesischer Wellness kleinere Brötchen. „Der Klang von tibetischen Klangschalen bringt den Körper wieder in Einklang. Bei dieser Therapie werden Klangschalen in verschiedenen Tonlagen am Körper und in der Aura benutzt, um eine Entspannung zu erreichen und Blockaden aufzulösen. Klang = Schwingung = Harmonie“, hieß es im Prospekt. Eine Klangschale kostet mit 200,00 € nur einen Klacks, misst man diesen Betrag an den geplanten 23 Millionen Investitionseuro.

Preiswert gestaltete sich auch die Anlage eines Barfußpfades, der als Rundweg am Orbbach entlang führt, 30 Erlebnisstationen aufweist und auch – seit 2004 – die Benutzung von Kneippanlagen mit einschließt.

Füllt man eine Klangschale mit Wasser und schlägt sie an, dann entstehen Wasserwirbel. Legt man eine Hand hinein, lindern Töne und das Gesprudel die Schmerzen in den Gelenken. Foto: Wolfgang Bauer

Am Beginn des Barfußpfades am Kurpark steht eine Statue. Die Stadtverwaltung von Istra (früher Woskressensk), der russischen Partnerstadt von Bad Orb, und der Main-Kinzig-Kreis haben sie dem Kurort geschenkt. Sie stellt eine spärlich bekleidete junge Frau dar, die die Stadt Istra verkörpert, wie sie gerade dem Fluss Istra entsteigt. Istra schaut entrückt dem Treiben der Kinder zu, die in und um die Kneippkuranlage unbekümmert spielen und planschen. Ein Szene, die für Bad Orb hoffen ließ.

In der Toskana World GmbH fand die Stadt schließlich einen Bauherrn und einen Betreiber für die neue Therme. Das Unternehmen unterhält bereits erfolgreich Thermen in Kurbädern: eine in Bad Sulza in Thüringen mit dem Motto: „Baden mit allen Sinnen. In eine andere Welt eintauchen, federleicht entspannen. Die natürlichen Verbündeten heißen Wärme, Heilwasser, Licht und Klang.“ Eine

Kneipptretanlage.
Foto: Wolfgang Bauer

zweite Therme in Bad Schandau wirbt mit den Bildern: „Entspannte Sächsische Schweiz. Hier fließt die Elbe, dort ragen Kletterfelsen. In der Mitte schweben die Thermengäste in Licht und Musik.“ Die Therme in Bad Orb steht unter dem Motto: „Die neue Leichtigkeit. Rhein-Main-Gebiet ganz in der Nähe, Stress ganz weit weg. Relaxen in der Champagnersole. Futuristische Architektur mit Rundum-Natur.“

Nach dreieinhalb Jahren ohne Therme war Bad Orb wieder ein richtiges Kurbad. Am 30. April 2010, am Walpurgistag, das Wasserweib Istra wird es gefreut haben, fand die Eröffnung des neuen Bades statt, das ein architektonisches Wunderwerk darstellt. Denn die Therme wird von einem futuristisch anmutenden 2300 qm großen nur aus Holz gefertigten Dach überspannt. Das Grundgerüst trägt sich, auf sieben Betonsockeln aufliegend, selbst. Auf einer Länge von 190 Metern wird es von gekrümmten Brettschichtholz-Randbögen umgeben. Die Zusammenfügung der 750 bis zu 3,60 m langen Holzrippen durch die Zimmerleute wurde mittels eines Computerprogramms perfekt vorherberechnet. Der Architekt Andreas Ollertz sprach vom „größten Steckbausystem der Welt“, mit dem man es hierzu tun gehabt habe.

Fünf der sechs Becken des Badetempels sind mit der wohltuenden Bad Orber Sole gefüllt. Sie sorgen mit Whirlpools, Wärmebänken und Erlebnisduschen für unterschiedlichen Massage- und Entspannungsmöglichkeiten. Ein sechstes 200 qm großes Becken enthält Süßwasser und soll passionierte Schwimmer anlocken. Zusätzlich steht den Badegästen im Außen- wie im Innenbereich eine 1100 qm große Saunalandschaft mit einer finnischen Sauna, einer Bio-Sauna, einem Dampfbad und einem Broncharium zur Verfügung.

Die Schöne aus dem Wasser. Foto: Wolfgang Bauer

Eine Besonderheit besteht im Angebot einer speziellen Unterwasser-Klang-Technik, dem „Liquid-Sound“. Entwickelt wurde die Technik von dem Musiker, Schriftsteller und Medienkünstler Micky Remann. Remann hatte in den neunziger Jahren im Nordpazifik Kommunikationsexperimente mit Orca-Walen unternommen. Er arbeitete lange daran, ihre Gesänge für Menschen unter Wasser erfahrbar zu machen. Eine ausgeklügelte Technik ermöglicht es ihm, heute Menschen an Unterwasserkonzerten teilhaben zu lassen. Wikipedia: „Die Badenden liegen reglos und schweigend ausgestreckt in einem Pool konzentrierter warmer Sole, blicken in eine Kuppel mit alternierenden Lichtspielen und hören Unterwasser-Musik verschiedener Stilrichtungen.“ Livekonzerte an Vollmondnächten mit Bewirtung im Wasser schaffen eine besondere Atmosphäre.

Geschrieben in Erinnerung an die Soziologin Katja Redemann, die seit 1970 immer wieder gern den Kurort besuchte.
(1950 – 2019)

Wolfgang Bauer

Entspanntes Baden im Liquid Sound Pool. © Toscana Therme, mit freundlicher Genehmigung

Besuchsinformationen:
Orb liegt an der Deutschen Märchenstraße und wirbt immer mal wieder mit dem Froschkönig als Symbolfigur. Der *Erlebnisweg Sole & Salz* bietet dem Besucher an 11 ausgewählten Stationen Interessantes aus der Bad Orber Geschichte und von den heutigen Kultureinrichtungen. Den *Wackerborn*, die Quelle der Orb, findet man dort, wo die Landstraße K890 am Ende des Mühlgrabens das Orbtal erreicht. In der Kurve liegt rechter Hand ein Parkplatz. Im Quellgebiet gibt es zwei weitere Quellen, die Stierruhquelle und die Saustallquelle. Jeden Samstag ab 10 Uhr findet eine 1 ½-stündige Stadtführung „900 Jahre in 90 Minuten" statt. Auch eine *Nachtwächter-Stadtführung* bietet die Bad Orber Touristikinformation an.

Von der Wehr- zur Wellnessburg

Bad Radkersburg, Stadt im Dornröschenschlaf

Vom Habsburgerkönig Albrecht I. (1255 – 1308) gegründet, war Radkersburg 1265 noch Markt. 1299 wurde Radkersburg erstmals als Stadt urkundlich erwähnt. Von Anfang an fungierte sie als Grenzfeste und Sperre, zuerst gegen die Hunnen und später gegen Türken und Kuruzzen. „Radegaysburg" gehörte zum Hofzaun des Heiligen Römischen Reiches Deutscher Nation. Die Lage am Fluss Mur und am Schnittpunkt alter Handelswege machte die Wehrstadt bis ins 18. Jahrhundert zu einem wichtigen und blühenden Umschlagplatz für Waren wie Honig, Vieh, Salz und Wein. Vom guten Radkersburger Wein soll sogar der „ewige Jude" einmal gekostet haben.

Das Geisterfloß auf der Mur

Die Mur, Jahrhunderte lang gefürchteter Fluss, aber ebenso lange auch Lebensader der Stadt Radkersburg, trug unzählige Flöße vom Obersteirischen in die Grenzstadt. Dutzende Flöße schwammen mit Salz und Holz und anderen Waren täglich die Mur hinab. In einer Sage wird berichtet, dass die Radkersburger des Öfteren ein geheimnisvolles Floß um Mitternacht die Mur hinabtreiben sahen. Aber kein Flößer war darauf zu sehen. Die Radkersburger bezeichneten es als Unglücksfloß. Sooft das Floß gesehen wurde, sooft ereignete sich in den nächsten Taten ein Unglück. Meist fand ein Schiffsmüller oder sonst einer den Tod in den Fluten der Mur, oder gar oft überschwemmte in den folgenden Tagen der Fluss die Gegend. Manchmal hörten die Leute vom Floß her klagende Stimmen. Es waren, so wurde erzählt, die Seelen jener Menschen, die in der Mur ertranken und deren Seelen keine Ruhe fanden.

Peter Stelzl, Sagenreise durch den Bezirk Radkersburg

Aufgrund der Bedrohung durch die Türken baute man die Stadt im 16. Jahrhundert zur Reichsfeste aus. 70mal nahm Radkersburg zwischen dem 14. bis 17. Jahrhundert aber die Pest ein. 1680 soll fast die Hälfte der Einwohner der Seuche zum Opfer gefallen sein. Pestkreuze (ein Kreuz mit zwei Querbalken) in vielen Orten um Radkersburg und die Mariensäule mit den vier Pestheiligen auf dem Hauptplatz erinnern den Besucher an diese schreckliche Zeit. Verschont blieb die Stadt auch nicht vom Hexenwahn. Im 16. und 17. Jahrhundert wütete die Inquisition und ließ viele Menschen als Hexen und Zauberer anklagen, foltern und hinrichten. Der Radkersburger Blutrichter Johann Wendteisen blieb wegen seines gnadenlosen Vorgehens gegen viele Frauen besonders in Erinnerung.

Ende des 1. Weltkriegs besetzten Serben, Kroaten und Slowenen die Stadt. Durch den Verlust der Untersteiermark im Frieden von St. Germain verlor Radkersburg stark an Bedeutung und geriet als Grenzstadt ins Abseits. Zum Ende des 2. Weltkriegs wurde die Stadt von den Russen besetzt. Durch den Krieg stark zerstört, stagnierten Wandel und Handel weiter. Radkersburg mutierte zu einem verschlafenen Provinzstädtchen mit einer toten Grenze. Auch der kleine Grenzverkehr mit den slowenischen Nachbarn, die nach Radkersburg kamen, um Waschpulver, Putzmittel, Plastikwaren, Fahrradspeichen, Bettwäsche und Kaffee zu kaufen, brachte keine spürbare Verbesserung der wirtschaftlichen Situation.

Hoffnungsfroh beschwor ein Poet eine rosigere Zukunft für die Stadt:

Wir lieben dich, du Stadt mit den Basteien,
auf denen heut' das rote Weinlaub glüht;
wir dürfen deiner Freiheit uns erfreuen,
mög' Gott den Segen unserer Arbeit entleihen,
da einst auch wieder Wohlstand in dir blüht!
(Seebacher-Mesaritsch 1990: 64)

Der Segen, den der Dichter so dringlich erflehte, existierte schon lange, allerdings nicht von „oben“. Nur hatten es die Radkersburger noch nicht bemerkt.

Der Schatz aus der Tiefe

1927 nahmen Erdölsucher an der Westseite der mittelalterlichen Stadtbefestigung eine cirka 500 Meter tiefe Bohrung vor. „Schwarzes Gold“ fand man nicht, die Bohrtruppe hatte in 225 Meter Tiefe lediglich eine Mineralquelle mit einer Tagesschüttung von 64.000 Litern freigelegt. Die Geologische Bundesanstalt in Wien, der eine Probe geschickt worden war, stellte einen erdalkalischen Säuerling mit hohem Magnesiumgehalt fest. Doch leiteten die Behörden, die nichts mit dem neu gefundenen Nass anzufangen wussten, das kalte Wasser der Quelle – für die Allgemeinheit zugänglich – in einen alten Steinbrunnen an der Dammallee.

Erst als Bürgermeister Alfred Merlini in den 50er Jahren in Graz ein Gutachten in Auftrag gab, erfuhr man, was für einen Schatz man an dem Wasser der Quelle hatte. Das Wasser, so die Analyse, eigne sich vorzüglich zur Behandlung urologischer Erkrankungen und sei in seiner Wirkung dem Heilwasser anderer europäischer Nierenbäder gleichwertig. Nach weiteren Untersuchungen wurde die „Stadtquelle“ 1962 als Heilquelle staatlich anerkannt. In Österreich wie auch in Deutschland ist klar geregelt, wie ein Wasser beschaffen sein muss, um als Mineralwasser oder als Heilwasser bezeichnet werden zu dürfen. Ein Heilwasser muss mehr als ein Gramm gelöster Mineralien pro Liter enthalten, außerdem Spurenelemente wie Eisen oder Jodid. Werterhöhend wirken sich Einzelbestandteile wie Sulfidschwefel, Radon, Fluorid und gelöstes Kohlenstoffdioxid aus. Wasser, die beim Austritt aus der Erde wärmer als 20 Grad Celsius sind, dürfen den Namen Therme tragen (Löffel 2005: 35).

In der Brunnenhalle (Historisches Foto)

Seit 1964 wurden Kranke mit Trinkkuren, seit 1973 auch mit Kohlensäurebädern und Inhalationen behandelt. Ab 1970 füllte man das Quellwasser unter dem viel versprechenden Namen „Long Life“ ab und vertrieb es innerhalb von Österreich.

Seit 1975 darf Radkersburg sich als einziges Nierenheilbad Österreichs offiziell Kurstadt nennen und sich mit der Bezeichnung „Bad“ schmücken.

Und noch ein Schatz

Im Januar 1978 gab die Erde nach gezielten Bohrungen in 2.000 Metern Tiefe eine weitere Quelle frei. Mit einer Wassertemperatur von 80°C und einer Schüttung von 80.000 Litern pro Stunde erwies sich das gefundene Wasser als eine der mächtigsten Thermalquellen Europas. Bad Radkersburg verfügte nun nicht nur über ein Nierenheil-, sondern plötzlich auch über ein immer mehr besuchtes Rheumaheilbad.

In mehreren Schritten entstand in einer urwüchsigen Auenlandschaft am Fluss Mur von 1981 an das heutige, sechs Hektar große Badegelände. In den sumpfigen Murauen sieht man Störche auf der Suche nach Nahrung wandeln, seltene Pflanzen und Tiere erfreuen das Auge der Wanderer.

Wasserfontäne bei der Quellenerschließung 1978. Foto: Tourismusverband

Und noch einen Erdschatz haben die Radkersburger aktiviert. Der Basaltstaub eines nahe gelegenen, ehemaligen Vulkans in Klöch liefert, mit Wasser vermengt, das Material für Fangopackungen, die bei vielfältigen Beschwerden Linderung bringen.

Die Kurverwaltung wirbt bewusst mit dem Zeitgeist: Wellness ist in. Wellness boomt. In der Parktherme werden in einem „Mobility-Check-Center“ Aktiv- und Vitalprogramme aller Art geboten. In bestem Wellnesspidgin preist sich dem Kurgast eine „Aquadehnstraße“, ein „Fitnesspoint“, ein „Ernährungsinfopoint“ und ein „Fußwalkingparcour“ an. Bad Radkersburg bezeichnet sich mit seinen besonderen Therapie- und Gesundheitsangeboten heute als eine der wichtigsten „Gesundheitsdestinationen“ Österreichs. Stetig wuchs die Zahl der Besucher der Parktherme. Zählte man 1990 immerhin schon 185.000 Besucher, so konnte man im Jahr 2000 bereits 400.000 Besucher verbuchen. In seinem Beitrag zur „Festschrift 700 Jahre Stadt Bad Radkersburg“ stellte Hofrat Wieser denn auch zufrieden fest, dass die Bürger der Stadt mit Stolz auf diese Entwicklung zurückblicken können.

Radkersburg lag früher auf einer von der Mur umflossenen Insel. Diese nahe Beziehung zum Element Wasser ist durch die Verdrängung des Flusses aus dem Umkreis des Ortes verloren gegangen.

In früherer Zeit war Radkersburg vom Fluss völlig umgeben (Stich von Georg Matthäus Vischer aus seiner Topographia Ducatus Stiriae, Graz 1681)

Der Geomant Marco Pogačnik hat in der Stadt Lithopunktursteine, Stelen und eine Bronzeplatte mit Kosmogrammen gesetzt, um die Kraftachse der Stadt zu stärken, die Stadt mit dem Golf von Triest energetisch zu verbinden, eine Wiederverbindung mit dem Element Wasser herzustellen und um die Beziehung zu dem heute slowenischen Gornja Radgona auf der anderen Seite des Flusses zu dynamisieren. Die Setzungen erfolgten entlang einer Spirale, die am Kurzentrum beginnt, zur evangelischen Kirche, zum Osteingang der Altstadt, zum Frauenplatz, zur Mariensäule, zur Pfarrkirche St. Peter in Gornja Radgona, zum Grazer Tor und schließlich zur Pfarrkirche am Stadtpark führt. Die Kosmogramme zeigen tanzende Spiralen, ein achtspeichiges Rad (das Stadtwappen), Dreiecke und Wasserwesenheiten. Eine Konzentration von Naturgeistern vermutet Pogačnik in einem Nussbaumhain zwischen der Hohen Bastei und dem Stadteingang bei der Pfarrkirche. Und in einer Rieseneiche, die an der Mauerspitze steht, hat er Feen entdeckt, die im Baum ihren Aufenthaltsort haben.

Der Künstler und Geomant Marco Pogačnik hat 2001 mit seiner Frau Marika eine Gruppe von Lithopunktursteinen ausgemeißelt und auf Akupunkturpunkten in Bad Radkersburg aufgestellt (Foto: Wolfgang Bauer)

Marco Pogačnik

Geb. 1944. Slowenischer Bildhauer, Geomant und Landschaftsheiler.

Beim Besuch einer alten irischen Kultstätte legte Marko Pogačnik einer Intuition folgend seine rechte Hand auf einen der Steine des Menhirkreises. Er hatte dabei das seltsame Gefühl, als würde er durch eine Erdspalte direkt in die tiefste Unterwelt schauen. Mit Hilfe von regelmäßig durchgeführten Meditationen, teilweise mit initiatorischem Charakter, gelang ihm der Kontakt mit den Naturgeistern immer besser. Monatelanges rituelles Trommeln im Familien- und Freundeskreis hatte seine Sensibilität und Trancefähigkeit bis zur Hellsichtigkeit erhöht. Pogačnik beobachtete, dass Naturgeister die persönlichen Züge ihrer Gestalt oder ihres Gesichts manchmal in der unmittelbaren Umgebung ihres Wirkens in Bäume, Wurzeln, Steine einprägen. Seit 1983 führt er Lithopunkturen in Deutschland, Österreich, Schweiz, Slowenien und Brasilien durch.

Im nahe gelegenen Ort Halbenrain können im Rahmen der Sommerakademie „Hortus Niger“ (Schwarzer Garten) Kurgäste ein Malseminar bei dem österreichischen Aktionismuskünstler Herman Nitsch besuchen. Nitsch ist seit den 60er Jahren bekannt durch sein „Orgien-Mysterien-Theater“, bei dem er in Anlehnung an antike Blutbaderituale große Mengen Tierblut einsetzt. „Das Orgien-Mysterien-Theater soll eine große Lehre sein dafür, dass man anders leben kann, wesentlich intensiver leben kann und dadurch wesentlich glücklicher“, sagte der Künstler im TV als Einstimmung für ein 6-tägiges blutvolles „Fest der Sinne“, das 1998 auf einem Schloss stattfand. Hervorquellendes Blut wie auch Wasser stehen für Lebenskraft (Schneidewind 1999: 234).

Passend dazu bot 2007 die Kurverwaltung für 213,70 € eine „Magische Woche“ als Sommerhit („Alles für Körper, Geist und Seele“).

Nachdem mir mein österreichischer Schwager die idyllisch-verträumte, mittelalterlich geprägte Altstadt gezeigt hatte, fuhr er mich zur Parktherme. Meiner eindringlichen Einladung, es sich in den Thermen doch auch wohl gehen zu lassen, mochte er nicht folgen. „Na, das ist nix für mi. Geh du nur, wenn du musst. Ich setze mich derweil in eine Buschenschenke und spüle meine Nieren lieber mit einem Klöcher Traminer oder einem blauen Zweigelt. Servus baba. Pfüati.“

Wolfgang Bauer

Die Parktherme (Foto von 2015: Wikimedia Commons zepp-cam.at/Graz)

Besuchsinformationen:

Museum im alten Zeughaus: In 13 Räumen wird dem Besucher ein Gang durch die Geschichte geboten, von der Vor- und Frühgeschichte über Römerzeit und Mittelalter bis in die Neuzeit, jüngste Vergangenheit und Gegenwart. Die Schau bietet zugleich Informationen zur Geschichte des Grenzflusses Mur und seines Einflusses auf die Stadt und das Umland sowie Einblicke in die Entwicklung der Stadt als Kurort und der Nutzung der neu erschlossenen Thermalquelle.

Auskünfte:

Tourismusverband Bad Radkersburg, Hauptplatz 14. Hier ist eine Broschüre zum „Lithopunkturprojekt Bad Radkersburg" von Marco Pogačnic erhältlich, in der der Rundgang durch die Stadt genau dargestellt ist. Der Tourismusverband informiert auch über die einmal im Monat stattfindende Nachtstadtführung, bei der Sagen, Legenden und Geschichten aus der Stadtgeschichte erzählt werden.

Spielkunst der Wassergeister

Singendes und sprechendes, besungenes und besprochenes Wasser

Rhythmischer Gesang und wogende Musik stammen nach dem Glauben von Kelten und Germanen aus dem Wasser, dem elementarischen Spiegelbild des Tonreichs. Die schamanisierenden Zaubersänger der Vorzeit, die als Heilmagier, Regenzauberer und Wettermacher wirkten, hatten ihre magischen Künste den Wassergeistern abgelauscht. Verstanden sie nicht sogar die Sprache der Wasserelben, das Singen, Raunen und Rauschen der Quellen und Bäche, und konnten daraus die Zukunft ablesen?

Wassergeister konnten mit ihrem hypnotischen Gesang und ihrer betörenden Musik Menschen zu sich locken, die sie mit sich in ihr Reich unter dem Wasser herabzogen. Wer als Spielmann eine solch elbische Melodie besaß, konnte Menschen, Tiere, ja den ganzen Kosmos in den Bann schlagen. Zwei finnische Sänger rühmten einst die Zaubermacht ihres Gesangs:

Und wenn ich ans Dichten gehe,
Zum Gesange mich erhebe,
Rudern Steine an das Ufer,
Sand schwimmt auf des Meeres Rücken,
Berge tanzen, Klippen singen,
Felsenwände gehn in Stücke.
(Dankert 1979: 240 f.)

Die Wassergeister ziehen gern Menschen in ihr Reich hinab. Holzschnitt von Ludwig Richter, 1853

Schwedische Musikanten behaupteten, kraft ihres Spiels, die Rinde vom Baum zu lösen, das Kind aus der Mutter ziehen, die Hirschkuh aus dem Wald locken zu können. Eine solche Zaubermusik vermochte auch Mühlen in Gang setzen, eine schwere Last über eine Steigung hinaufziehen und Menschen zum Tanz zwingen.

Damit die Wassergeister nicht nach Menschen verlangten, opferte man an besonderen Tagen (Mitsommer, Johannes-, Peter- und Pauls- oder Magdalenentag) Tiere, die durch ihre schwarze Farbe mit dem Jenseits verbunden waren: einen schwarzen Hahn, eine schwarze Katze, ein schwarzes Lamm oder einen schwarzen Widder. Noch bis zu Anfang des 20. Jahrhunderts warfen deutsche Bauern in Böhmen alljährlich ein schwarzes Huhn in die Elbquellen, knieten nieder und sprachen ein Gebet, um den Flussgeist gewogen zu machen. Andere Opfer beinhalteten Bier oder drei Tropfen Blut vom kleinen Finger der linken Hand. Brachte ein Spielmann ein solches Opfer, kam danach der Wassergeist (der Nix, Nick, Näck, Nickelmann) aus seinem Element und stimmte ihm die Geige.

Wassermann mit Fiedel. Zeichnung von Ruth Koser-Michaels, 1941

„Manche Geiger tauschten auch ihr Instrument mit dem Näck, das heißt: sie opferten zuerst, danach legten sie ihre Geige auf einem Stein nieder, wo sich der Näck aufzuhalten pflegte. Dann gingen sie fort. Nach ihrer Rückkunft lagen zwei Geigen auf dem Stein, die einander genau glichen. Es galt nun, die richtige zu nehmen. Wenn der Spielmann die unrechte Geige nahm, so kam der Näck und zog ihn in den See hinab oder er vernichtete oder verdarb den Spielmann auf andere Art. Auch am Trollberg kann man die Geige mit dem Näck tauschen. Dort kann man sich auch selbst eine Trollfiedel herstellen, und zwar aus Trollträ. Das ist Holz, das auf Geister- und Trollhügeln, auf Opfer- und Hinrichtungsplätzen oder auch bei Nixklippen am Seeufer oder auf dem Kirchhof, auf Kreuzwegen wuchs. Es kann auch Holz

Wassergeist mit Pferdekopf. Zeichnung von Ruth Koser-Michaels, 1941

von alten Kirchen, Bauten oder alten Särgen sein. Auffällig ist, dass all diese sagenhaften Fundorte des Geisterholzes entweder die Beziehung zur Totenwelt oder zum Wasser haben“ (Danckert 1979: 243).

Die Kirche misstraute den Spielleuten, mit denen das Volk das mystische Prestige der Wassergeister verband. Hatten die Kelten Hausbarden wie wandernde Sänger zu den Freien gezählt, gehörten die Spielleute im christlichen Europa bis ins 18. Jahrhundert zu den unehrlichen Leuten, die nicht zunftfähig waren. In Lindau, Bayern, verbot man noch 1718 einem Stadttrompetersohn eine Schusterlehre zu absolvieren, weil seine Eltern keine ehrlichen Leute seien. Da Spielleute als geheime Zauberer und Geisterbeschwörer angesehen wurden, die mit teuflischen Mächten im Bunde standen, verweigerten ihnen Priester oft sogar die Kommunion. Erst die Französische Revolution sorgte Spielleuten gegenüber für einen freieren Geist.

Dem Kelpie, einem schottischen Wassergeist, der an Flüssen spukt und der als wild aussehender Mann oder in Gestalt eines Pferdes erscheint, sagte man nach, er lehre die Spielleute das Harfenschlagen oder das Geigen. Ein solcherart von den Elben belehrter Musikant brachte mit der Musik, die er auf der Harfe, seinem „Lustholz“, erzeugte, den Menschen Freude, Wonne, Entzücken und vertrieb die Traurigkeit.

Bis ins 16. Jahrhundert soll der Meeresgott Manannán mac Lir sich in Gestalt eines Spielmannes noch den Menschen gezeigt haben, so einmal auf einem Fest in Ballyshannon, das von einem (historisch belegbaren) Black Hugh O'Donnell gegeben wurde. Der Mythenforscher Joseph Campbell: „Aus dem Nichts, berichtet die Erzählung, erschien der Meeresgott, in ein gestreiftes Gewand gekleidet, plötzlich auf diesem Fest: Das Pfützenwasser platschte noch in seinen

Schuhen, während er in seiner rechten Hand drei biegsame Speere aus Stechpalmenholz mit feuergehärteten Spitzen hielt. [Nach dem Volksglauben geben sich elbische Wesen dem Achtsamen durch besondere Zeichen zu erkennen, z. B. ist der Saum am Gewand von Wasserfrauen, die den Menschen erscheinen, immer nass. Da Wasser in den Schuhen des Manannán deutet auf das Element hin, dem Manannán entstammt, und die drei Speere sind – als Dreizack – ein Zeichen seiner hohen Würde.] In Herausforderung jedes einzelnen der vier geschickten Harfenspieler auf dem Fest rief Manannán aus, bei den drei Grazien des Himmels habe er solchen Missklang noch nie diesseits der verräucherten unteren Ränge der Hölle gehört. Und, so fährt der Bericht fort, ein Instrument ergreifend, spielte er eine so sanfte liebliche Symphonie und erweckte die köstlichen Klänge der Harfe in solcher Weise, dass auf der ganzen Welt alle gebärenden Frauen, alle verwundeten Krieger, verstümmelten Soldaten, Kavaliere mit klaffenden Wunden – zusammen mit allen, die allgemein an bösen Krankheiten und schlechter Laune litten – durch den zauberhaften Charme seiner Modulation in die Betäubung des Schlummers und des tiefen Schlafes hätten eingehüllt werden können. Bei des Himmels Güte, rief O'Donnell, seit ich das erste Mal die Kunde hörte von denen, die in den Bergen und unter der Erde unter uns die Zaubermusik spielen, die zur gleichen Zeit manche zum Schlafen, manche zum Weinen und andere wieder zum Lachen bringt, habe ich nie lieblichere Musik als Eure Klänge gehört: ‚Ihr seid fürwahr ein äußerst wohlklingender Bursche'. „Mal bin ich süß, mal bin ich bitter', antwortete Manannán. Und sofort darauf nahm er wiederum das Instrument und spielte eine Melodie auf eine solche Weise und berauschte die Gesellschaft dermaßen, dass alle in Wut und Zorn sich erhoben und anfingen, sich gegenseitig in die Haare zu kriegen – während er verschwand" (1977: 200 f., Übersetzung Katja Redemann).

Manannán mac Lir

Der Meer- und Jenseitsgott Manannán mac Lir, der Sohn des Lir (= Meer, See), lebt in einem Palast im „Land hinter den Wogen". Er ist Herrscher der Anderswelt, dem Land der Glückseligkeit, und auch Herr der Lebenszeit der Menschen. Er besitzt eine Rüstung, die ihn unverwundbar macht, ein unschlagbares Schwert und einen Helm, der so strahlt wie die Sonne auf dem Wasser.

Auf der Insel der Glückseligen betreut er die abgeschiedenen Götter. Er wirft einen Zauber über sie, der sie unsichtbar macht. Bei dem Andersweltfest Goibniu erhalten sie den Trunk, der ewige Jugend verleiht. Er speist sie mit Braten vom seinen Schweinen, die heute gegessen, am Tag darauf erneut zur Verfügung stehen. Bei den Menschen erscheint er in unterschiedlichsten Gestalten und Verkleidungen.

James Joyce ließ ihn „heiligäugig", „bärtig" und in typischer Gewandung in seinem Roman Ulysses (1914) auftreten: „Ein kalter Seewind weht aus seinem Druidenmantel. Um sein Haupt winden sich Aale und Elver. Er ist umkrustet von Tang und Muscheln. Seine rechte Hand hält eine Fahrradpumpe (ein Symbol des Lebensatems)."

Ein seltsamer Musikant

Als ich mich 1974 im September in Kirkwall auf der Insel Orkney aufhielt (ein Jahr bevor dort der Erdölboom in der Nordsee losbrach und die stille Insel und ihre liebenswerten Bewohner in die laute Neuzeit katapultierte), gingen wir abends vom Hotel am Hafen in ein altes Pub. Draußen stürmte und regnete es. In der Gaststube saßen an den Tischen das eine oder andere Pärchen und einzelne Männer. Niemand sprach etwas, alle blickten trüb und bedrückt in ihre Gläser. Der einzige Laut kam von der Tür, in deren Ritzen der Wind ein unheimliches Lied pfiff. Wortlos stellte der Wirt unsere Drinks auf den Tisch und schlurfte zum Tresen zurück, wo er stumm gegen die Wand blickte. Lange, das war uns klar, würden wir es hier nicht aushalten. Plötzlich wurde die Tür aufgerissen, ein Mann in einem langen Mantel kam herein, im Gesicht bleich, die langen Haare hingen wirr um den Kopf. Ohne Gruß nahm er aus einem Kasten eine Geige und fing an, zu spielen. Nach wenigen Minuten zuckte es allen in den Beinen. In die Anwesenden kam Leben und Bewegung. Paare sprangen auf und begannen nach alter Art zu tanzen. Die Gesichter erhellten sich, die Augen glänzten. Auch wir konnten uns nicht länger am Tisch halten und tanzten immer wilder mit. Nachdem er mehrere Stücke gespielt hatte, packte der Fremde seine Geige wieder in den Kasten und ging, ohne ein Wort zu sagen, zur Tür und verschwand nach draußen. Niemand kannte den seltsamen Musikanten, der kein Geld wollte und sich auch kein Bier beim Wirt abgeholt hatte. Ein alter Mann kam an unseren Tisch und sagte ehrfürchtig: „Haben Sie seinen Mantelsaum gesehen? Der troff ja vor Wasser. Das war Manannán mac Lir persönlich!"

Zauber mit besprochenem Wasser

Da Himmel und Erde nach dem Glauben der Germanen aus dem Wasser, der Quelle allen Seins, gebildet waren, stellte Wasser aus einem Fluss oder einer Quelle, dem *urspring*, ein von Natur aus heiliges Substrat dar, von der Gottheit selbst im Brodeln, Sprudeln und Murmeln des Quells „besprochen" und für alle Augen sichtbar geweiht. Anders bei den Christen. Das geschöpfte Wasser, das als Sitz böser Geister galt, wurde vom Priester exorzisiert und danach benediciert: Ihm wurde, damit es lange haltbar blieb, (vorher schon exorzisiertes) Salz und (bis zur Liturgiereform) Chrisam zugefügt. Erst wenn der Priester das Wasser auch angehaucht hatte, stand es als geheiligtes Tauf- und Weihwasser zur Verfügung.

Nach katholischer Lehre wirkt Weihwasser gegen die Versuchung durch böse Geister und gegen Zauberei. Es bringt die Menschen von bösen auf gute Gedanken. Es hebt die Unfruchtbarkeit auf, vervielfacht alle Güter und vertreibt ansteckende Krankheiten. Ein Fläschchen Weihwasser, das ins Haus gehängt wird, wehrt Feuer ab (Pfannenschmid 1869: 113, 128, 178).

Wenn der Gläubige am Eingang einer katholischen Kirche seine Hand in ein Weihwasserbecken taucht und sich mit dem Kreuzzeichen bezeichnet, soll er die Worte „Im Namen des Vaters und des Sohnes und des Heiligen Geistes“ sprechen und sich dabei an seine Taufe erinnern.

In der byzantinischen Zeit der griechischen Christen schrieb man auf dem Rand von Weihwasser- und Taufbecken, einem heidnischen Brauch folgend, Umschriften wie den (im Griechischen) vor- wie rückwärts zu lesenden Spruch „Wasche deine Fehler ab, und nicht dein Antlitz allein“.

Schon die Pythia hatte die Besucher des Heiligtums von Delphi eindringlich ermahnt:

Rein vom Herzen erschein im Tempel des lauteren Gottes,
Wenn jungfräulicher Quell eben die Glieder benetzt.
Guten genügt ein Tropfen, o Pilgrim, aber dem Bösen
Wüsche das Weltmeer selbst nimmer die Sünden hinweg.
(Pfannenschmid 1869: 27)

Harzhexe empfiehlt zur Herstellung von Weihwasser, Wasser mit Trinkwasserqualität aus einer Quelle zu nehmen, zu der man sich hingezogen fühlt. In ein Fläschchen mit 10 ml gibt man dann 3 Tropfen Aurum D4. In einer Trance wird imaginiert, dass Energie aus dem Sonnengeflecht mit den Fingern in das Wasser übertragen wird. Nach 15 Minuten wird die Trance beendet. Das Wasser sei dann aktiviert und könne für magische Operationen verwendet werden.

Wassergeister in einem Gartenteich

Viktor Schauberger (1885 – 1958), der legendenumwobene Wasserforscher, erzählt vom uralten, von den Bauern seiner Heimat ausgeübten Brauch des „Tonsingens“. In einem Holzfass mit klarem Wasser rührte man klein verrebelte Lehmbrocken und verteilte sie mit einem Holzlöffel mal rechts, mal links. Dazu wurde ins Fass ein an Vokalen reiches, von den Vorfahren überliefertes Lied „hinein“ gesungen. Schauberger: „Ton in abkühlendem Wasser mit ausgeatmeter Kohlensäure, die das anziehende Wasser bindet, gut verrührt, ergibt eine neutrale Spannung (siehe Umschläge mit aluminiumhaltigem, gut durchwalkten Lehm). Dieses neutral gespannte Wasser wird nach dem Eggen (keine Eisen-, sondern Holzzähne) mit so genannten Palmbuchen (siehe in ähnlichem Sinne die Feldweihe) auf das besäte Feld gesprengt. Das Wasser verdunstet. Ungemein fein zerteilte Kristallchen bleiben als negativ geladene Trägerstoffzentren zurück, die von allen Seiten her Strahlen anziehen und nach allen Seiten umgekehrt solche abgeben. Es bildet sich zwischen Geosphäre und Atmosphäre ein ungemein feinmaschiges und hautartiges – violett schimmerndes – Netz, das nur Höchstwertiges ein- und austreten lässt. Dieses ‚Jungfernhäutchen', wie der naturnahe Bauer diesen ungemein zarten und feinporösen, sich selbst ausbildenden Überzug nannte, ermöglicht eine so hochwertige Diffusion (Ein- und Ausatmung), dass solche Böden selbst in trockenster Jahreszeit feucht und kühl bleiben“ (2006: 54).

Wolfgang Bauer

Heilige Quellen und heilende Brunnen in der Schweiz

*Wunder*bares Wasser

Wenn wir vermehrt die Bedeutung verstehen wollen, welche die Bäder der Schweiz in der Überlieferung besitzen, müssen wir uns eine Tatsache vergegenwärtigen: Aus den Wassern entsteigt und erneuert sich in den uralten Sagen die Gesamtheit der Schöpfung.

„Der Geist Gottes schwebte auf dem Wasser." Das ist einer der ersten Sätze der Bibel, in denen das erste Buch Moses über die Entstehung der Welt berichtet. Wir werden Traditionen aus dem Alpenraum kennenlernen, für die unsere bewohnbare Erde nur eine riesige Insel ist, die noch immer tief unter sich die Fluten der Urzeit besitzt – geheimnisvolle unterirdische Meere, die durch Höhlenräume dahinrauschen.

Um die alten Legenden besser zu verstehen, die sich bis in die Gegenwart um die Badeorte erhielten und dauernd neu gedichtet wurden, werden wir auch den großen Renaissancearzt Theophrastus Bombastus von Hohenheim anführen. Er wurde 1493 beim schweizerischen Einsiedeln geboren und starb nach einem Leben unglaublicher Abenteuer 1541 in Salzburg, wo man noch immer sein Grab zeigt. Unter dem Namen Paracelsus fasste er in seinem umfangreichen Werk das Heilwissen seiner Zeit zusammen, wobei ihm die Erfahrungen des Volkes ein Tor der Wahrheitsforschung und tieferen Erkenntnis waren. Wie sehr er für die dauernde Gesundheit des Menschen die natürlichen Bäder wichtig nahm und wie viel er darüber schrieb, ist ein Zeugnis für den ganzen Lebensstil seiner Zeit.

Um die ganze Bedeutung des Wassers in seinem Denken zu begreifen, müssen wir einiges aus seinem Weltbild kennenlernen. „Das Paradies erkennet, warum die Kinder noch jetzt getauft werden." Solche Stellen mögen für den heutigen Menschen eher dunkel erscheinen, aber in ihrem Gehalt bedeutet das, was wir heute so ausdrücken würden: Das Leben entwickelte sich in fernen Urzeiten aus dem Wasser. Darum braucht der Mensch für Glück und Gesundheit auch heute noch die Erneuerung seiner Säfte und Kräfte durch die enge Beziehung zu diesem Element.

Was das Beispiel zeigt, ist die noch heute fortlebende Überzeugung: Die Schöpfungskräfte leben in den Wassern der Tiefe und sind damit ein zeitloses Geschenk an den Menschen. Sogar in den Traumbüchern, die aus den letzten Jahrhunderten stammen, finden sich die Spuren dieser Überzeugung. Sieht man sich in seinem Traum in Brunnenquellen baden, so bietet dies ein in jeder Beziehung sehr gutes Vorzeichen: Schon bald werde den Träumer auch in der Wirklichkeit seines Alltags das Geschenk von „Glück und Gesundheit" empfangen.

Die sprudelnden Wasser der Tiefe

Von den Bergbrunnen wird erzählt, dass sie aus „unmessbaren" Tiefen stammen. Sie seien Reste der Sündflut, und ihre Quellen kämen aus grundlosen Tiefen, vielleicht sogar aus einem gewaltigen Urmeer, das irgendwo noch „unter der Wurzel der Berge" endlos dahinrausche. Mit solchen Geschichten erklärte man etwa die gewaltigen Drachen, Seeschlangen oder andere Ungetüme, wie sie zu gewissen Zeiten in den Gebirgen auftauchen sollen – und die hie und da von den Ahnen geschaut worden seien: Dies seien Gäste aus dem geheimnisvollen Meer, zu dem der Weg durch ebensolche Abgründe und Höhlengänge führe.

Unsere Erde wäre demnach, sogar dort, wo sie – wie in den Alpenfelsen – am festesten scheint, eine Insel auf endlosen Wassern. Nach Zeitaltern des sorglosen Lebens auf dem trockenen Lande können diese Fluten in die Höhe steigen, die höchsten Gipfel überschwemmen und die Oberfläche unserer Welt „reinigen" … Dann geschieht eine Neuschöpfung! Die Erde steigt von neuem aus dem Wasser und wird zum Schauplatz eines fröhlichen Wiederbeginns. Pflanzen, Tiere und menschliche Geschlechter vermehren sich dann auf dem grünenden Boden und unter dem Licht der warmen Sonne. Sie genießen ihr Dasein und vergessen dabei fast völlig, dass irgendwo, tief unter ihren Füßen, noch immer die dunklen Wellen des ewigen Urmeers dahin ziehen.

Aus der jungen Rhone bei Niederwald/
Wallis zeigt sich eine freche Nixe
Foto: W. Bauer

Solche Sagen prägten sicher den Glauben, dass man sich, dank den aus gewaltigen Erdtiefen sprudelnden Wassern, auch heute „jungbaden" kann. Wenn das Leben aus dem Wasser kommt, war es da nicht sehr nahe liegend anzunehmen, dass man aus diesem stets neue Kraft schöpfen kann? Wenn die Fluten der Schöpfung und auch der späteren gewaltigen Überschwemmung noch immer im Gebirge „durch die Berge fließen", kann man sich nicht an sie während Not und Krankheit wenden?

Hans Rudolf Grimm (1665 – 1749) erzählt eine Reihe von Sagen, die in der Schweiz von den Künsten der Alchimisten bekannt sind. Grimm versichert:

„Die Berge sind rechte Urquellen der Flüsse, denn sie gehen tief in die Erde und in die Wasseradern, so haben die Wasser auch ihre Zweige und Äste und einen verborgenen Samen. Damit haben die Berge und die Wasser auch eine Vereinigung mit dem Gestirn, denn so werden die Berge verglichen mit einem Brenn-Hafen, darunter das Feuer ist, welches das Wasser treibt – welches hernach oben an den Bergen herausgeschwitzt wird und einen Fluss verursachen tut."

Das Wasser des Berglandes ist ein lebendiges Wesen, wie ein mächtiger Baum. Es hat einen Samen, einen Ursprung in unbekannten Tiefen, aus dem es in die Höhe wächst, um sich dann nach allen Richtungen auszubreiten, „Zweige und Äste" auszusenden. Was dann an den zahllosen Stellen des Erdbodens „herausgeschwitzt" wird, sind die Endpunkte eines gewaltigen, für unsere Augen verborgenen Vorganges: Wenn die Wasser aus den Tiefen der Unterwelt nach oben strömen, ist dies den erwähnten „Natur-Kundigen" der Vergangenheit nicht nur ein Naturgesetz, dem ein toter Stoff folgt. In diesem Steigen der lebendigen Wasser sahen die alten Gelehrten einen wunderbaren Vorgang, von dem die Geräte im Laboratorium des Alchimisten nur eine winzige Nachahmung waren. Die Feuer im Innern der Erde erhitzen die Wasserfluten, die unter den Alpen dahin strömen und lassen diese, wie in einem „Brenn-Hafen", nach oben quellen. Die Flammen unten und die Strahlen der Sterne, die über das Gebirge ziehen, vereinigen sich in ihrer Wirkung auf das Wasser.

Werkstätten göttlicher Kräfte: die Alpen

Um die Wasser des Berglandes herrschte noch im 17. und 18. Jahrhundert häufig eine Stimmung wie an heiligen Orten. Schon früh glaubte man beobachtet zu haben, wie sehr das allgemeine Wohlergehen der menschlichen Völker vom Wasserhaushalt der Alpen und ihres unmittelbaren Umfeldes abhängig zu sein schien. Wohlverstanden, nicht nur des eigentlichen Schweizerlandes – sondern riesige Gebiete unseres Erdteils, durch den die Flüsse aus dem Gebirge zu den Meeren zogen.

Gerade der erwähnte Hans Rudolf Grimm erzählt, es gebe in der eidgenössischen Heimat „gar viel Hunger-Brunnen auf den Bergen“. „Diese haben die Natur, dass wenn es teure Zeiten geben will, so kommt das Wasser viel stärker aus der Erde und dem Berge hervor; wenn es aber wohlfeil werden will, so wird man wenig Wasser an diesen Orten antreffen. Es ist deswegen ein bekannt Sprichwort: Große Wasser, kleines Brot; kleines Wasser, großes Brot.“

Tractat der Wildbeder natuer
wirckung vnd eigentschafft mittsampt vnderweisung wie
sich ein jeder bereiten sol ee er badet/auch wie man baden/
vnd ettliche zůfell der badenden wenden sol/Gemacht mit
grossem fleiß. durch Laurentium Phriesen der freien kunst
vnnd artzny doctorem.
Neptunus
Cum Priuilegio

Titelholzschnitt zu Laurentius Phries, Traktat der Wildbäder, Straßburg 1519

Auch die italienische Dichterin Maria Savi-Lopez berichtet über eigenartige naturwissenschaftliche Beschäftigungen: „Michelet bringt die Gletscher mit der Geschichte in Verbindung und behauptet beweisen zu können, dass in den Jahren, in denen die Gletscher weiter zu den Tälern hinabrutschen, die Rauheit des Winters, und infolgedessen das Elend, die Veranlassungen zu neuen und blutigen Ausschreitungen wurden. Bei Betrachtung des Montblanc, den er bestieg, um Ruhe und Schnee zu finden, überzeugte er sich, dass dieser ein prophetischer Riese ist. Aus der Art, wie seine Stirn sich mehr oder weniger mit Wolken bedeckt, kann man das Geschick Europas erkennen – man ersieht daraus, ob man den Zeiten ungestörten Friedens näher ist, oder revolutionären, den Throne stürzenden Jahren."

Wir dürfen nicht vergessen, dass gerade die Bücher in der Art der Savi-Lopez zur eigentlichen „Alpen- und Bäderliteratur" des 19. Jahrhunderts gehörten. Man nahm sie in Koffer und Reisetasche in die Kutsche, mit welcher es ins Gebirgsland ging, um dort in guter Luft und durch gesunde Wasser die notwendige Erholung zu finden. Hier glaubte man also, noch immer ziemlich ähnlich den alchimistischen Naturkundigen der Jahrhunderte von Paracelsus bis Hans Rudolf Grimm, der Werkstätte der göttlichen Kräfte nahe zu sein.

Tiere: die Helfer Gottes

Die Natur selber hat nach der uralten Vorstellung den Menschen, die in Not waren, die Heilwasser verraten. Fast regelmäßig treffen wir in den vergilbten Chroniken und in den mündlichen Sagen die gleiche Geschichte: Früher hätten die Vorfahren in großer Vertrautheit mit den Tieren gehaust, unabhängig ob es die im Stall waren oder die der Wildnis. Sie hätten sie zum Zeitvertreib und auch aus Notwendigkeit beobachtet und in ihrem Verhalten viel Weisheit als Geschenk bekommen, die sie dann für sich selber und ihre Angehörigen verwenden konnten.

Durch ihre Handlungen, die kluge Menschen zur Entdeckung (oder Wiederentdeckung!) der besten Wasserquellen und Heilbäder führten, erweisen sie sich als Helfer Gottes, von himmlischen Kräften gesteuert – um den Leuten einen Hauptschauplatz ihrer Umgebung zu zeigen.

Wenn der bernische Schriftsteller Grimm im 18. Jahrhundert die Liste der bekanntesten „Bäder so kalt und warm“ in der Eidgenossenschaft anführt, sieht er in ihnen allen einen Beweis der Güte des Schöpfers für das ganze Land. Er führt sogar aus einem Psalm des Königs David an: „Er öffnet die Felsen, da flossen Wasser aus, dass Bäche fließen in der dürren Wüste.“ Unmittelbar nach dieser Stelle fährt er mit seinen Angaben fort: „Und Gottes Brünnlein hat Wasser in Fülle. Denn so folget das warme Bad zu Pfäfers im Bündnerland. Dieses ist von einem Jäger erfunden worden, der einer Gämse nachgejagt hat, und auf den Bergen herumgeklettert ist. Denn so ist es auch das Leuker-Bad … und auch das Briger-Bad im Wallis’.“

Eine ähnliche Entdeckung der Wunderkraft im Wasser wird von der Sage auch dem Salwidenbad im Entlebuch zugeschrieben, das zwischen Sörenberg und Scheibengütsch liegt. Alois Lütolf erzählt darüber folgendermaßen: „Da jagte ein Jäger in selber Gegend. Eben hatte er ein schönes Tier angeschossen. Dasselbe lief mit letzter Kraftanstrengung einer Quelle zu, badete sich und war genesen.“

Kupferstich der Matte in Baden von 1809

Vom Ort Baden, der wegen seiner warmen Wasser im Mittelalter aus dem ganzen Deutsch-Römischen Reich die Wanderer anzog, besitzt der Basler Heinrich Pantaleon (1522 – 1595) die sehr bezeichnende Überlieferung. Schon lange vor Christi Geburt, also noch in heidnischen Zeiten, hätten die Hirten die guten Quellen gefunden und anscheinend schon ihre Bedeutung beobachtet. Wichtig ist uns, was der gleiche Schriftsteller dieser Tradition beifügt: „Wie dann sonst meist alle andern Wildbäder, so in den Einöden gelegen, durch Hirten und Jäger gefunden wurden.“

Von weisen Frauen

Das klassische Bad der Schweiz, das nach dem Bewusstsein des Volkes schon bei den vorchristlichen Stämmen und dann im Mittelalter als ein heiliger Ort galt, war Baden. Nach der Sage standen die hiesigen Quellen unter dem Schutz von drei weisen Frauen.

Gallo-keltisches Kultbild dreier feenhafter Matronen nach Schreiber, 1842 Tafel II.

Soll das die blasse Erinnerung an drei Göttinnen oder Feen sein, die mit ihren Kräften das Wasser erfüllten und es so heilig machten? Man hat mit diesen wunderbaren Bewahrerinnen dieses und anderer Bäder, von denen man bis in die Gegenwart erzählte, auch Steinfunde aus keltisch-römischer Zeit in Verbindung gebracht. Auf diesen sehen wir drei weibliche Gestalten, an deren mütterliche Güte zu den Lebewesen man offensichtlich fest glaubte. Wie die Sage von Baden und um ähnliche Plätze der Heilung zu beweisen scheinen, sah man ihr Wirken überall dort, wo die Natur ganz offensichtlich alle Geschöpfe, die dem Ort nahen, mit ihren Wohltaten überschüttet.

Andere romantische Forscher sahen in solchen Berichten die deutliche Erinnerung an die keltischen Priesterinnen, die Druidinnen. Sie hätten ihr heiliges Amt dadurch ausgeführt, dass sie die Erfahrungen ihrer Stämme über das Walten der Kräfte in der Umwelt sammelten, bewahrten und zum allgemeinen Nutzen anwandten. Sie seien wie gütige Krankenschwestern oder Ärztinnen gewesen, die gleichzeitig die Seele und den Körper der Hilfesuchenden betreuten. Schon die Gelehrten und Chronisten von Renaissance und Barock sahen in solchen Frauen, die reine und weiße Kleider getragen haben sollen, die schönste Seite der im Geheimen fortwirkenden vorchristlichen Bräuche. In der Heilkunde um unsere Bäder, in der bis ins 18. Jahrhundert die Frauen, die Baderinnen und Bademädchen eine so wichtige Bedeutung bewahrten, hätte einiges aus dem Wissen dieser „Weisen Frauen“ weitergelebt.

Dass das Volk der Heiler und Heilerinnen um die Bäder, eben der Bader, immer wieder von Eiferern als heidnisch und ketzerisch verdächtigt wurde, geht möglicherweise genau auf diese Überlieferung zurück. Die Hüter der Wasser, die den Menschen von allen Übeln reinigen sollten, waren eben stolz, Erben einer Tradition zu sein, die im Dunkel der Jahrtausende wurzelte.

Von den Quellen der Heiligen

In Unterseen, dem alten Städtchen zwischen Thuner- und Brienzersee, erzählte man mir von einem heute verschwundenen Lombach-Bad. Es sei von wunderbarer Heilwirkung gewesen, die ihm der Heilige Beatus verliehen habe, auf den in den Alpen das Urchristentum zurückgehen soll. In Remüs im Kanton Graubünden befand sich neben einem Gebäude, das man als das Schloss des Heiligen Florinus ansah, eine Quelle, deren Wasser dank diesem Mann einmal in Wein verwandelt worden sein soll. Ebenfalls in Graubünden wird vom Heiligen Viktor, im neunten Jahrhundert Pfarrer in Tomils, erzählt, der bis in die Gegenwart als „Talpatron" des Domleschgs gilt. Als er durch seine bösen Feinde den Märtyrertod erlitt, soll an dieser Stelle wunderbares Wasser aus dem Boden geströmt sein: „Da wo der Kopf auf die Erde fiel, sprudelte sofort eine Quelle hervor. Wer von diesem Wasser trank, wurde vom Fieber geheilt."

Lütolf fasst für die Kantone der alten Eidgenossenschaft – Luzern, Uri, Schwyz, Unterwalden und Zug – in wenigen Sätzen zusammen: „Heilige Brunnen, will sagen solche, deren Entstehung und Kraft auf heilige Personen und Wunder zurückgeführt werden, gibt es mehrere, und wir zählen sie nur einfach auf. Die Quelle im Lutherbad; zu Werthenstein, auf St. Jost, zu Einsiedeln der Vierzehn Röhren-Brunnen, am Ezel der St. Meinradsbrunnen, das Kaltbrünneli beim Kloster Engelberg. Die Quelle im Sakramentswald bei Giswil, das Bruder-Klausen-Brünnele bei Sachseln, der St. Columbansbrunnen zu Tuggen."

Wieder ins Gleichgewicht kommen

Ursprüngliche Erfahrungen zusammenfassend zeigt gerade auch Paracelsus am Beispiel der Alpenbäder, wie wir in ihnen den ganzen Erneuerungsvorgang der Natur erkennen. „Gott hat dem Guten und dem Bösen sein Ziel gesetzt, damit nichts zu hoch aufsteige. Das Bad Pfäfers muss sich auch verjüngen, damit es in der gleichen Tugend bleibe, damit weder zu viel Böses noch Gutes werde."

Paracelsus erklärt dazu: „Gott hat bestimmt, dass im Sommer die Körper wachsen und leben sollen, die den Kräften der Sonne unterworfen sind. Mit dem Sommer wachsen Kräuter und anderes. Sie sterben auch mit ihm. So merket auch von Bad Pfäfers, dass seine Verjüngung im Frühling beginnt und ihr Ende im Winter erreicht. Es wächst mit den Kräutern und stirbt mit ihnen. Wie die Kräuter von Aufgang der Sonne (im Frühling) gezwungen werden, dass sie aus der Erde wachsen müssen, so wird durch die Macht und Wirkung der Sonne das Bad Pfäfers gezwungen, hervorzukommen und sich mit den irdischen Gewächsen zu zeigen. Mit dem Termin der irdischen Dinge muss es wieder vergehen und seinen Samen in die Erde setzen, welcher durch die Kraft der Sonne wieder verjüngt wird, zu seinem alten Wesen."

Die Märchen und Volkslieder, die noch von den wunderbaren Jungbrunnen in den Bergen berichten, sind damit keine Erzeugnisse der reinen Phantasie: Sie sind eine dichterische Verherrlichung der Vorgänge, auf die man sich den ganzen Herbst und Winter hindurch freute und die man jährlich als Höhepunkt genoss.

Das alte Bad Pfäfers mit der Thermalquelle (nach Hahn, Schönfels 1986, 122)

Gerade Pfäfers ist nach Paracelsus ein wahres Bollwerk gegen Frauenleiden. „Es [sein Wasser] hält die Menstruation in Ordnung, es hemmt sie und ruft sie hervor.“ Überhaupt galt dieser Ort als besonders gut für Mann und Weib, um das verlorene Gleichgewicht der Kräfte und Säfte ihres Körpers wieder zu gewinnen: „Pfäfers ist auch für die gut, die lange krank waren, zu beginnen, wieder zu Stärke zu kommen.“ Schon Paracelsus scheint in der Wärme, die auf uns von allen Seiten im Bad einströmt, etwas Mütterliches erkannt zu haben. Er vermutete hier ein Geschenk für „ein langes Alter der Alten“: Der Mensch fühlt sich wie wiedergeboren, damit erneuert und verjüngt.

Der Abstieg in die Taminaschlucht, der Genuss des wunderbaren Wassers, war im ausgehenden Mittelalter angetan, die Phantasie der Gäste ungemein anzuregen. Ein Besuch der Gesundheitsquelle, immer berühmter seit dem 13. Jahrhundert, galt nicht nur als eine Angelegenheit der Medizin, sondern gleichzeitig als eine fromme Pilgerfahrt.

Der „König der Ärzte“, Paracelsus, erforschte die Heilkräfte des Bades Pfäfers als eine naturwissenschaftliche Tatsache. Seine Schrift, die er 1535 herausgab, gilt vielfach als ein Vorwort zum ganz modernen Badeleben.

Wichtige Gäste besuchten schon damals den Platz, wir erwähnen nur den Ritter Ulrich von Hutten oder Zwingli – ohne die beiden ist das Zeitalter der Reformation gar nicht denkbar. Andere Berühmtheiten wie Victor Hugo, Friedrich Nietzsche, Hans Christian Andersen, Johanna Spyri, Carl Zuckmayer und Thomas Mann folgten. Als zu Beginn der Neuzeit das Benediktinerkloster von Pfäfers geschlossen wurde, begann ein großes Kapitel der Badegeschichte. Das überschüssige Wasser wurde 1840 unmittelbar zum Dorf

Ragaz geleitet, in dem nach und nach ein „glänzendes“ Badeleben erwuchs, das erst durch die beiden Weltkriege des 20. Jahrhunderts starke Rückschläge erhielt.

Verjüngung im Leuker Bad

Wir vernehmen aus Leuk, nach einem Bericht von 1816, von einem Spiel mit Blumen: „In den Bädern zu Leuk im Wallis, wo alle Gäste in einem gemeinsamen Baderaum zusammen sitzen müssen, ist es eine eigene Spekulation des Badewärters, den Patienten auf die schwimmenden Tischchen, die er vermietet, Alpenrosen hinzulegen. Sie bekommen, wenn auch schon halb verwelkt, im Badewasser wieder neues Leben.“

Auch wenn wir keine alten Darstellungen über das märchenhafte Volkstreiben in den warmen Wassern von Baden oder Leuk hätten, erstehen vor uns aus solchen Stellen wunderbare Bilder. Viele Leute, die zu Ross oder sogar zu Fuß an die heilenden Plätze gepilgert waren, sitzen zusammen im Bad. Endlich im Heilbad, regte sich wohl in jedem Gast der verständliche Zweifel: Nun bin ich endlich da! Machen sich aber alle meine Anstrengungen und Ausgaben bezahlt?

Bald stellt der kluge Badewirt den Gästen Blumensträuße auf ihre Holztischchen. Eine Kräutersammlerin hat sie wohl schon am vorherigen Abend gebracht und man sieht ihnen an, dass sie matt und welk sind, sich auf ein baldiges Absterben bereiten. Traurig blicken die Badenden ihre Pflanzen an, und eine trübsinnige Stimmung schleicht durch ihre Gedanken. Fühlen nicht auch sie sich immer leicht müde? Naht nicht auch ihnen allen mit leisen Schritten das Alter und mit ihm eine Unzahl von Leiden für sämtliche Leibesglieder?

Holzschnitt des Leuker Bades, 1550

Auf einmal, in die Stille hinein, ein Freudenruf: Hatte sich nicht ein Blütenstängel wieder aufgerichtet? Wirkten nicht bereits die Blätter so frisch, als wäre die Pflanze noch auf einer grünen Weide? Man stritt nun herum, ob diese Beobachtung zuverlässig war oder aus einer Vorstellungskraft kam, von den phantasievollen Bademärchen entzündet.

Doch dann sahen es alle, es war unbestreitbar. Die Pflanzen erholten sich zusehends in den warmen, sie von allen Seiten netzenden Dämpfen. Bald wirkten sie so frisch und farbig, als habe die gute Kräuterfrau sie erst vor einem kurzen Augenblick vom Erdboden geholt.

Wohl aus solchen Überlegungen und Erfahrungen stammt die Redewendung: „Man wird jedes Jahr nicht jünger, es sei denn, man verbringt den Mai im Bad.“

Geschenk der Fruchtbarkeit

In der Stadt Baden nannte man das Verenabad heilig! Aus dem Grund, weil man es als Geschenk der frommen Begleiterin der thebäischen Legion ansah, galt es als ein himmlisches Geschenk an alle bedürftigen Armen. Unentgeltlich durften sie es für ihre Gesundheit genießen.

Gegen hundert Menschen fanden zusammen im Bad der Heiligen ihren Platz. In langen Reihen saßen sie dann, unentgeltlich und fast endlos geduldig, in den heilenden Wassern, der eine bis zum Hals, der andere bis zur Herzgrube eingetaucht. Es wird erzählt, dass ein Bademeister unermüdlich nach den verschiedenartigen Sitten dieser weit gereisten Armen schauen musste. Er hatte angeblich eine Rute an einer langen Stange, und begann sich jemand im Verenabad ungebührlich aufzuführen, so konnte er ihn mit seiner Waffe recht schmerzhaft treffen.

Die Öffnung im Boden, aus der das warme Wasser zu den Unglücklichen sprudelte, heißt Verenaloch. Besonders berühmt war die Wirkung des Verenalochs unter den Frauen, die es schwer genug hatten, in ihrem Leib Kinder tragen zu können. Auch die wohlhabendsten Damen blickten darum in Baden mit traurigen Augen auf ihre armen Schwestern im Bad für das bedürftige Volk. War es nicht zuletzt die Güte der Heiligen Verena, die den Bettlern so häufig eine zahlreiche und erstaunlich gesunde Kinderschar schenkte?

So soll der Badewäscher des Verenabades einen recht einträglichen Beruf besessen haben. In nächtlichen Stunden musste er bekanntlich das von den vielen Besuchern verunreinigte Wasser abfließen lassen und anschließend den Steinboden und die Steinsitze spülen. Doch bei dieser Arbeit kam häufig aus dem Dunklen eine verhüllte Frau. Der

Badewäscher freute sich über einen solchen meistens schweigsamen Besuch, da ihm dieser als ersten Gruß immer ein gutes Geldstück in die Hand drückte. Die Dame zog nun rasch ihre Badehre an, ein langes Hemd von feiner Wolle. Nun führte sie der diskrete Arbeiter zum Verenaloch, wo der heiße Sprudel unermüdlich aus den Erdtiefen empor rauscht. In der Ruhe der Nacht, im Dunkeln verborgen vor allen Blicken von Neugierigen, sollte die Kraft der Heiligen Verena besonders wirksam sein.

Inseln der Lebenslust

Erstaunlich genug überlebten die Bäder im Alpenraum sogar in den schwärzesten Zeiten, die unser Abendland kennt. Der Puritanismus mochte die harmlosesten Vergnügungen unter schwere Strafen stellen und melancholische Philosophien die Massen in schwarzen Trübsinn stürzen. „Bademädchen" konnten in den Verdacht kommen, „Hexenbräuche" zu kennen, und die Drohungen der Folterung jede volkstümliche Freude vergällen. Die Badeorte und sogar die berühmten „Badestuben" in Stadt und Dorf – sie blieben die erstaunlichen Inseln der tiefen Entspannung: Hier trotzte der uralte Brauch den Verboten.

Das Volk strömte, besonders noch im Umkreis der geheimnisvollen Gebirge, in die für ihre Verschwiegenheit gepriesenen Bäder „umgeben von Bergwald und Alpweiden … fernab von der staubigen Landstraße": „Im Vordergrund habe indessen die 'naive und oft recht derbe Genussfreudigkeit des Mittelalters' gestanden, meinen verschiedene Autoren. Die Bademädchen, welche oft selbst die Kräuter aus dem Boden 'grübelten' (um mit ihnen die Heilkraft des Wassers zu steigern), seien wegen ihres Leichtsinns nachgerade berühmt geworden …"

Der Vogt von Trachselwald habe 1640, also als die Religionskriege und die sie begleitenden Seuchen die Mehrheit der Bevölkerung von Deutschland ausrotteten, geklagt: Immer noch sei das Badeleben beherrscht durch „das ärgerliche und gottlose Leben und unnütze Wesen mit Tanzen, Singen, Schreien, Pfeifen, Geigen“. Die Leute gingen an solche von Musik erfüllte Orte wohl weniger wegen ihrer Gesundheit, sondern wegen der „Vollbringung der Geilheit und großen Mutwillens“! Es gäbe hier sogar noch den Brauch „einer Auslöschung der Lichter und bei dieser Gelegenheit eine Vermischung und Untermischung der Männer und Weiber“. Aus solchen Berichten können wir erkennen, dass mancher Brauch in einsamer Umwelt in der schmutzigen Phantasie seiner Feinde zu einem „erschreckenden Hexensabbat“ wurde.

Wenn wir der Sage glauben, folgte dieses Badeleben trotz allem den Gesetzen der eigenen Sittlichkeit. Sogar in den Jahrhunderten, als die Geschlechtskrankheiten tobten, sollten die „Lustbarkeiten“ in dem Umkreis des Wassers keinerlei zusätzliche Gefahr bringen: „Zumindest, wenn man sie nach den alten Erfahrungen betrieb.“

Im Bad ist alles möglich

Die Badgasse im alten Bern, die unmittelbar unter dem Münster liegt, war nach den vorhandenen Darstellungen und den Schilderungen eines Casanovas fast ein Tor in die malerische Natur. Sauber strömten die Fluten des Flusses von den Alpen her und wurden erst, wenn sie an den Bädern in Marzili und Matte vorbei waren, ein wenig von den anschließend liegenden Stätten der städtischen Handwerker verunreinigt. Was die gegenüberliegenden Ufer und Abhänge angeht, waren sie nach den vorhandenen Kupferstichen und Malereien eine Welt grüner Natur, in der noch die Kühe weideten und die sie hütenden Hirten noch ihre bunten Trachten trugen.

In Baden lagen die Quellen und Brunnen, von denen man seine Gesundheit erwartete, im 18. Jahrhundert „300 Schritte von der Stadt entfernt“ (Karamsin). Das schöne Wirtshaus Sommerhaus-Bad liegt unweit der ursprünglichen Stadt Burgdorf und des Flusses Emme. Man muss sich aber auch hier, wenn man den einstigen Zauber des Ortes verstehen will, eine Unzahl der modernen Überbauungen wegdenken. „Die Lebensfreude“, so erzählte mir ein alter Burgdorfer, „die kam zu dem, der da baden wollte, nicht erst im Sommerhaus und in dessen Wasser. Er fühlte sie schon, wenn er durch die grüne Landschaft zu seinem Ziel spazierte.“

Natur und Kunst soll an solchen Plätzen zusammengewirkt haben, den Menschen mit Hoffnung und Freude zu erfüllen. Vom gleichen Burgdorfer Sommerhaus wird, wie von einer Unzahl ähnlicher Orte, versichert, dass man doppelt erfreut wurde, wenn man ihm entgegen wanderte. Da war einmal der Weg, dessen natürliche Wirkung der Mensch mit Geschick gesteigert hatte. Dann tönte vom Bad selber, wenn man ihm zu Fuß oder mit der Kutsche nahte, sehr häufig Musik, Gesang, der Jubel der Gäste.

Wer ins Bad ging, der wollte nicht nur die offensichtlichen und gleichzeitig geheimnisvollen Einflüsse der guten Wasser erleben. Er suchte auch eine andere Wirklichkeit, also eine ganze Umwelt, die nichts mit seinen gewöhnlichen Zuständen, mit „Kummer und Sorge“ seines Alltags zu tun hatte. Er ging in ein Märchenland, in welchem er durch sämtliche Umstände, die ihm hier begegneten, ein Gefühl bekam – „alles ist möglich“!

Sergius Golowin

In der Alpentherme in Leukerbad sitzt der Badegast sicher im warmen Heilwasser. Ihn umgeben schneebedeckte Berge, von denen zuweilen Lawinen ins Tal hinunter donnern. Foto: Wolfgang Bauer

Simmerquelle im Sommer und Winter. Foto: Elmar Good

Anreise- und Besuchsinformationen:

Nach Pfäfers gelangt man mit dem „Schluchtenbus“ von Bad Ragaz (ab Bahnhof, Post, Dorfbad oder Kurzentrum). Von Ende April bis Ende Oktober verkehrt zu bestimmten Tageszeiten auch die „Rössliposcht“.

Bad Pfäfers: Seit dem 13. Jahrhundert suchten Kranke Heilung in der 36,5° warmen Quelle der Tamina. Anfänglich wurden Patienten in Körben an Seilen 150 m in die Taminaschlucht hinabgelassen. Sie blieben 6 – 7 Tage an diesem schrecklich wilden Ort und badeten in Löchern im Fels. Ab 1630 wurde das Quellwasser aus der Schlucht in außerhalb gelegene Badehäuser geleitet. 1839 stellte Bad Pfäfers seinen Betrieb ein. Das Thermalwasser wurde von da an nach Bad Ragaz geleitet. Seit 1987 gelangen Besucher über einen Stollen wieder in die Taminaschlucht zum 36,6° warmen Thermalwasserbrunnen und zur Quellwassergrotte. Sehenswert sind auch das „Alte Bad Pfäfers“, der älteste, barocke Bäderbau der Schweiz, das Kloster- und das Bademuseum und die Paracelsus-Gedenkstätte.

Baden im Aargau: Der Kurort Baden, am Fluss Limmat gelegen, besitzt 19 Quellen, die schon vor 2000 Jahren in der Siedlung Aquae Helveticaa von den Römern genutzt wurden. Die Badeanlage im benachbarten Ennetbaden lässt noch die Struktur der alten Badesiedlung erkennen. Der größte Teil des bis zu 40° warmen, sehr mineralreichen Wassers fließt ungenutzt in die Limmat.
Ganzjährig geöffnet (außer am 25. Dezember) ist die *Schwefeltherme der Baden AG*. Vom Bahnhof Baden geht man 7 Minuten und folgt dem braunen Schild „Thermal Baden“. Von Basel, Bern und Zürich besteht alle 30 Minuten eine Zugverbindung. Angeboten wird auch „Baden bei Kerzenlicht“.

Ein berühmter Gast in Baden war Hermann Hesse. Er kam dreimal zum Kuren (1923, 1944 und 1949), um seinen „eingerosteten Beinen" etwas Gutes zu tun. Im alten, steinernen Gewölbe seiner Badezelle genoss er ein „heimliches, wärmendes Höhlengefühl".

Leukerbad: Es liegt in 1400 m Höhe im Dalatal, umgeben vom atemberaubenden Panorama der Walliser Alpen. Für die Öffentlichkeit ganzjährig zugänglich sind das Burgerbad und die neu gebaute Alpentherme, deren Einrichtungen (Innen- und Außenthermalbad, Sportbad, römisch-irisches Bad) von der warmen St. Lorenzquelle gespeist werden. Das Burgerbad lädt auch zum Thermalbaden zu nächtlicher Stunde ein. Lichteffekte, Musik, Speis und Trank aus dem Feuertopf und der Schein des Vollmondes schaffen eine mystische Atmosphäre. Im Sommer führen den Besucher 60 km Wanderwege zu zahlreichen Aussichtspunkten und im Winter finden Skitouristen viele Weltcup erprobte Pisten. Seit 1957 verbindet eine Luftseilbahn Leukerbad mit dem Gemmipass. Von hier aus sind lange Wanderungen bis ins quellenreiche Berner Oberland möglich. Die Straße von Leuk das Tal hinauf nach Leukerbad ist auch im Winter gut befahrbar.

Wallfahrten zu heiligen Quellen in Österreich

Aus mancher Tiefe sprudelt wirklich mehr als reines Wasser

Am 23. April 1626, während eines wilden Sturms, trat plötzlich in Leobersdorf, Bezirk Baden in Niederösterreich, eine Quelle in „armdicker Wassersäule“ aus. Im Nu bildete sich ein rundes Becken. Zeitgenössische Zeugen versicherten, sie hätten kurz vorher ein unheimliches Getöse in der Erdtiefe vernommen. Ein solch bemerkenswerter Vorgang hielt sicher noch weitere Wunder in petto. So nutzten die Bewohner das Wasser der Quelle äußerlich wie innerlich. Tatsächlich ließen bald erste Heilungen aufhorchen. Eine blinde Frau sollte damit wieder sehend geworden sein. Selbst ein todkranker Mann wäre genesen und Peter von Braun, Sohn der Herrschaft zu Schönau, von einem schweren Augenleiden. Bald strömten die Wallfahrer von nah und fern. Aus dem Erlös der Opferspenden konnte der „Heilige Brunnen“ eingefasst und noch im gleichen Jahr 1626 daneben ein hölzernes Kapellchen errichtet werden (nach bewegter Geschichte 1990 generalsaniert). Schließlich sei kurz nach Austritt ein Marienbild auf dem Wasser sichtbar geworden. Nach anderer Legendenfassung sei es auf dem Wasser geschwommen, hatte jetzt also irdische Form angenommen. So gewann die Marienkapelle ihr Gnadenbild, und alles war in bester „christlicher Ordnung“.

Heilbrunnen von Leobersdorf, neue (links) und alte (rechts) Quellfassung. Foto: Herzi Pinki, wikimedia gemeinfrei

Bereits 1466 hatte das Enzensberger Urbarium (Besitzrechtsverzeichnis) des Christoph von Spaur einen „Heyligen Prunn“ an diesem Ort erwähnt. Er spendete vermutlich Wasser für das aufgelassene Dorf Pölla in Quellumgebung, dessen Besiedlung bis in die „heidnische“ Bronzezeit zurückreicht. Zwischenzeitlich muss dieser Heilige Brunnen verschüttet gewesen sein. Sein Neuaustritt aber samt starkem Zulauf von Heilung Suchenden bot eine wahrhaft wunderbare Einnahmequelle; zumal wenn – wie aus Aufzeichnungen beispielhaft hervorgeht – eine Person aus Gutenstein wegen Blindheit sechsmal (vergeblich) hierher pilgerte. Sogar eine Erneuerung des lukrativen Wochenmarktrechts für Leobersdorf verschaffte der Heilige Brunnen. So erfreute er „sich selbst des Schutzes der Sozialdemokraten“, ironisierte Gustav Gugitz († 1964), der Wiener Heimatforscher und Volkskundler (1955–58: II, 81). Leider versiegte die Quelle 1970 erneut. Kurz entschlossen stellte die Marktgemeinde einen Anschluss vom nahen Pumpwerk des Wasserleitungsverbandes her. Auch dieses Wasser schmeckt. Es fehlt ihm allerdings noch alles Wunderbare und Wunderträchtige …

Sprudelnde Ursprünge und Ausgangspunkte von Entwicklung

An heilkräftigen Quellen entstanden die meisten Wallfahrtsorte in den Alpen. Unüberschaubar bleibt die Zahl der Heiligenbrunnen, Heil- oder Frauenbründl. Hierbei offenbart sich eine naturreligiöse Veranlagung in vielen Menschen noch stärker als bei Baum- oder Steinkulten. Denn die Quellverehrung ist stets älter und bildet das Ursprünglichere. In vorchristlicher Zeit hätte eine Kultstätte ohne lebendige Quelle kaum Bedeutung gewinnen können. Noch in der Neuzeit wurde oft ein Quellaustritt aus Respekt mit einer Kapelle oder Kirche überbaut. Nicht selten steht der Altar darüber oder man nahm andere bauliche Rücksichten.

Geheimnisvoll gähnt das Brunnenloch in St. Felix von Marling. Foto: Wolfgang Morscher, Innsbruck (mit freundlicher Genehmigung)

In der Südtiroler Wallfahrtskirche Zum Heiligen Felix (im Volksmund St. Flein) von Marling, 1251 geweiht, befindet sich im Boden des Langhauses ein viereckig eingefasstes Loch. Scheinbar reicht es in große Tiefe. Es füllt sich unterirdisch mit Sickerwasser, das immer die gleiche Höhe behält. Pilger mit Kopfleiden schöpften dieses Wasser mit einer langstieligen Kelle und wuschen sich damit den Kopf. Hinterher opferten sie Zöpfe und Haarteile. Früher stand nahe der Sakristei eine Kiste mit hölzernen Gliedmaßen, aus denen sich jeder das entsprechende Glied nahm, das erkrankt war. Wer nachhaltig genesen wollte, musste die Holzköpfe aus der Kiste dreimal um den Altar tragen (Gugitz 1955–58: III, 107).

Meist aber sprudeln Quellen im finsteren Wald oder verborgen unter Felsgestein. So lieferte ihr Ausfluss ein Bild für den nie versiegenden Born des Lebens, der unsichtbar in der Tiefe des feucht dunklen Urgrunds sickert. Im Märchen fallen Kinder durch Quellen und Brunnen hindurch ins Reich der Erdmutter, hinab in die Unterwelt. In diesem Reich von Transformation gehen Tod und neues Leben geheimnisvoll ineinander über. Opfer an Quellen, Brunnen und Seen haben Archäologen denn auch viele gefunden. Jakob Grimm überlieferte in seiner Deutschen Mythologie, wie innig z. B. Alemannen und Franken Quellen und Gewässer verehrt hätten. An Ufern und Quellrändern betete das Volk, stellte Opfergaben hin und zündete Lichter an. Letzteres geschah wohl hauptsächlich abends und nachts, wenn die vom Wasser zurückgespiegelte Flamme den „Schauer der Anbetung" erhöhte (Grimm 1968: II, 284 f.). Streng verurteilte das PÖNITENTIALE (Buß- und Beichtverzeichnis) des Bischof Bonifazius (um 673 – 754) jeden zu einer fünfjährigen Buße, der ein Gelübde an einem Brunnen abgelegt hatte, statt über einer Bibel, über einem geweihten christlichen Gegenstand der Andacht oder im Gotteshaus (Widlak [1900 oder 1904]: 18).

Kirchenrechtlich sanktioniert erst die priesterliche Segnung von Quell oder Brunnen eine Wallfahrt und verleiht dem Wasser christliche Weihe. Aus der Quelle unweit der Pfarrkirche zum Heiligen Geist im slowenischen Ort Podolševa, nahe Solčava (früher Sulzbach), floss wohl lange Zeit ohne priesterliches Zutun direkt „Weihwasser" (Gugitz 1955–58: IV, 268 f.). Und auf dem Nordtiroler Bergmassiv Wilden Kaiser (Aufstieg Kaiserschützensteig zum Scharlinger Boden) soll die Quelle, die hier entspringt, das sog. Mirakelbründl, sogar direkt vom Fluss Jordan im Heiligen Land gespeist werden. Das ist wohl kaum noch zu überbieten. Ihr Wasser sei besonders für Frauenleiden heilwirksam (Gugitz 1955–58: III, 65). Leider haben wir dieses Mirakelbründl nicht gefunden. Wer weiß, was wir dann sonst noch Wunderliches zu berichten hätten!

Wer zur Quelle will, muss in die Tiefe der Natur steigen

Im Altertum und in der Antike unterstand jedes Gewässer der Großen Göttin des Lebens. Ohnehin assoziiert elementares Aufbrechen von Wasser aus der Erdentiefe einen Geburtsvorgang. So lag zunächst alle Zuständigkeit für Fruchtbarkeit und Heil, für Kindersegen und Schutz der Ehe, bei diesem Großen Weiblichen in der Natur. Eine Quelle betont in dieser Vorstellungswelt stärker den aufsteigend durchbrechenden Charakter des Geborenwerdens und der schöpferischen

·ilquelle Betleiten zu Osterwitz, :hts am Quellloch hängt ein Schöpflöffel. /www.sagen.at, Barbara Albert it freundlicher Genehmigung)

Bewegung, ein Brunnen oder stehendes Gewässer ein „Enthaltensein“. So öffnen heilige Brunnen wie Quellen an vielen Wallfahrtsorten ungeahnte Ressourcen. Ohnehin hatten solch heilige und *wunder*volle Quellen eigentlich, wie Wallfahrtsstätten überhaupt, gegen alles zu helfen. Wen wundert es da noch, wenn sie vorzugsweise mit der Verehrung Mariens verbunden sind, „Mutter der strömenden Gnade“. Sie, eigentliche Herrin aller von Christen verehrten Quellen, ließ sich lokal allerdings auch durch männliche oder weibliche Heilige vertreten. Enttäuschte aber hörten sich um, ob ein Gnadenbrünnlein an anderem Ort vielleicht besser helfe oder Maria daselbst einfach mehr tauge. Im guten Glauben oder voll guter Hoffnung pilgerten Ungeheilte dann *dorthin*.

Maria trat nicht nur das Erbe antiker Mutter-, Mond- und Geburtsgöttinnen an. Sie schien als „Muttergottes“ wohl auch am ehesten geeignet, mit dämonischen Quellweibern als den älteren Bewohnern vor Ort fertig zu werden. Beim Ehepaar Klaunz in Matrei, Osttirol, wollte es mit der physischen Kinderzeugung nicht recht funktionieren. Eines Tages sei eine fremde Frau mit einem Säugling erschienen, die um Herberge bat. Der Bauer gewährte dies, äußerte aber unverfroren, dass ihm die Fremde das liebliche Kind überlassen solle. Am nächsten Morgen war die seltsame Frau verschwunden. Doch hatte sie ihr Kind tatsächlich in der Wiege zurückgelassen. Bald stellte sich bei Familie Klaunz zusätzlich noch selbst Nachwuchs ein. Gleichzeitig entsprang eine Quelle unweit des Anwesens. Aus Dank stiftete das Ehepaar um 1700 eine Mariahilf-Kapelle, das Klaunzkirchl. So weit die Legende. 14 Kreuzwegstationen führen heute hinauf zum Klaunzerberg. Frauen, die für Kindersegen hierher wallfahrten und einen Knaben gebären wollen, müssen zunächst zur nahen Bachkapelle (von 1611) und dann zum Klaunzkirchl. Für die Geburt eines Mädels sollten sie unbedingt die umgekehrte Reihenfolge einhalten (Gugitz 1955–58: I, 76 f.). So rieten jedenfalls einst selbstbewusste Sachverständige.

Anderen Orts hatten fromme Besucher heilende Quellen mit einem Standkreuz versehen, mit einer Bildsäule (Marterl) oder einer grob gezimmerten Holzkapelle, und so eine Stätte christlicher Andacht geschaffen. In Betleiten, Gemeine Osterwitz in der Steiermark, war allerdings die Gottesmutter Maria selbst als erste zur Stelle. Viele Legenden wissen, wie oft und gern sie, allein mit ihrem göttlichen Kind, Österreich wohl touristisch erkundete. Dort ist es ja auch viel lieblicher als im kargen und „schiachen" Heiligen Land. Maria kam gerade, während es zum Beten läutete. So sei der Ort zu seinem Namen gekommen. Leider hielt „Unsere Liebe Frau" ihn für eine geeignete Stelle, ungeniert die Windeln des Jesukinds auszuwaschen. Wallfahrer nach Osterwitz folgen solch schlechtem Vorbild, ziehen Schuhe und Strümpfe aus und baden ihre schmerzenden Füße in der Heilquelle. Jede Beeinträchtigung der Füße ziehe dieses Wasser aus – den Schweiß auch. Wer aber Hände oder ein Tuch an dem Stein neben dem Quellloch reibt, wird dort zumindest angenehmen Safrangeruch wahrnehmen (Gugitz 1955–58: IV, 217).

In die Erde gesteckte Zweigkreuzlein markieren einen Segen spendenden Ort

Eine ganze Palette von Wirkungen schrieb man dem Brunnenwasser aus der Pfarrkirche St. Andrä in Graz zu (1635 eingeweiht). Sie gehörte einst zum Dominikanerkloster, das während der Säkularisation unter Kaiser Josef II. aufgehoben wurde. Mönche hatten 1678 in deren Brunnen Reliquien des in St. Andrä verehrten heiligen Petrus-Martyr († 299 oder 304) versenkt. Seitdem stand das auf diese Weise geweihte und offensichtlich angereicherte Wasser des Brunnens im Ruf, viele Leiden zu heilen, auch Viehkrankheiten. Überdies sollte es schwere Geburten erleichtern und Ungeziefer aus Feld oder Weingärten vertreiben. Kreuzchen aus Zweigen, in diesem heiligen Wasser eingeweicht und am Feldrain in den Boden gesteckt, wehrten gefährliche Unwetter von Äckern und Weingärten ab. Andererseits seien Menschen vom Blitz erschlagen worden, die diesen machtvollen Kreuzchen zu nahe kamen. In manchen Wallfahrtsstätten konnten Besucher sogar geweihte Holzkreuzchen gegen Schadeinflüsse auf Haus, Hof und Feld erwerben. Jedenfalls kamen Pilger wegen der Petrus-Martyr-Kreuzlein und des Petrus-Martyr-Wassers einst von weit her hergereist. 1783 verbot die Obrigkeit solch abergläubische Praktiken (Gugitz 1955–58: IV, 140 f.).

Knappen- oder Gesundbrunnen im Ortsteil Loben von Bad St. Leonhard im Lavanttal. Der Legende nach gesundete nach einem Trunk vom diesem Wasser ein vom Tod gezeichneter Bauer. Wem diese Quelle hilft, der hinterlässt ein Kreuzchen. © www.sagen.at, Barbara Albert (mit freundlicher Genehmigung)

In Kärnten und der Steiermark stecken noch gelegentlich im Bereich von seit alters her verehrten Quellen primitiv geformte Kreuzchen aus ineinander geklemmten Zweiglein in der Erde oder in nahen Bäumen. Gewöhnlich handelt es sich dabei um eine Opfergeste für eine Heilung oder aus Dank. Ursprünglich dürfte der Brauch allerdings in den Bereich von Bann- und Abwehrzauber oder Beschwichtigung gegenüber Schwellenmächten an überkommenen Versammlungsplätzen, Kreuzwegen oder Grenzen gehören (Schmidt 1966: 222 ff.). Wenn wir einen solchen Bezirk, zumeist weit ab jeder Besiedlung gelegen, achtungsvoll betreten, wähnen wir uns in eine andere Welt versetzt. Hier spüren wir noch eine heilige Scheu der Einheimischen vor den numinosen Qualitäten der Natur. Bis heute dienen die Kreuzchen zugleich der Idee, auf diese Weise Erdfruchtbarkeit zu befördern.

Diese urtümliche Form eines Votivopfers kann sich sogar mit einem Wunsch nach Weissagung verbinden. Im Hochwald von Weißberg, Kärnten, ist das geweihte Brünnlein beim Schattenbauer mit einem Zauber verbunden. Vier hoch gemauerte Pfeiler tragen ein Holzdach über dem Brunnen, drei Staffeln führen zum Quell. Bevor hier jemand vom Wasser trinken will, gehöre es sich, ein solches Kreuzzweiglein hineinzuwerfen, das man sich selbst gebrochen hat. Bleibt das Stöckchen an der Wasseroberfläche, wird der Orakelsucher zumindest noch eine Weile leben. Geht es unter, sterbe man noch im gleichen Jahr, behauptet die Überlieferung (Gugitz 1951: 52). Aber wer will dies wirklich schon vorher wissen!

Heilige besetzen das ureigenste Metier von Göttin Erde und ihren Nymphentöchtern

Quellen weisen also mancherorts erstaunlich vielfältige Qualitäten auf. Einige erhielten bereits im Spätmittelalter die wissenschaftliche Anerkennung eines gesundheitsförderlichen Heilwassers. So gab es

Wie urzeitlich mutet der Schöpfbrunnen in der Kirche Zum heiligen Nikolaus von Speisendorf an, feucht und grünlich wie der gedachte Urgrund. Foto: E. Hochher, im völligen Dunkel aufgenommen. © www.sagen.at (mit freundlicher Genehmigung)

für die kirchliche Obrigkeit einmal mehr Gründe, seit alters her bestehende oder neu einsetzende Kulte in christliche Formen zu lenken, Heilwasser durch priesterlich geweihtes Heiliges Wasser weiter aufzuwerten. Flankierend dazu boten Volkslegenden mitunter „weit her geholte" Heilige auf, selbst mit Migrationshintergrund, welche die örtliche Quelle erweckt oder zumindest mit ihrer geistigen Kraft angereichert hätten. Kein geringerer als St. Nikolaus (um 270/86 – 326/65), Bischof von Myra (heute Demre, türkische Provinz Antalya), soll die Wunderquelle von Speisendorf in der niederösterreichischen Gemeinde Raabs an der Thaya entdeckt haben.[6] Über ihr erhebt sich der Hochaltar der ehemaligen Wallfahrtskirche Zum heiligen Nikolaus, 1118 erstmalig erwähnt. Nach dem Bau der Kirche habe die Quelle aber merkwürdigerweise ihre Heilkraft eingebüßt. Trotzdem wallfahrteten noch im 18. Jahrhundert viele Prozessionen nach Speisendorf, nicht nur zum Gnadenbild einer gekrönten Maria aus dem 15. Jahrhundert (Gugitz 1955–58: II, 196 f.). Seit 1718 führt

6 St. Nikolaus von Myra wurde zum Wasser- und Brückenheiligen, zum Patron aller Schiffer und Seeleute. War doch gemäß seiner legendenhaften Vita bei seiner Grablegung am Fußende seines Sarkophags eine Quelle entsprungen. Noch zu Lebzeiten hätte er einen Seesturm beruhigte und ein Kind gerettet, das zu ertrinken drohte.

von außen an der Turmostseite eine Stiege in den einer Krypta ähnlichen Brunnenraum mit Tonnengewölbe. Für die Wallfahrer muss er einst einen anderen Zugang gehabt haben.

Manchmal genügte es schon, dass ein Heiliger bei einer Rast mit einem Trunk von dem Wasser quasi eine Art kultische Weihe hinterließ. Heilige, denen Überlieferungen eine starke Reisetätigkeit und lange Wanderungen zugeschrieben hatten (St. Wolfgang, Emmeran, Koloman, Ulrich u. a.), schienen per se geeignet, das Patronat über Quellen und Brunnen zu erhalten. St. Ulrich, 923 – 973 Bischof von Augsburg, schützt obendrein bei Überschwemmungen, Wassergefahren und Unwetter jeder Art. Auch eine solche Schirmherrschaftszuweisung besitzt eine lange Tradition. In der Antike unterstellte man Quellen gern dem Genius loci (Geist des Ortes) oder der Gottheit des betreffenden Landstrichs.

Laut beliebter Legendenmirakel ließ sich hier und da das Gnadenbild selbst in einer Quelle auffinden, alternativ auch nur aus der geistigen Welt im Wasser zurückspiegeln – wie aus Leobersdorf erwähnt. In Ollersdorf, Bezirk Güssing im Burgenland, sei die Marienquelle ebenfalls unter donnerartigem Getöse auf einem Krautacker entsprungen. Wenig später beruhigte sich das Wasser, schuf eine runde Öffnung und gab das Gnadenbild frei (Gugitz 1955–58: II, 234). Das energiereiche Wasser sei zu 75% rechtsdrehend und wird bis heute ausgiebig in der 1768 über dem Quellaustritt erbauten Kapelle „Maria Helferin" abgefüllt. Beim heiligen Brunnen St. Corona am Schöpfel, niederösterreichische Gemeinde Altenmarkt an der Triesting, zerstörten türkische Marodeure 1529 die Kapelle. Doch ihre – das Wesen des Ortes offensichtlich besser und tiefer erfassenden – Pferde seien vor der Heilquelle für Mensch und Vieh in die Knie gegangen und hätten sie ehrfürchtig angebetet (Gugitz 1955–58: II, 164 f.).

In der Bründlkapelle (erste Erwähnung 1544) von Grainbrunn im Waldviertel, wenige Gehminuten nördlich und talabwärts der Pfarr- und Wallfahrtskirche, tritt das Quellwasser gleich durch den Mund einer Zweiheit von romanischen Engeln aus und fließt in ein Taufbecken. Foto: Johann Berger, Zwettl (mit freundlicher Genehmigung)

Nach anderen Legendenmustern offenbaren Traumweisungen oder wunderbare Erscheinungen die Heilkraft von Quellen und Brunnen. Wohlwollend weisen auch Engel auf die besondere Qualität eines Wasseraustritts hin und versehen ihn damit aus höherer Ebene mit einem viel versprechenden Gütesiegel. Von solch heiligen Quellen nahm das Landvolk besonders gern Wasser mit nach Hause. Es reichte davon dem Vieh, spritzte es an Obstbäume und füllte Weihwasserkessel oder -schalen, die oft noch in jedem Zimmer hängen. Größere Wallfahrtsorte gaben eigens gefüllte Gefäße aus. Manche Orte verschickten ihr Heilwasser bis ins Ausland. Merkwürdigerweise werden überkulturell dem Wasser heiliger Quellen gewöhnlich drei Wirkungen nachgesagt: Es aktiviere Fruchtbarkeit von Frauen und heile Fußleiden. Vorrangig helfe es ganzheitlich bei Augenerkrankungen und klare trübe Augäpfel auf. Nach einem überzeugenden Analogieschluss können heilige Quellen ebenso zu innerer Klarheit verhelfen. Spiegeln Augen doch oft Mängel oder Qualitäten der Seele.

Wieder stoßen wir auf Jahrtausende alte Überzeugungen. Unter Nymphen oder Najaden verstanden die frühen Griechen auch Quellgenien, also Kräfte, die über jedem Wasser wabern sollten – ähnlich dem feurigen Geist des Göttlichen im 1. Buch Moses (1, 2), der über den Urwassern schwebte. Konkreter gedacht, handelte es sich bei solchen Wasserwesen um Qualitäten, die zur Geburt ins Irdische hinabstiegen, um sich dort zu entfalten. Im übertragenen Sinne kann ein empfindsamer Mensch an Quellen Eingebungen und Impulse erfahren, die sich (über oder durch ihn) manifestieren und wie Kinder geboren, aufgepäppelt und während des Wachstums gehegt werden wollen; darunter vielleicht rettende Ideen mit allen Potenzen, die heilend wirken oder in ein ganzheitliches Heil hinüberleiten. In keltischen Mythen verrät manch murmelnde Quelle neben Wissen und Weisheiten auch musische Kreativität, dichterische Inspiration und Wahrsagefähigkeit.

Zur Pfarrkirche Heiliger Leopold von 1533 in Niederschleinz, Ortschaft in der Marktgemeinde Sitzendorf an der Schmida im niederösterreichischen Weinviertel, gehörte einst ein berühmter Quellbrunnen. Bei Dürre vollzog man hier einen altertümlichen Regenzauber. Aus den Wallfahrerprozessionen, die dazu erschienen, wurden sechs zwölfjährige Jungfrauen ausgewählt, die in völliger Nacktheit das Bründl säubern mussten. Ein „ehrwürdiges Weib“ bewachte sie dabei wegen „der jungen Burschen und *schlimm Leite*“. Jungfräuliche Reinheit und Unschuld befördern die Säuberung auf eine *grund*sätzliche Ebene. Unten, am Brunnenboden, stießen die Mädchen dann auf einen Stein, so groß „wie ein Viertel Fassel Boden“, den sie Tauf-Stein nannten. Wenn sie diesen Stein nur ein bis zwei Zoll tief entschlammt hatten, begann es gewöhnlich schon zu regnen. Gingen diese Jungfrauen an Feiertagen nach Stromming oder Sitzendorf in die Kirche, kleideten sie sich „ehrlich auch mit einem roten Bund“, das sie als Brunnenfeen erkennbar machte. Dann kamen die Gläubigen auf sie zu und beschenkten sie „nach Belieben“, obwohl ihr Tun gelegentlich Wolkenbrüche ausgelöst hatte. Die letzte Brunnenräumung geschah 1699. Im Jahre 1701 war der Brunnen dann wohl so verschlammt, dass sich der Brauch verlor (Gugitz 1955–58: II, 135 f.).

Ein altes Quellheiligtum in moderner architektonischer Rückwidmung

Laut örtlicher Legende soll die heilige Hedwig von Andechs (1174 – 1243) barfuß zu einer Pilgerfahrt von Schlesien nach Rom aufgebrochen sein und im oberösterreichischen Zell gerastet haben. An dieser Stelle entsprang eine Quelle, das spätere Hedwigbründl. Dort ließ St. Hedwig eine Kapelle bauen. Tatsächlich bestand im heutigen Bad Zell eine Kapelle, die 1596 bereits abgerissen wurde. Wiederaufbau und erneuter Abriss wechselten dann in munterem Reigen. Nun verzeichnen Urkunden des 15. und 16. Jahrhunderts den Ort mitunter „Zell zu Sand Herweit" (Gugitz 1955–58: V, 145). Herweig, Herwig, Her- oder Hörweg bedeutete „öffentlicher Weg". War es also nur ein Kirchlein an einem alten sandigen „öffentlichen" Saumpfad im Mühlviertel zwischen Donau und Böhmen? Vermutlich; aber das bleibt im Grunde völlig unerheblich. Denn unabhängig davon heilte das radonhaltige Hedwig- oder Hörwegbründl so manchen Wallfahrer, besonders bei Hautkrankheiten und Gicht. So entstand irgendwann im 16. oder erst 17. Jahrhundert direkt daneben ein Badhaus. Die Kuranstalt von Bad Zell, 1974–76 erbaut, übernahm zunächst den Namen von St. Hedwig. Seit 2005 firmiert sie höchst anspruchsvoll unter „Lebensquell Bad Zell".

Vor wenigen Jahren wurde die längst baufällige Kapelle abgerissen, da das alte Badhaus revitalisiert werden sollte. Nun ist das ursprüngliche Bründl im Badhaus integriert. In höchst ansprechender Weise schützt und umgibt ein moderner, aus Stahl und Holz konstruierter Schutzbau im Kern die ältesten Bauteile von Kapelle und Badhaus. In einem Faltblatt zum Cella Hedwigsbründl erklärt der Architekt August Kürmayr seine Gestaltungsidee, der auch Vorstellungen der Geomantie zugrunde liegen: eine Harmonie von Material, Erde, Mensch und Kosmos. Immer wieder neu müsse der Geist des Ortes interpretiert werden, wenn er überleben soll. „Eine Synthese zwischen Alt und Neu soll den Charakter des Ensembles bestimmen – in einer Architektur der Stille", die zugleich versucht, „den Menschen Mitte, Identifikation und Sinnfindung (Heimat) zu geben". Uns schien die Synthese sehr gelungen. Im starken Strahl fließt die Quelle unter drei schlichten Volkskunst-Heiligen aus der Wand in ein achteckiges Steinbecken zur Wasserentnahme. Manche Besucher nahen mit ganzen Kisten von leeren Flaschen, um sie hier zu füllen. Das Bassin leitet das Wasser unterirdisch weiter. Nach nur wenigen Metern sickert es leise wieder aus der Erde, fließt betulich in einer Rinne ab, durch den mittelalterlichen Gewölbevorraum hindurch ins Freie, um dort die Natur mit zu versorgen.

Cella Hedwigsbründl in Bad Zell. Foto: C. Zerling

Am 28. Mai 2008 besuchte der japanische Wasserforscher Masaro Emoto den Ort. Er wies dem untersuchten Wasser enorme Qualität und Intensität zu. „Dem Heilwasser in Bad Zell wurde über viele Jahre viel Dankbarkeit und Liebe entgegengebracht. Und das hat sich sehr positiv auf das Wasser ausgewirkt", erklärte Emoto in einem Vortrag. Es spiegele sich darin, dass die Radonhaltigkeit vor allem bei chronischen und rheumatischen Erkrankungen des Stütz- und Bewegungsapparates helfe, bei degenerativen Veränderungen der großen Gelenke, bei Muskel- und Sehnenverletzungen und bei Hautkrankheiten (Oberösterreichische Rundschau vom 28.5.08). Das Wasser des Hedwigsbründls verhilft also zu Lebensfreude und Lebensaktivität.

St. Hedwigsbründl in Bad Zell, innen. Foto: C. Zerling

Wenn aber jäh die Heilkraft von Quellen oder Brunnen endet ...

Am Abhang des steirischen Saazkogel gegen das Raabtal hin, in der Marktgemeinde Paldau, tritt im dichten Wald eine Quelle aus, nahe einem ausgedehnten frühgeschichtlichen Hügelgräberfeld. Vielleicht strömt ihr Wasser ebenfalls schon Tausende von Jahren. Zumindest in römischer Zeit soll die Quelle bereits bekannt gewesen sein. Laut gut meinender Legende seien mit ihrem „unversiegbaren" Wasser noch zahlreiche Heiden getauft worden, die dann „in feierlicher Prozession" zur Kirche St. Sebastian am Saazkogel (vermutlich dem 14. Jh. entstammend) zogen, um dort ihrer ersten heiligen Messe beizuwohnen (Gugitz 1955–58: IV, 229).

Das Heilige Bründl am Saazkogel mit spätbarocker Steineinfassung; © Marktgemeinde Paldau

Doch Quellen können versiegen, ohne dass Gründe dafür offensichtlich werden. Ein solch ungutes oder für Nutzer vielleicht sogar tragisches Ereignis warf gewöhnlich besorgte Fragen auf. Beinhalteten unerklärliche Vorfälle oder Veränderungen in der Natur vielleicht düstere Vorzeichen? Dann brauchte es erklärende Antworten, die zugleich beruhigten. Sog. aitiologische Erzählungen suchten im

Nachhinein für ältere Vorgänge einen Sinn zu bieten. So sollen Quellen und Brunnen oft ausgetrocknet sein, wenn gierige Menschen Geld oder eine Gegenleistung für das Wasser verlangt hatten.

Über oder neben einer wohl lange vorher verehrten Heilquelle wurde die Filialkirche zur heiligen Anna im niederösterreichischen Pöggstall errichtet, urkundlich 1179 erstmalig erwähnt. Als Protestanten zum Spott ein blindes Pferd zur Quelle geführt hätten, erhielt das Tier zwar das Augenlicht zurück, aber die Quelle versiegte (Gugitz 1955–58: II, 145). Merkwürdigerweise wechseln bei dieser häufigen Stereotype in Legenden nur die Bösewichter, die ein blindes Pferd zur Heilquelle führen: Zigeuner, Türken, Protestanten – Ungläubige halt. Vielleicht klingen hier zudem Überlieferungen von heidnischen Pferdeopferungen an die chtonischen Götter nach, die sich regional noch länger zäh behauptet hatten.

Quellen versiegten aber auch, wenn rauflustige Streithähne, emotionalisiert durch Zecherei und Frauenhändel, nach ihren Fehden die Wunden im Heilbrunnen wuschen; wenn „Klatschweiber" oder solche mit „bösen Zungen" sich in die Haare gerieten und dem Wasser zu nahe kamen; wenn an Patrozinium des zuständigen Quellheiligen das Wasser für profane Säuberungen benutzt wurde; wenn Diebe und Wegelagerer die Quelle nutzten. Auch in Gmunden am Traunsee, Oberösterreich, war einst der Heilige Brunnen (heute in der Brunnenstraße) durch blutigen Streit um die Nutzung besudelt worden. Er versiegte abrupt. Erst eine Sühneprozession soll den Wiederaustritt des Wassers „erbetet" haben (Gugitz 1955–58: V, 31). Erstmalig erwähnt 1356, versorgt er die Stadt seit ca. 1500 mit exzellentem Trinkwasser. Derzeit speist sein Wasser sogar andere Brunnen in der Stadt. Allerdings versiegte der Heilige Brunnen in Zeiten großer Dürre vergangener Jahrhunderte zwischenzeitlich des Öfteren.

Jakobsbrunnen einsam am Plainberg, aber gerade behutsam restauriert. Foto: C. Zerling (Feb. 2014)

Unterhalb der grandios ins Salzburger Land blickenden Wallfahrtsbasilika Maria Plain (1674 eingeweiht), liegt nahe dem Parkplatz und auf dem Abstieg nach Lengfeld, das örtliche Gnadenbründl mit Bildstock. Es barg anfangs eine Kopie des Gnadenbilds aus Maria Plain. Früher war der Zulauf so groß, dass er im 18. Jahrhundert eine heftige klerikale Auseinandersetzung heraufbeschwor (Gugitz 1955–58: V, 187). Denn der Pfarrer von Bergheim, zu dessen Sprengel dieser alte Jakobsbrunnen gehörte, fürchtete wohl Besucherschwund zu seiner eigenen Pfarrkirche. Doch nicht die prachtvolle Barockbasilika Maria Plain war ihm ein Dorn im Auge, sondern das einsame kleine Bründl. Allerdings muss die Gnade irgendwann auch nur noch getröpfelt haben. So hängen hier längst keine Votivbilder mehr in den Bäumen, das Gnadenbild ist völlig verblichen und durch ein Drahtgitter geschützt; die morsch gewordene Holzkonstruktion musste erneuert werden.

Natürlich heilte das Wasser dieses Gnadenbrunnen Augenleiden. Warum hier solche Heilwirkung nachließ, haben weder Legenden noch moderne Wasseruntersuchungen nachgewiesen.

Unbeeindruckt von allem Wandel rinnt aber noch immer der Quell in einen sechsstufigen, etwa ein Meter hohen Turm mit Ablaufloch. Solche Stufen symbolisieren eine Himmelsleiter und damit die Möglichkeit, sich in die Sphären des höchsten Bewusstseins aufzuschwingen. Über eine solche Leiter vermag aber auch wiederum von dort aufhellendes Licht heruntersteigen und wie klares Wasser in unserem Selbst aufsprudeln. Wir erwähnten bereits die frühe Vergöttlichung in Gestalt von Nymphen oder Najaden. Heute sprechen wir eher von innerer „Quellenkraft", die im raumlosen Seelenurgrund brodelt.

Doch selbst diese unsere innerste Quelle vermag urplötzlich zu versiegen, und dies noch zu Lebzeiten; wenn wir z. B. mit unverrückbarem Starrsinn auf unserer Voreingenommenheit beharren oder uns mit Scheuklappen nur auf Vordergründiges fixieren; wenn wir Weisheit, Wahrheit und wahre Wirklichkeit nur in diesem äußeren Schein der Dingwelt zu finden glauben. Dann dringen die feinen leisen Impulse und Intuitionen aus unserem Quellgrund nicht mehr an die Oberfläche des Bewusstseins. Dann sind wir aber auch abgeschnitten von wirklicher Kreativität und von dem Angebundensein einer höheren geistigen Welt der Ideen und Ideale. Doch brauchen wir eine stete Verbindung zur Tiefe dieses brodelnden Brunnen, um wachsende Problemstellungen zu meistern. So sollte sich jeder verantwortlich fühlen, sämtliche Quellen und Brunnen sorgsam zu hüten und liebevoll zu hegen.

Wenn nichts anderes mehr hilft …

Wichtigster und meist besuchtester Wallfahrtsort Österreichs bleibt Mariazell in der Steiermark. Auch hierhin ziehen mitunter Pilger mit Bittanliegen, die über sich selbst und ihre Familie hinausgehen. Oberhalb der Wallfahrtsbasilika sprudelt eine viel besuchte Heilquelle, über die man 1711–1715 eine „Heiligbrunn-Kapelle" erbaute (2012 generalsaniert). Innen fließ das Quellwasser links und rechts vom Altar aus Krügen, von je einem Engel gehalten, und draußen, vor einer Marienstatue, in ein großes überdachtes Becken. An diesem Brunn seien wohl „fortwährend" Gebete erhört, zahlreiche Heilungen hervorgerufen oder zumindest eingeleitet worden. Vom Gnadenbild in der Kapelle, einer Madonna aus dem 15 Jahrhundert mit rotem Apfel in der Hand und stehendem Jesusknaben in ihrem Schoß, heißt es: Sie erhöre auch noch alle die, die in der eigentlichen Wallfahrtsbasilika, dem „heiligsten Ort Österreichs", hinsichtlich ihrer Erwartungen unerhört geblieben waren. Dazu braucht selbst Maria wohl Quellwasser …

Clemens Zerling

Heiligbrunn-Kapelle von Mariazell. Gerade bestrahlt die Sonne wohlwollend einen der Krüge, aus denen das Wasser der Heilquelle rinnt.
Foto: C. Zerling

- quelle -

quell quäle quelle quel sprudelnd murmelnd
entspringt quellwasser ursprung quellendes Wasser
heisser quell lebendiger quell fontain ausfluß
quell des lebens quellä innerer quell voller quell
versiegen quellader zufluß quellbad quellborn
quellbrunnen quillt kwelbrunnen reinster quell
frischer quell dichterischer quell quell der liebe
bitterer quell queckbrunnen brunnquell heilbrunn brunnquel
quel-rünlein quellchen verborgene quelle warme quelle
heiße quellen quollen springt braust plätschert
rieselt fließt fällt unversiegt quillt quellend
quellig kwellen quellenbach quellenbad
quellenbezirk quellenboden quellengrund
quellenehrenpreis quellfassung quellflut
quellengebiet quellengebirge quellengemurmel
quellgeriesel quellenglanz quellengräber quellenheil
quellenklar quellentanz quellenstrom quellstelle
quellsand quellenrauschen quellenreich quellenkühle
quellnymphe quellmund quellenmädchen quellenkunde
quellwasser mineralquelle gesundbrunnen
quellgeister quellheilige überquellen urspring
entspringen quellan quelliger brunnen
quellend quecbrunne quellsuche quellenbinse
quellrauke quellmoos quellflachs quellgras
quellgreusel quellmerk quellkresse quellkraut urquell
quelle des lebens wundertätige quelle traumquelle
quellwinkel quellwunder gnadenquell quellkloster
quellorte quellfass quellenkulte quelltempel quelltiefe
quellstrom quellteich quellbecken quellkammer
oorsprong quellwasser quellflur
quellgöttin quellheiligtümer heilige quellen quellmutter

herman de vries, marion reissner

Nachwort

Mal bitter, mal süß – Geschichten, die mir das Wasser schrieb

Das Schönste, was es für mich in dem kleinen noch dörflichen Ort in Mittelhessen gab, in dem meine Mutter und ich kriegsbedingt lebten, war, am Bach vor dem Haus spielen zu dürfen. Dort saß ich träumend und sah stundenlang Fischen, Fröschen und Molchen zu. Nachdem ein Bordschütze eines englischen Tieffliegers im Herbst 1944 auf mich geschossen hatte (glücklicherweise daneben), untersagte meine Mutter das Spielen im Freien. Nach dem Krieg verbrachten wir die Zeit der Sommerferien in einem Luftkurort im Taunus. Wir spazierten oft in den Wald über dem Ort. Unter einer alten, dicken Eiche holte meine Mutter dann das Strickzeug heraus und produzierte in schneller Folge Socken, Pullover und viele Herdlappen. Ich saß zufrieden an einer Quelle, die neben der Eiche hervorsprudelte und spielte. In den Wurzeln der Eiche zeigten sich häufig Zwerge. Aus dieser Zeit stammt meine Fähigkeit, manchmal Zwerge sehen zu können. In späteren Jahren suchte meine Mutter wegen ihrer labilen Gesundheit in den Ferien Kurorte auf, wo sie Bäder verordnet bekam und beim Umhergehen im Park schluckweise Heilwasser trank. Die Kuren taten ihr immer gut, und sie kehrte verwandelt in die Großstadt zurück.

Schwimmen lernte ich erst mit 21 Jahren, und als ich mit Freunden zum Urlaub nach Spanien fuhr, fieberte ich dem Moment entgegen, wo ich zum ersten Mal im Meer schwimmen würde. Wir glitten bei strahlendem Sonnenschein von einer Klippe aus ins Meer, und nach einiger Zeit ließ ich meine Freunde hinter mir und schwamm weit hinaus. Die Freunde, die schon aus dem Wasser gestiegen waren, schrieen, ich solle zurückkommen. Starke Winde kämen vom Meer und brächten hohe Wellen mit sich. Bis ich zurück an die Klippen geschwommen war, tanzten die Wellen schon bedrohlich um mich her und schlugen über mir zusammen. „Lass dich mit der nächsten Welle an die Klippen tragen, wir halten dich fest und ziehen dich hinaus“, riefen die Freunde. Beim Versuch, mich herauszuholen, entriss eine zweite, riesige Welle mich aus ihren Händen und zog mich hinab in die Tiefe. Im nächsten Moment sah ich den Film meines Lebens vor mir ablaufen und ich dachte, wie schade, mit 21 wird da nicht gerade viel zu sehen sein. Als ich mich als Kleinkind sah, das an einem Teich Enten fütterte, wusste ich, jetzt ist es bald aus. Instinktiv paddelte ich mit den Händen und kam, als ich schon dachte, ich ersticke, wieder an die Oberfläche. „Versuch es noch einmal“, hörte ich die Freunde, „lass dich von einer einzelnen Welle tragen, der keine andere folgt“. Diesmal klappte es, die Freunde zogen mich über die Felsen schnell hoch. Ich blutete von Kopf bis Fuß. Felsvorsprünge und Muscheln hatten viele Abschürfungen und Wunden hinterlassen. Ein Wagen stoppte auf der Straße, die an unserem Badeplatz vorbeiführte. Eine Engländerin stürzte heraus. „Ich war im Krieg Krankenschwester. Lassen Sie mich machen.“ Geschickt stillte sie das Blut, versorgte die Wunden und verband mich, bis ich mehr einer Mumie denn einem lebenden Menschen glich. Aus dieser Begegnung entstand eine lebenslange Freundschaft. Pam Spiller, so stellte sich später heraus, war in Suffolk eine bekannte Landschaftsmalerin, die Wasser so naturgetreu malen konnte, dass man auf der Stelle darin baden mochte.

Jahre später dachte ich mir wenig dabei, als ein Studienkollege mich einlud, mit einer Jolle, die er gemietet hatte, aufs Meer hinaus zu segeln. „Wir können draußen im Meer ein Picknick nehmen, schwimmen und uns treiben lassen. Mach dir keine Gedanken, ich besitze alle Segelscheine, die es gibt.“ Kaum waren wir aus dem Hafen der Insel Re heraus, griff ein starker Wind in unser Segel und trieb unsere Nussschale in rasender Fahrt kilometerweit aufs Meer hinaus. „Ich muss

Wasserlandschaft, gemalt von Pam Spiller

eine Halse machen, damit ich gegenkreuzen kann. Zieh den Kopf ein!“, sagte mein Bekannter. Das Boot drehte sich abrupt und schlug um. Salami, Camembert, Baguette, eine Flasche Rotwein und Jean Pauls Buch „Dr. Katzenbergers Badereise“ versanken in den Fluten. Der unselige Bootsführer und ich trieben im Meer. Ich hielt mich am Heck fest, das der Wind packte und aufs Meer hinaustrieb. Was würde ich tun, wenn das Boot unterging, fragte ich mich. An Land zu schwimmen war bei diesem Wind unmöglich. Glücklicherweise hatte uns ein Fischer gesehen und kam mit seinem Kutter. Er nahm uns an Bord und die Jolle ins Schlepptau, lief den Hafen an und überschüttete uns mit Schimpfworten und Flüchen. Kleinlaut gestand mein Kamerad, dass er nur einmal einen Segelkurs am Starnberger See absolviert hatte.

Ein besonderes Erlebnis hatte ich in Kemer, einem Ort an der Mittelmeerküste der Türkei. Ein Fischer brachte mich zum Hafen einer antiken, einst von Griechen erbauten und bewohnten Stadt. Am Abend wollte er mich wieder abholen. Die Griechen hatten ihre Stadt Hals über Kopf verlassen, als ein Sumpffieber viele Einwohner dahinraffte. Seiher verfiel sie und wurde nur mehr von wilden Tieren bewohnt. Ich streifte in den Ruinen umher, versuchte Inschriften zu entziffern und bestaunte die Reste von Skulpturen und Tempeln. An einem Teil der Stadt mit dem Friedhof nagte schon lange das Meer.

Einige Sarkophage waren von den Wellen bereits umspielt. Einer Eingebung folgend, legte ich mich in einen der Sarkophage und lauschte der Musik, die entstand, weil der Sarkophag als Tonkörper wirkte. Ich kam ins Dösen und schloss die Augen. Ein unmenschlicher Schrei riss mich aus meiner Trance. Vom Rand des Sarkophags sah mich eine Frau entsetzt an: wie sich herausstellte eine englische, von Archäologie begeisterten Studienrätin aus London. Sie hatte sich ebenfalls mit einem Boot bringen lassen und glaubte, allein zu sein. Die Sarkophage erregten ihre Neugierde, und als sie mich darin liegen sah, dachte sie, sie habe die seltsam gut erhaltenen Überreste eines Ureinwohners oder einen toten Touristen gefunden.

Sarkophag am Meer nahe von Kemer, Türkei.
Foto: Tanja Fokkink

Ex Libris mit einer feenhaften Frau, die das Wasser des Lebens in einer Phiole präsentiert.

Als wir einmal von Sergius Golowin zu Ostern in sein Haus in Allmendingen eingeladen waren, erlebten wir den Brauch mit, heiliges Wasser von einer Quelle im Wald zu holen. Die Gäste spielten Dämonen, die Laubmasken trugen und die Wasserholer dazu bringen sollten, etwas zu sagen und so gegen das Schweigegebot zu verstoßen. Was wir auch taten, von einem Baum herab auf ihn fallen, plötzlich aus einem Busch heraus ihn erschrecken – nichts erschütterte Sergius bei seinem Gang. Hier hilft nur noch Psychologie, sagte ich mir. Als er schon am Haus angekommen war, zog ich die Maske ab, tat so, als sei das Spiel vorbei und sagte: „Das hat ja seine Zeit gebraucht, wie spät ist es jetzt eigentlich?" Aber auch auf diesen Trick fiel Sergius nicht herein. Als er fast schon die Schwelle des Hauses erreicht hatte, schrie ich: „Sergius, Sergius du hast deine Scheckkarte verloren!" Aber nein, Sergius schritt unbeirrt weiter. Was waren Moneten gegen das geschöpfte heilige Wasser! Einen der „Dämonen" verkörperte Pier Hänni, Autor des 2004 erschienenen sehr erfolgreichen Wasserbuchs QUELLEN DER KRAFT. Er verzichtete auf eine Maskierung. „Dämonen sollte man nicht am Aussehen, sondern an ihren Handlungen erkennen. Wenn ich *ich* bleibe, wie ich bin, habe ich mehr Möglichkeiten, mich zu verstellen." Es gelang ihm denn auch, eine Wasserschöpferin mit List zum Sprechen zu bringen, so dass sie noch einmal zur Quelle gehen musste.

Bei Fahrten ins Wallis saßen meine Frau und ich gerne an der noch jungen Rhone und hörten der Musik zu, die das Wasser beim Sprung über die Steine und Felsen erzeugte. Mit einem Kassettenrekorder machten wir davon Aufnahmen. Ich freute mich sehr, als ich den holländischen Künstler Herman de Vries kennen lernte und erfuhr, dass er mit solchen Aufnahmen experimentiert und sie sogar veröffentlicht hatte.

Viel lernte ich über das Wesen des Wassers im Austausch mit Clemens Zerling, dem kein Moor zu düster, kein Sumpf zu sumpfig, kein Bach zu nass und kein Quellheiligtum zu weit war, um den Geistern des Ortes nachzuspüren. Auch mit der Loreley befreundete er sich bei seinen Forschungen, ohne aber ihren Reizen gänzlich zu verfallen.

Wolfgang Bauer

Die Autoren:

Foto: Stefanie Kösling

Wolfgang Bauer, geboren 1940 in Frankfurt am Main. Studium der Psychologie und begleitend der Volkskunde. Der Autor besucht seit 1970 mit seiner Frau Katja Redemann Quellheiligtümer und Heilbäder in Europa und forscht über Brauchtum, Rituale und Kulte. (Mit-)Autor und Herausgeber einer Reihe von Büchern im Bereich Ethnobotanik, Altes Wissen und Symbolik. Letzte Autorenveröffentlichung (zusammen mit Clemens Zerling u.a.): *Raben in Mythos und Kulturgeschichte*, Synergia-Verlag, Basel 2020.

Clemens Zerling, Jahrgang 1951, geboren im Rhein-Siegkreis zwischen Wahn- und Naafbach, studierte an der Spree in Berlin. Ab 1979 dort Verleger im Bereich Kulturgeschichte; lebt heute in Oberbayern am Ufer der Saalach, u. a. tätig als Autor. Zahlreiche Veröffentlichungen in den Bereichen Kult- und Kulturgeschichte, Symbolik und Brauchtum. Im Verlag Synergia erschienen: *Orpheus oder die Macht des Urtons* (2016), *Auf der Suche nach dem Goldenen Vlies. Mit Iason, den Argonauten und Medeia auf Mysterienfahrt* (2017), *Asklepios, eine Gottheit wahrer und nachhaltiger Heilung ...* (2018). *Vom phallischen Hermes zum weisen Trismégistos. Ein Offenbarungsprinzip und seine bunte Ausdrucksfülle* (2019).

Sergius Golowin, geboren 1930 in Prag, gestorben 2006 in Bern. Dreijährig kam er nach Bern, dem Heimatort seiner Mutter, und wuchs im legendären Mattenhofquartier auf. Nach dem Weltkrieg unternahm er ausgedehnte Reisen durch Europa und erlebte in Paris, wie sich eine „neue Bohème" zwischen Sartre und Cocteau bildete. In den fünfziger Jahren Mitbegründer des „Phantastischen Realismus" in der Kunst, seit den sechziger Jahren so etwas wie „erster Chronist der modernen mythischen Jugendbewegung". 1974 Preis der Schweizer Schillerstiftung als Würdigung seiner Verdienste um die „moderne Volkskunde und die Randkulturen der Gesellschaft". Gehörte zu den ersten „grünen" Parlamentariern in der Schweiz. Der ehemalige Bibliothekar lebte zuletzt als freier Schriftsteller in Bern. Unter seinen zahlreichen Veröffentlichungen gehören zu den wichtigsten Werken: *Magische Gegenwart, Die Welt des Tarot, Götter der Atomzeit, Die Magie der verbotenen Märchen, Hexen – Hippies – Rosenkreuzer, Der ewige Zigeuner im Abendland, Die Weisen Frauen, Hausbuch der Schweizer Sagen, Das Reich der Schamanen, Das Traumdeutungsbuch des Fahrenden Volkes, Die großen Mythen der Menschheit, Sagenland Schweiz, Von jenischen Kesslern, Korbern und lustigen fahrenden Buchhändlern.*

Marion Reissner, geboren 1965 in Hemer/Märkischer Kreis, tätig als Heilpraktikerin in Hassfurt.

Foto: Heinz Günter Mebusch

herman de vries, geb. 1931, alkmaar, niederlande. seinen eltern verdankt er seit seiner kindheit eine intensive beziehung zur natur. er studierte gartenbau, arbeitete neunzehnjährig als landarbeiter in frankreich und war anschließend achtzehn jahre an zwei wissenschaftlichen instituten tätig. er machte viele lange reisen, seit 1971 meistens mit seiner frau susanne – in asien, rußland, nw-afrika, den seychellen –, die sein weltbild prägten. längere aufenthalte auf den inseln gomera (im laurisylva) und el hierro folgten. 1982-89 realisierte er das „natural-relations“ projekt, wovon sich jetzt eine sammlung von ca. 2000 heilkräutern aus indien, senegal, marokko und deutschland im karl-ernst osthaus museum in hagen befindet. als künstler war er an ungefähr 500 ausstellungen beteiligt. werke von ihm befinden sich in 60 in- und ausländischen museen. zahlreiche publikationen im bereich der kunst, poesie und philosophie. er sieht kunst als eine beteiligung an bewusstseinsprozessen. einflüsse von zen-buddhismus und vedanta. er lebt und arbeitet seit 1970 in einem kleinen dorf im steigerwald und liebt die kleinschreibung.

Danksagung

Für Hinweise, Denkanstöße und Überlassung von Fotos und Materialen danken wir herzlich Barbara Albert (Sagen.at), Familie Aschbacher (Karlbad an der Nockalmstraße), Erwin Bauereiß (Lebensbaum, Lenkersheim), Johann Berger (Zwettl), Elisabeth Danner (Frankfurt/Main), Rainer Dobramysl (Frankfurt/Main), Nicole Erickson (Troy/Michigan), Rainer G. Feucht (BMFC-Fachantiquariat), Ulrich Freund (Bad Orb), Karl-Heinz Fuchsberger (Eichendorf), Rudolf Geiger (Buchenbach), Madeleine Gläser (Reinhardshagen), Margot Glosz (Alaior, Menorca), Migki Golowin (Bern), Rolli Grieder (Firnengarten, Wallis), Pier Hänni (Bern), Elfriede Hochher (Sagen.at), Ulrich Holbein (Allmuthshausen), Urs Hunziker (CH-Baden), Susanne Jacob-de Vries (Knetzgau), Holger Jordan (Magische Blätter, Runkel), Edzard Klapp (Steinenbronn), Kulturhistorisches Museum (Wien), Wolfgang Morscher (Innsbruck), Adelheid Mühlan (Antiquariat für altes Wissen, Landau), Christian Redemann (Lippoldshausen), Micky Remann (Bad Sulza), Norbert Rink (Traumwerkstatt, Schmitten), Kurt Scheuerer (Stadtmuseum Ingolstadt), Schlossverwaltung Hellbrunn (Salzburg), Marita und Ingolf Schulze (Kronberg), Trommgesellenzunft (Munderkingen), Tourismus Bad Kleinkirchheim (Kärnten), Hans Wagner (Trippstadt), Doris Wild Fotoagentur (Salzburg), Andrea Wutta (Teldau), Claudia und Danny Wyer (Gamsen, Wallis) und Emil Zimmer (Peterswald).

Dem Verlag Peter Lang AG in Bern danken wir für die freundliche Genehmigung, einen Teil des Textes von Sergius Golowin abdrucken zu dürfen: „Genuss und Freude als Heilmittel. Die Sage von den Bädern im Alpenraum“ erschienen in: André Thurneysen [Hrsg.], *Genuss und Gesundheit*, Bern 2004, pp. 9–49. Elmar Good (Bern) gehört unser Dank für seine Hilfe bei der Bearbeitung.

Literaturverzeichnis

» Afanasjew, Alexander Nikolajewitsch 2001, Russische Volksmärchen, München

» Ainring, Gemeinde Ainring (Hrsg.) 1990: Heimatbuch, Tittmonig

» Altheim, Franz 1930: Griechische Götter im alten Rom, Gießen

» Andersson, Jörg 2006: Aus für einstige Vorzeigequelle, in: Frankfurter Rundschau, 1.11.2006

» Andersson, Jörg 2006: Kurstadt kämpft gegen die Pleite an, in: Frankfurter Rundschau, 16.12.2006

» Andraschko, Frank M. / Teegen, Wolf-Rüdiger 1988: Der Brunnenfund von Bad Pyrmont und die Ur- und Frühgeschichte des Pyrmonter Tales, Ausstellungskatalog, Bad Pyrmont

» Bächtold-Stäubli, Hanns 1927–1941: Handwörterbuch des Deutschen Aberglaubens, 9 Bde., Berlin und Leipzig

» Bauer, Gerd 2005: Geheimnisvolles Hessen – Fakten, Sagen und Magie, Frankfurt a. Main

» Bauer, Wolfgang / Zerling, Clemens u. a. 2005: Heilige Haine, heilige Wälder, Saarbrücken

» Bauer, Wolfgang / Zerling, Clemens 2004: Das Lexikon der Orakel, München

» Bauer, Wolfgang 1984: Ein wahres ABRACADABRA der Kunst der Verwandlung, Berlin

» Bauer, Wolfgang 1981: Maria Superfee, in: Heinrich Schreiber, Die Feen in Europa, Reprint der Ausgabe Freiburg 1842, Allmendingen

» Benjamin, Alexander 1990: Das große Buch vom Vollmond, München

» Berndt, Helmut 1974: Das 40. Abenteuer. Auf den Spuren der Nibelungen, München

» Bertuch, F. J. (Hrsg.) 1801: Dr. C. W. Hufelands Königl. Preuß. Geh. Raths nöthige Erinnerung an die Bäder und ihre Wiedereinführung in Teutschland nebst einer Anweisung zu ihrem Gebrauche und bequemen Einrichtung derselben in den Wohnhäusern, Weimar

» Beuchert, Marianne 1995: Symbolik der Pflanzen. Von Akelei bis Zypresse, Frankfurt a. Main

» Beuchert, Marianne 2002: Symbolik des Gartens, in: Symbolon – Jahrbuch der Gesellschaft für wissenschaftliche Symbolforschung, Frankfurt a. Main

» Billaudelle, Kurt 1983: Kurzgefasste Geschichte von Ort und Bad Ems, Bad Ems

» Böhm, Jutta / Joachim Pander 2005: Quellstorming – Gedanken zur Quelle, Knetzgau

» Boller, Wolfgang 1962: Im Schatten der alten Götter, in: Merian Heft 6, Der Hunsrück, Hamburg

» Bommas, Martin 2000: Neue Heimat in der Fremde – Isis in Makedonien, in: Antike Welt, Heft 6, Mainz

» Botheroyd, S. und P. F. 1995: Lexikon der keltischen Mythologie, 3. Auflage, München

» Bruhn, Claudia 2003: Ein Ort der Kraft am Fuße der Eifel, in: Naturheilpraxis 09, München

» Brunnhofer, Hermann 1910: Die schweizerische Heldensage, Bern

» Büttel, Johann 1981: Geschichte der Stadt und Saline Orb, Reprint der Ausgabe Würzburg 1901, Bad Orb

» Campbell, Joseph 1977: The Masks of God, Middlesex

» Clarus, Ingeborg 1997: Die Symbolik des Wassers im Spiegel inselkeltischer Mythen, in: Symbolon – Jahrbuch der Gesellschaft für wissenschaftliche Symbolforschung, Bd. 13, Frankfurt a. M.

» Conrath, Karl 1980: Natur- und Kunstdenkmäler im Saarland, Saarbrücken

» Croutier, Alev Lytle 1992: Wasser – Elixier des Lebens. Mythen und Bräuche, Quellen und Bäder, München

» Cüppers, Heinz u. a. 1983: Die Römer an der Mosel und Saar – Zeugnisse der Römerzeit in Lothringen, Luxemburg, im Raum Trier und im Saarland (Ausstellungskatalog), 2. Aufl., Mainz

» Dahm, Paul 1958: Lourdes, 3. Aufl., Mönchengladbach

» Danckert, Werner 1979 : Unehrliche Leute – Die verfemten Berufe, 2. Aufl., Bern

» Davies, Nigel 1981: Opfertod und Menschenopfer. Glaube, Liebe und Verzweiflung in der Geschichte der Menschheit, Düsseldorf – Wien

» Demandt, Alexander 2002: Die Kelten, 4. Aufl., München

» Derungs, Kurt 2007: Der Kult der heiligen Verena – Auf den Spuren magischer Orte und Heilkräfte, CH-Baden

» Die Wasserapotheke 2007: Mondquelle – Das Mittel gegen Energie-Blockaden, in: Quell, Ausgabe 4,

» Diederichs, Ulf 1995: Who's Who im Märchen, München

» Dold, Wilfried u. a. 1999: Zur Geschichte der organisierten Fasnacht, Vöhrenbach

» Döring, Alois 1996: Heiliges Wasser. Quellenkult und Wassersegnung im Rheinland in: Rheinisch-Westfälische Zeitschrift für Volkskunde, Nr. 41, Bonn und Münster

» Döring, Alois 2006: Rheinische Bräuche durch das Jahr, Köln

» Ehrentreich, Alfred (Hrsg.) 1980: Volksmärchen aus England. Bd. 2. Keltische Märchen, Berlin

» Elben, Hans 1893: Bilstein – Sang und Sage aus dem Werrathale, 3. Aufl., Leipzig

» Eliade, Mircea 1986: Die Religionen und das Heilige. Elemente der Regionsgeschichte, Frankfurt a. M.

» Eranos Jahrbuch 1939: Jahrbuch 1938, Zürich

» Ernst, Heiko 1993: Heilung ist vor allem Selbstheilung, in: Psychologie Heute, Heft 9, 1993, Weinheim

» Fernau, Joachim 1958: Und sie schämeten sich nicht. Ein Zweitausendjahrbericht, Berlin – Hamburg – Frankfurt – Stuttgart – München

» Freund, Ulrich / Volkmann, Helga (Hrsg.) 2000: Der Froschkönig und andere Erlösungsbedürftige, Baltmannsweiler

» Friedreich, J. B. 1859: Die Symbolik und Mythologie der Natur, Würzburg

» Geiger, Rudolf 1998: Märchenkunde, Stuttgart

» Gilles, Karl Josef 1998: Bad Bertrich zur Römerzeit, in: Manfred Aretz (Hrsg.): Bad Bertrich, Naturlandschaft – Geschichte – Der Kur- und Badeort, 2. Aufl., Bad Bertrich

» Golowin, Sergius 1982: Die weisen Frauen – Die Hexen und ihr Heilwissen, Basel

» Golowin, Sergius 1995: Die Welt als Liebesspiel – Aus der Praxis der zeitlosen Badekultur, in: Tantra, 3. Ausgabe, Januar 1995

» Golowin, Sergius 2004: Genuss und Freude als Heilmittel. Die Sage von Bädern im Alpenraum, in: Genuss und Gesundheit, Bern

» Golowin, Sergius 1992: Göttin Katze – Das magische Tier an unserer Seite, München

» Golowin, Sergius 1981: Hausbuch der Schweizer Sagen, Wabern

» Golowin, Sergius 1972: Heimliches / Unheimliches. Leben im alten Bern, Bern

» Golowin, Sergius 1972: Lustige Eid-Genossen. Aus der phantastischen Geschichte der freien Schweiz, Zürich

» Golowin, Sergius 1982: Magier Merlin. Von Märchenreichen und Rittern im Mittelalter, Gifkendorf

» Golowin, Sergius 1988: Paracelsus und die Alpenmedizin – die Wurzeln unserer Überlieferung, in: Wiener Dialog über Ganzheitsmedizin (Dokumentation), Wien

» Golowin, Sergius 1965–66: Sagen aus dem Bernbiet, Basel

» Göttner-Abendroth, Heide / Derungs, Kurt (Hrsg.) 1999: Mythologische Landschaft Deutschland, Bern

» Grimm, Hans Rudolf 1723: Kleine Schweitzer Cronica. Oder Geschicht-Buch, Burgdorf

» Grimm, Hans Rudolf 1703: Poetisches Lust-Wäldlein, Bern
» Grimm, Jacob / Grimm Wilhelm 1816–18: Deutsche Sagen, Kassel
» Grimm, Jacob 1968: Deutsche Mythologie, 3 Bde., Reprint der 4. Aufl. Berlin 1875–78, Graz
» Grimm, Jacob 1992: Rechtsaltertümer, 2 Bde. Reprint der Ausgabe Leipzig 1899, Hildesheim
» Gugitz, Gustav 1951: Kärntner Wallfahrten im Volksglauben und Brauchtum. Versuch einer Bestandsaufnahme, Klagenfurt
» Gugitz, Gustav 1954: Die Wallfahrten Oberösterreichs. Versuch einer Bestandsaufnahme mit besonderer Hinsicht auf Volksglaube und Brauchtum, Linz
» Gugitz, Gustav 1955–58: Österreichs Gnadenstätten in Kult und Brauch. Ein topographisches Handbuch zur religiösen Volkskunde in 5 Bänden, Wien
» Gümbel, Helmut (Hrsg.) 1965: St. Adelheid von Vilich. Zur Geschichte ihres Lebens, ihres Wirkens und ihres Klosters, Beuel
» Haffner, Alfred (Hrsg.) 1995: Heiligtümer und Opferkulte der Kelten, Stuttgart
» Hahn, Gernot von / Schönfels, Hans Kaspar von 1986: Wunderbares Wasser – Von der heilsamen Kraft von Brunnen und Bädern, 2. Aufl., CH-Aarau
» Hänni, Pier 2004: Quellen der Kraft, CH-Baden
» Heimberger, Heiner 1932: Augenheilkunde aus alter Zeit, in: Oberdeutsche Zeitschrift für Volkskunde, 6. Jahrgang, Heft 1, Bühl / Baden
» Heinz, Werner 2009: Das antike Thermalbad Badenweiler: Maße, Proportionen – und die Folgen, in: Symbolon – Jahrbuch der Gesellschaft für wissenschaftliche Symbolforschung Nr. 17, Frankfurt
» Heinzmann, Johann Georg 1796: Beschreibung der Stadt Bern, Bern
» Heinzmann, Johann Georg 1797: Kleine Schweizerreise, Basel
» Hell, Martin 1940: Urzeitlicher Kult im Gau Salzburg aus: Sonderdruck aus den Mitteilungen der Gesellschaft für Salzburger Landeskunde, Bd. LXXX, Salzburg
» Helm, Karl 1913–53: Altgermanische Religionsgeschichte, 3 Bde., Heidelberg
» Herrmann, Paul 1928: Altdeutsche Kultgebräuche, Jena
» Herrmann, Paul 1929: Das altgermanische Priesterwesen, Jena
» Hirsch, Siegrid / Ruzicka, Wolf 2008: Heilige Quellen in Österreich, Salzburg
» Hoenn, Karl 1946: Artemis. Gestaltwandel einer Göttin, Zürich
» Hope, Robert Charles 1893: Legendary Lore of the Holy Wells of England Inluding Rivers, Lakes, Fountains and Springs, London
» Hufeland, Christian Wilhelm 1815: Praktische Übersicht der vorzüglichsten Heilquellen Teutschlands nach eigenen Erfahrungen, Berlin

» Jesch, Alexander: Die Forellenkönigin. Sagen und Märchen aus dem Vogtland, Halle 1988

» Karamsin, Nikolaj Michailowitsch 1922: Briefe eines reisenden Russen, Berlin

» Kerényi, Karl 1966: Die Mythologie der Griechen, 2. Bde, 22. Aufl., München

» Knuchel, Edward Fritz 1919: Die Umwandlung in Kult, Magie und Rechtsbrauch, Basel und Berlin

» Kölbl, Herbert H. 2005: Heilige und heilsame Quellen zwischen Isar und Salzach, Freilassing

» Kollmann, Karl 2006: Frau Holle und das Meißnerland – Einem Mythos auf der Spur, Kassel

» Krall, Ursula 1998: Das Geheimnis der Schwarzen Madonnen – Entdeckungsreisen zu Orten der Kraft, Stuttgart

» Krämer, K. E. 1985: Rheinische Erzbischofgeschichten, Wiesbaden und München

» Kriss, Rudolf 1947: Sitte und Brauch im Berchtesgadener Land, München–Pasing

» Kurdirektion Bad Orb 2007: Bad Orb die Stadt im Park, Gästeinformationsbroschüre, Bad Orb

» Kurennov, P.M. 1975: Russkij narodnyj letschebnik (Russisches volkstümliches Heilbuch), Los Angeles

» Lang, Johannes / Schneider, Max 1995: Auf der Gmain. Chronik der gemeinden Bayerisch Gmain und Großgmain, Großgmain

» Lange, Sophie 1995: Wo Göttinnen das Land beschützten, 2. Aufl., Bad Münstereifel

» Lauterwasser, Alexander 2005: WasserMusik – Geheimnis und Schönheit im Zusammenspiel von Wasser- und Klangquellen, CH-Baden

» Le Bec, R. 1953: Die großen Heilungen von Lourdes in ärztlichem Urteil, Wiesbaden

» Leese, Kurt 1934: Die Mutter als religiöses Symbol, Tübingen

» Leggat, P. O. 1987: The Healing Wells – Cornish Cults and Customs, Redruth, Kernow

» Lengyeil, Lancelot 1976: Das geheime Wissen der Kelten, 5. Aufl., Freiburg

» Lenz, Friedel 1971: Bildsprache der Märchen, Stuttgart

» Lilge, Andreas (Hrsg.) 1992: Bad Pyrmont – Tal der sprudelnden Quellen. Zur Geschichte der Pyrmonter Heil- und Mineralquellen, Ausstellungskatalog, Bad Pyrmont

» Löffel, Arne 2005: Wasser, die heilen können, in: Frankfurter Rundschau vom 25.08.2005

» Ludwig, Renate / Marzolff, Peter 1999: Der Heiligenberg bei Heidelberg. Führer zu archäologischen Denkmälern in Baden-Württemberg, Stuttgart

» Lukan, Karl 1996: Alte Welt im Donauland. Kulturhistorische Wanderungen, Wien

» Lukan, Karl 1989: Wanderungen durch die Vorzeit. Kultstätten, Felsbilder und Opfersteine in Österreich, Wien

» Lussi, Kurt 1993: Die Wallfahrt zu den Quellen der Kraft, in: Jahrbuch – Heimatkunde des Wiggertals, Heft 51, CH-Zofingen

» Lussi, Kurt 2002: Im Reiche der Geister und tanzenden Hexen. Jenseitsvorstellungen, Dämonen und Zauberglaube, Aarau

» Lütolf, Alois 1862: Sagen, Bräuche und Legenden aus den 5 Orten, Uri, Schwyz, Unterwalden, Zug / Luzern

» Mantz, Francis 1992: Der Odilienberg, Straßburg

» Martin, Alfred: Vom Baden, Ciba Zeitschrift Nr. 33, Basel 1936

» Martin, Alfred 1906: Deutsches Badewesen in vergangenen Tagen. Nebst einem Beitrage zur Geschichte der Deutschen Wasserheilkunde, Jena

» Max, Frank Rainer: Undinenzauber – Geschichten und Gedichte von Nixen, Nymphen und anderen Wasserfrauen, Stuttgart 2003

» McCabe, James 2003: The language and sentiment of flowers, Warne's Bouquet Series, Reprint der Ausgabe 1860, London

» Merian, Steiermark 1984, Jahrgang 37 Heft 1, Hamburg

» Metzner, Ralph 2000: Das mystische Grün – Die Wiedervereinigung des Heiligen mit dem Natürlichen, Engerda

» Mezger, Werner 1989: Narrenidee und Fasnachtsbrauch. Studien zum Fortleben des Mittelalters in der europäischen Festkultur, Freiburg

» Michaelis, Rolf 1964: Zauberin auf dem Echofelsen, in: Der weisse Turm – Zeitschrift für den Arzt, 2/VII, Biberach an der Riss

» Michell, John 1975: Die vergessene Kraft der Erde – Ihre Zentren, Strömungen und Wirkungsweisen, London

» Mildner, Theodor 1960: Curatio Corporis et consuetudo Cavationis Populorum Mundi – eine Studie über Badesitten und Körperpflege der Völker, Wehr/Baden

» Moers-Messmer, Wolfgang von 1987: Der Heiligenberg bei Heidelberg. Seine Geschichte und seine Ruinen, 3. Aufl., Heidelberg

» Molyneaux, Brian Leigh 2002: Heilige Plätze – Magische Orte, Köln

» Morris, William 1981: Die Quelle am Ende der Welt, München

» Müller, Felix 2002: Götter, Gaben, Rituale – Religion in der Frühgeschichte Europas, Mainz

» Müller-Ebeling, Claudia / Rätsch, Christian / Storl, Wolf-Dieter 1998: Hexenmedizin – Die Wiederentdeckung einer verborgenen Heilkunst, Aarau

» Museum Bad Schwalbach, Der Kurschatten – Ein Tabu bei Licht betrachtet, Bericht über die Ausstellung 2006 im Kurort Apotheken-Museum (www.museum-bad-schwalbach.de)

» Muthmann, Friedrich 1975: Mutter und Quelle. Studien zur Quellenverehrung im Altertum und Mittelalter, Basel

» Muuss, Rudolf 1914: Die altgermanische Religion nach kirchlichen Nachrichten aus der Bekehrungszeit der Südgermanen, Bonn

» Nationalparkverwaltung Berchtesgaden (Hrsg.) 1994: Die Wallfahrt über das Steinerne Meer. Tauern Forschungsbericht Nr. 30, Berchtesgaden

» Neumann, Erich 1978: Die Grosse Mutter. Eine Phänomenologie der weiblichen Gestaltungen des Unbewussten, 3. Aufl., CH-Olten

» Nibelungenlied, Das 1919: In der Übertragung von Karl Simrock, Berlin

» Ninck, Martin 1960: Die Bedeutung des Wassers im Kult und Leben der Alten. Eine symbolgeschichtliche Untersuchung, Darmstadt

» Normann-Schmidt, Sabine von 2004: Geist – Wasser – Leben, 3. Teil: Der Charakter des Wassers, in: Tattva Viveka Nr. 31, 2004

» Oschilewski, Walter G. 1988: Der Buchdrucker. Brauch und Gewohnheit in alter und neuer Zeit, Itzehohe

» Ovid 2002: Liebesgedichte, Amores, Herausgegeben und übersetzt von Niklas Holzberg, Düsseldorf – Zürich

» Paracelsus 1928–1932: Sämtliche Werke, Jena

» Pasch, Rolf 2004: Frau Holle oder Lolita – das ist hier die Frage, in: Frankfurter Rundschau vom 25. 8. 2004

» Pfannenschmid, Heino 1869: Das Weihwasser im heidnischen und christlichen Cultus, unter besonderer Berücksichtigung des germanischen Altertums, Hannover

» Pfleidener, Rudolf 2016: Die Attribute der Heiligen, Reprint der Ausgabe München 1898, Norderstedt

» Pimser, Gunar 2007: Die Melodie der Schöpfung, in: Wuwei-Magazin, 2007

» Plessen, Marie-Louise / Spoerri, Daniel 1977: Heilrituale an bretonischen Quellen, Casti (Privatdruck)

» Plutarch 1980: Große Griechen und Römer, Band 5, übertragen und eingeleitet von Konrat Ziegler, München

» Pogacnic, Marco u. a. 2002: Lithopunkturprojekt Bad Radkersburg und Gornja Radgona, Broschüre des Informationsbüros, Bad Radkersburg

» Pogacnic, Marco 1994: Elementarwesen – Die Gefühlsebene der Erde, München

» Purkarthofer, Heinrich, u. a. 1999: Festschrift 700 Jahre Bad Radkersburg, 1299 – 1999, Bad Radkersburg

» Pütz, Josef 1990: Ferschweiler Plateau und seine Randgebiete, 4. Aufl., Irrel

» Rain, Berthold 1912: Der Brunnen im Volksleben, München

» Reutern, Georg von 1969: Hellas – Ein Führer durch Griechenland nach antiken Quellenstücken, 5. Aufl., München

» Rochholz, Ernst Ludwig 1862: Naturmythen, Leipzig

» Rochholz, Ernst Ludwig 1856–57: Schweizersagen aus dem Aargau, Aarau

» Röhrich, Lutz 1999: Wage es, den Frosch zu küssen, Bad Orb

» Romankiewicz, Brigitte 2002: Der Geist der Erde im Christentum, Stuttgart

» Rudolph, Gerhard 1982: Zwei Beiträge zur Balneologie. Schriftenreihe des Deutschen Bäderverbandes e.V., Heft 45, Kassel

» Savi-Lopez, Maria 1893: Alpensagen, Stuttgart

» Schauberger, Viktor 2006: Das Wesen des Wassers, CH-Baden

» Scheuerer, Kurt 1997: Materialsammlung zur Geschichte von Ingolstadt, Archiv des Stadtmuseums: www.ingolstadt.de/stadtmuseum/scheuerer/donau/karst-04.htm

» Schmidt, Leopold 1966: Volksglaube und Volksbrauch. Gestalten, Gebilde, Gebärden, Berlin

» Schneidewind, Friedhelm 1999: Das Lexikon rund ums Blut, Berlin

» Schönauer, Ernst 1993: Geistertopf und Nixenküche, Lahr

» Schott, Albert 1982: Das Gilgamesch-Epos, Stuttgart

» Schreiber, Heinrich 1842: Die Feen von Europa. Eine historisch-archäologische Monographie, Freiburg

» Schulz, Andreas 2003: Wasser Kristall Welten. Die Lebenskraft des Wassers. Kristallbilder von Wässern aus allen Kontinenten, CH-Aarau und München

» Schulze-Seeger, Werner 1994: Orb 1300 Jahre Sole und Salz, Bad Orb

» Schweiger, Christian / Zerling, Clemens 2005: Masken im Alpenraum. Perchten, Tresterer und Wilde Leut', Graz

» Schwenk, Wolfram 1980: Qualitätsprüfung des Wassers mit der Tropfenbildmethode, in: Das Seminar, Heft 2/80, Herrischried

» Seebacher-Mesaritsch, Alfred 1990: Die steirischen Heilbäder und Gesundbrunnen, Graz

» Steiner, Gertrud 1983: Wunderkammer Hohe Tauern. Über Mythen und Sagen Innergebirg, Salzburg

» Stelzl, Peter 1997: Schabbock, Hex' und Kruzitürken – Eine Sagen- und Geschichtenreise durch den Bezirk Radkersburg, Arnfels

» Storl, Wolf-Dieter 2004: Naturrituale – Mit schamanischen Ritualen zu den eigenen Wurzeln finden, Baden

» Symbolon, Gesellschaft für wissenschaftliche Symbolforschung e. V. Jahrbuch 1997: Wasser und Quelle, Engel und Dämonen, Frankfurt a. M. – Berlin – Bern – New York – Paris – Wien

» Teegen, Wolf-Rüdiger 1999: Studien zu dem kaiserzeitlichen Quellopferfund von Bad Pyrmont, Berlin – New York

» Tölle-Kastenbein, Renate 1990: Antike Wasserkulturen, München

» Tourismusverband, Bad Radkersburg 2007: Worum sich alles dreht, Bad Radkersburg

» Uhlir, Dr. Christian 2000: Naturkundlicher Wanderführer Untersberg, Innsbruck

» Varner, Gary 2007: The Lore of Sacred Water, http:druidnetwork.org/enarticles/ garyvarner.html

» Verlag Sprecher (Hrsg.) 1916: Volkstümliches Graubünden, Chur

» Vries, de Jan 1956–57: Altgermanische Religionsgeschichte. Grundriss der germanischen Philologie, 2 Bde., Berlin

» Wagner, Christoph 1993: Lebendiges Wasser. Mythos, Nektar, Lebensmittel, Wien

» Wagner, Hans 2008: Naturtagebuch, Trippstadt (unveröffentlichtes Manuskript)

» Wagner, Johanna 1991: Das „dawa" der mamiwata – Ein möglicherweise pharmakologischer Aspekt des westafrikanischen Glaubens an Wassergeister, in: integration – zeitschrift für geistbewegende pflanzen und psychedelische kultur, no. 1, Knetzgau

» Werner, Elyane 1990: Bayerisches Leben, bayerischer Brauch. Bilder und Berichte aus dem 19. Jahrhundert, München

» Werner, Otto (Hrsg.) o. J.: Sagen- und Märchenland Nordhessen. Geschichten, Sagen und Märchen, Kassel

» Wiedmer-Zingg, Lys 1994: Heilende Wasser. Quellen der Gesundheit, Aarau

» Willen, Karin 2003: Lebenselixiere aus Wasser und Salz, Reinbek

» Wolf, Franz Nikolaus 1977: Das Landgericht Orb, seine Saline und Umgebungen, Reprint der Ausgabe Aschaffenburg 1824, Bad Orb

» Wuttke, Adolf 1925: Der deutsche Volksaberglaube der Gegenwart, 4. Aufl., Leipzig

» Zacker, Christina 2000: Das Mondlexikon, München

» Zerling, Clemens 2013: Lexikon der Pflanzensymbolik, 2. Aufl., Basel, Zürich, Roßdorf

» Zerling, Clemens 2012: Lexikon der Tiersymbolik, 2. Aufl., Klein Jasedow

» Zinn, H. 1926: Altheilige Orte und Spuren altheidnischer Verehrung der Göttin Holle oder Hulle im oberen Vogelsberge, Pfungstadt, http://www.norbert-firle.de/holle.htm

Index

A

B

C

D

E

F

G

H

I

J

K

L

M

N

O

P

R

S

T

U

V

W

Brunnen im Benediktinerstift Kremsmünster in Oberösterreich, mit mönchisch weisheitsvoller Inschrift. Foto: C. Zerling

Das ganz Andere im Stein

Was sakrale Steine, Felsen und Berge vor uns verbergen

von Wolfgang Bauer & Clemens Zerling

Kaum einer ahnt, welche weitreichenden Potenzen Steine verbergen. Nicht umsonst musste früher ein Altar grundsätzlich aus Stein bestehen, slawische und nordische Könige wurden noch im Mittelalter auf einem Stein inthronisiert. Steile Berge und Felsen lieferten Sinnbilder für die Grundfundamente und sicheren Stützen des Weltgefüges.

288 Seiten, gebunden
ISBN: 978-3-939272-52-6 **24,90 €**

Asklepios, eine Gottheit wahrer und nachhaltiger Heilung

aus der mythischen Welt der Lapithen und Kentauren

von Clemens Zerling

Schon antike Autoren grübelten, ob es sich bei Asklepios um eine Gottheit, einen halbgöttlichen Heros oder um einen begnadeten Arzt handelte, den Anhänger zur Gottheit erhoben hatten. Heutige Forschung hält ihn ursprünglich für einen Fürst oder Kleinkönig. Während der mykenischen Hochkultur machte er zwischen dem 14. und 12. Jh. v. Chr. wahrscheinlich durch Heilerfolge von sich reden.

ca. 200 Seiten, kartoniert mit Klappen
ISBN: 978-3-906873-67-1 **16,90 €**

Vom phallischen Hermes zum weisen Trismégistos

Ein Offenbarungsprinzip und seine bunte Ausdrucksfülle

von Clemens Zerling

Spätestens seit dem dritten Jahrhundert n. Chr. zieht eine ungewöhnliche Persönlichkeit die Aufmerksamkeit vieler religiöser Gelehrter im Abendland auf sich. Sie soll in undenkbar früher Zeit Ägyptens gelebt haben und repräsentiert offensichtlich das gesamte priesterliche Urwissen des Nillandes: Hermes Trismégistos, der Dreimalgroße Hermes.

ca. 160 Seiten, kartoniert mit Klappen
ISBN: 978-3-906873-90-9 **20,- €**

Auf der Suche nach dem Goldenen Vlies

Mit Iason, den Argonauten und Medeia auf Mysterienfahrt

von Clemens Zerling

Wie lange hat die Kunde von der Argonautenfahrt die Menschen schon bewegt! Sie zeigt die Gefahren der Unterwelt auf und wie man sie meistert. Schon im Altertum gab es verschiedene Fassungen der weit verbreiteten Geschichte, weshalb man sich der Sage aus mehreren Blickwinkeln annähern muss: historisch, mythisch, symbolkundlich und astronomisch-astrologisch.

94 Seiten, m. zahlr. Abb., kartoniert mit Klappen

ISBN: 978-3-906873-30-5 **20,- €**

Lexikon der Pflanzensymbolik

von Clemens Zerling

Schon die Bibel preist Blumen als Symbol irdischer Schönheit und Lieblichkeit, als Ausdruck einer höheren Ordnung in der Natur. Wurzeln, Kräuter und Früchte bereicherten seit Beginn der Menschheit unseren Nahrungsplan, lieferten Heilstoffe und sichern bis heute unser Dasein im Jahreslauf. Warum ist der Granatapfel ein Sinnbild für Erotik? Wie wurde die Akelei zur Pflanze des Lobpreises göttlicher Herrlichkeit? Was hat der Haselstrauch mit Spiritualität, Magie und Zauber zu tun?

340 Seiten m. zahlr. farb. Abb., gebunden

ISBN: 978-3-939272-90-8 **29,90 €**

Orpheus oder die Macht des Urtons

Zwischen Dionysos und Apollon

von Clemens Zerling

ACHSENZEIT. So tauft der Philosoph Karl Jaspers die Ära vom 8. bis 5. Jh. v. Chr.; zu Recht! In jener Zeit setzt die Gesamtmenschheit zu einem Quantensprung an in Richtung Bewusstseinsentwicklung. Bewusstwerdung bedeutet Selbstwerdung. Einzelnen gelingt dabei eine Erfahrung von besonderer Tragweite: Das, was sie sich bislang als höchste geistige Gottheit vorstellen, muss wohl nicht nur irgendwo draußen in den Weiten des Kosmos beheimatet sein.

114 Seiten, kartoniert

ISBN: 978-3-906873-00-8 **20,- €**

Der Fliegenpilz

Geheimnisvoll, giftig und heilsam Die Wurzeln von Mythen, Märchen und Religionen

von Wolfgang Bauer

Als Giftpilz ist der Fliegenpilz ein Symbol für die Gefährlichkeit der Natur, und gleichzeitig gilt er als Synonym für das Glück schlechthin. Wissenschaftler sehen im Fliegenpilz das vielleicht älteste bewusstseinsverändernde Mittel der Menschheit. Der heilige Pilz begleitete Schamanen bei ihren Seelenreisen zu Geistern und Göttern, er half bei der Suche nach Verlorengegangenem und der Erforschung der Zukunft. Das Geheimnis um seine rituelle Verwendung wurde in archaischen Kulturen streng gehütet. Spuren seines Gebrauchs finden sich noch im Namen (ein Pilz zum Fliegen!), in Legenden um Eremiten, die in der Wüste Visionen suchten, in Göttermythen und Zaubermärchen, im Stein der Weisen der Alchimisten und in der fantastischen Literatur. Und nicht zuletzt wird er bis in unsere Zeit als Schmerz- und Heilmittel eingesetzt, vor allem bei nervösen Leiden. Heute ist der Fliegenpilz in Form von Artefakten Teil unserer Alltagskultur geworden. Als Populärsymbol verheisst er Glück und schenkt dem Betrachter eine kurze Befreiung von den alltäglichen Sorgen.

128 Seiten 150 farbige Abbildungen, gebunden
ISBN: 978-3-037521-05-2 **15,90 €**

Alle Titel sind im Buchhandel verfügbar und können bei der Synergia Auslieferung bestellt werden.

info@synergia-auslieferung.de
+49 (0) 61 54 - 60 39 5-0
www.synergia-auslieferung.de